ABITUR

Prüfungsaufgaben
mit Lösungen

2014

Deutsch

Gymnasium
Bayern

2012–2013

STARK

ISBN 978-3-8490-0625-9

4. neu bearbeitete und ergänzte Auflage
www.stark-verlag.de

Inhalt

Jeweils im Herbst erscheinen die neuen Ausgaben der Abiturprüfungsaufgaben mit Lösungen.

Autorinnen und Autoren:

Ute Badum, Stefanie Offergeld (Übungsaufgaben 3, 5);
Dr. Klaus Gladiator (Übungsaufgaben 1, 2, 4); Redaktion (Übungsaufgabe 6);
Barbara Zeller (Übungsaufgabe 7); Peter Kothe (Übungsaufgabe 8)

Lösungen 2012: Barbara Zeller
Lösungen 2013: Barbara Zeller (Aufg. 2, 3, 5); Sigrid Deinzer-Kneip (Aufg. 1, 4)

Vorwort

Liebe Abiturientinnen und Abiturienten,

Sie werden 2014 die schriftliche Abiturprüfung im Fach Deutsch ablegen. Dieser Band wird Ihnen dabei helfen, sich optimal auf diese Prüfungen vorzubereiten!

Das einführende Kapitel „**Hinweise und Tipps**" informiert Sie über die offiziellen Rahmenvorgaben, macht Sie mit dem Prüfungsstoff sowie den Aufgabenarten vertraut und erläutert die Arbeitsanweisungen (Operatoren). Hier erhalten Sie auch konkrete Hinweise, wie Sie die verschiedenen Aufgabenarten am besten lösen können. Praktische Tipps sowie Hinweise zu den Bewertungskriterien runden diesen Teil ab.

Die **fünf Übungsaufgaben im Stil des Abiturs** richten sich zum einen nach den gültigen Richtlinien und Lehrplänen Deutsch für die gymnasiale Oberstufe in Bayern. Zum anderen greifen sie die ministeriellen Vorgaben für das Zentralabitur Deutsch auf und berücksichtigen die adressatenorientierten und freieren Formen des Argumentierens. **Drei Übungsaufgaben** bereiten Sie speziell auf die **länderübergreifende Abituraufgabe** vor, die Ihnen 2014 erstmals zur Wahl stehen wird. *(Ausführliche Informationen und ergiebiges Übungsmaterial dazu bietet der Band „Bundesabitur 2014 Deutsch. Länderübergreifende Aufgabe", Bestell-Nr. 105400)*

Die **Original-Prüfungsaufgaben 2012 und 2013** zeigen, was im Abitur auf Sie zukommt, und sind optimales Trainingsmaterial.

Zu jeder Aufgabe finden Sie eine mögliche **Gliederung** sowie einen ausführlichen **Lösungsvorschlag**, mit dem Sie Ihren eigenen Aufsatz vergleichen können. Den Lösungsvorschlägen vorangestellt sind **Hinweise und Tipps**, die Ihnen bei der Erschließung der einzelnen Arbeitsanweisungen helfen. Wesentliche **Fachbegriffe** in den Lösungsvorschlägen sind durch Fettdruck hervorgehoben, die Angabe der **Gliederungsebene am Rand** erleichtert Ihnen die Orientierung im Musteraufsatz.

Ein **Stichwortverzeichnis** ermöglicht die rasche Orientierung in den Prüfungsaufgaben.

Sollten nach Erscheinen dieses Bandes noch wichtige Änderungen in der Abiturprüfung 2014 vom Kultusministerium bekannt gegeben werden, finden Sie aktuelle Informationen dazu im Internet unter
www.stark-verlag.de/info.asp?zentrale-pruefung-aktuell.

Wir wünschen Ihnen eine effektive Abiturvorbereitung und eine erfolgreiche Prüfung!

Die Autoren und der Verlag

Stichwortverzeichnis zu den Original-Prüfungsaufgaben

Sachregister

Werkregister

Personenregister

Hinweise und Tipps zum Abitur (G8)

1 Grundlagen

1.1 Vorgaben für die Abiturprüfung in Deutsch

Die verpflichtend schriftliche Abiturprüfung im Fach Deutsch hat sich inzwischen in Bayern gut etabliert. Die Anforderungen für die Prüfung ergeben sich vor allem aus den beiden Kapiteln „Schreiben“ und „Sich mit Literatur und Sachtexten auseinandersetzen“, die im Fachlehrplan Deutsch zu finden sind.[1] Die Schreibaufgaben der Abiturprüfung sind kompetenzorientiert angelegt. Die drei Gattungen sind dabei die Grundlage für das **Erschließen und Interpretieren literarischer Texte**. Pragmatische Texte und Materialien führen zu Aufgaben, die analysierende und argumentierende Schreibformen verlangen. Neben der **Analyse von Sachtexten** spielen vor allem **adressatenorientierte und freiere Formen des Argumentierens** eine wichtige Rolle. In anderen Bundesländern hat dies eine längere Tradition. Deshalb ist es durchaus ratsam, sich die Prüfungsaufgaben auch außerhalb der bayerischen Grenzen einmal näher anzuschauen.[2] Allen Bundesländern ist gemeinsam, dass sie die bundesweit verbindlichen *Einheitlichen Prüfungsanforderungen in der Abiturprüfung* (EPA)[3] einhalten müssen. Seit Herbst 2012 sind dazu Bildungsstandards erlassen worden, die die bundesweiten Vorgaben weiter präzisieren.[4]

Um die Idee einer einheitlichen Prüfung voranzutreiben, haben sich **mehrere Bundesländer** (neben Bayern sind dies Sachsen, Hamburg, Mecklenburg-Vorpommern, Niedersachsen und Schleswig-Holstein) darauf geeinigt, bei der Abiturprüfung 2014 in den Fächern Deutsch, Mathematik und Englisch eine **gemeinsame Aufgabe** anzubieten. Für das bayerische Deutsch-Abitur heißt das konkret: Neben vier Aufgabenformaten, die – wie bisher auch – bayernweit von den Abiturientinnen und Abiturienten bearbeitet werden, gibt es eine fünfte Aufgabe, die in den genannten Ländern gemeinsam geschrieben wird. Diese **fünfte Aufgabe** entspricht der „**Auswertung eines Sachtexts mit anschließendem Erörterungsauftrag**“.

---

1 Den Lehrplan kann man in seiner jeweils aktuellen Fassung einsehen unter: Fachlehrplan Deutsch, München: Bayerisches Staatsministerium für Unterricht und Kultus, als Online-Version verfügbar unter www.isb.bayern.de

2 Musterbeispiele finden sich u. a. bei den Bildungsservern der jeweiligen Länder und in den einschlägigen Veröffentlichungen des Stark Verlags

3 Im Internet zu finden unter: http://www.kmk.org/doc/beschl/epa_deutsch.pdf.

4 Bildungsstandards im Fach Deutsch für die Allgemeine Hochschulreife (Beschluss der Kultusministerkonferenz vom 18. 10. 2012)

Diese Aufgabenart ist für bayerische Schüler nicht neu, sondern als Format V der Abiturprüfung (textbezogenes Argumentieren) gut eingeführt. Beachten Sie allerdings, dass **2014** die sogenannten **freieren Formen in Format V** (also z. B. Kommentar oder Essay) **nicht gefordert** werden!

Die länderübergreifende Aufgabe bezieht sich auf eines dieser **drei Themenfelder**:

- **Literatur/Lesen** (Leseprozesse, Funktion von Literatur, persönl. Leseerfahrung)
- **Sprache** (aktuelle Entwicklungen der deutschen Sprache: Sprachnormen, Sprachwandel, Sprachvarietäten)
- **Medien** (Medienbegriff, Medienwandel, Medienkritik, mediales Handeln)

Bei der länderübergreifende Aufgabe geht die **Textanalyse** mit **40 %**, die **Texterörterung** mit **60 %** in die Notenfindung ein.

1.2 Zeitrahmen und Hilfsmittel

In der Abiturprüfung im Fach Deutsch werden Ihnen also auch 2014 fünf Aufgaben vorgelegt, von denen Sie **eine** auswählen und bearbeiten müssen. Dafür stehen Ihnen **270 Minuten** (einschließlich Auswahl und Einlesezeit) zur Verfügung. Als Hilfsmittel ist ein Wörterbuch der deutschen Rechtschreibung zugelassen.

Entscheidend ist die richtige Planung Ihrer Schreibarbeit! Alles beginnt mit der **Wahl des Themas**: Von der „richtigen" Aufgabe hängt ganz wesentlich der Erfolg der Arbeit ab. Aus Ihren Erfahrungen im Unterricht wissen Sie schon, welche Aufgabenstellungen Ihnen liegen. Dennoch sollten Sie alle fünf Prüfungsaufgaben wenigstens überfliegen und genau überlegen:

- Bei welcher Aufgabe kann ich meine Stärken und Kenntnisse einbringen?
- Spricht mich ein Text inhaltlich oder aufgrund der Entstehungszeit, des Verfassers oder der Gattung besonders an?
- Welches sind die Schwerpunkte des Erschließungsauftrags? Liegen sie mir?
- Kommt die Erörterungsaufgabe meinen Interessen und meinem Wissen entgegen?

Ausschlaggebend sollte nicht die vermeintliche Leichtigkeit der Aufgabe sein, sondern die Möglichkeit, sie auf ergiebige und gehaltvolle Weise zu lösen. Auch die Gelegenheit, Kenntnisse aus dem Unterricht einzubringen, ist ein Aspekt bei der Entscheidungsfindung. Ist die Wahl getroffen, sollten Sie möglichst nicht mehr wechseln, denn das wäre verschenkte Zeit. **Der weitere Verlauf der Prüfung** könnte sich dann wie folgt darstellen:

Sie haben eine Aufgabe ausgewählt. Lesen Sie die Aufgabenstellung genau durch!

Sichten Sie das Textmaterial – konzentrieren Sie sich dabei erst einmal auf die Informationen, die für die Aufgabe wichtig sind. Machen Sie sich erste Notizen.

→ *Für die ersten Schritte sollten Sie sich ungefähr 30 Minuten Zeit nehmen.*

Gehen Sie anschließend an die **genaue Textarbeit**! Arbeiten Sie mit den Ihnen vertrauten Markierungen, mit Farben und Randnotizen.

→ *Dafür sind ca. 60 Minuten reserviert.*

Ihre Notizzettel sind nun schon gut gefüllt. Ergänzen Sie, versuchen Sie Ordnung in die Aufzeichnungen zu bekommen. Lesen Sie, wenn nötig, einzelne Textpassagen noch einmal gründlich durch. Entwerfen Sie eine vorläufige **Gliederung**!

→ *Das müsste in 30 Minuten machbar sein.*

Beginnen Sie mit einem **ersten Entwurf**! (Jeder Schreiber hat eine eigene Strategie – schreiben Sie aber nie einfach darauf los.) Arbeiten Sie Punkt für Punkt der Gliederung ab. Vergewissern Sie sich immer wieder am Text, ob die Argumentation stimmig und überzeugend ist.

→ *Dafür müssen Sie mindestens 90 Minuten einplanen.*

Sie haben immer noch 60 Minuten Zeit. Jetzt geht es an den **Feinschliff**: Prüfen Sie Ihre Argumentation und ergänzen Sie unvollständige Absätze. Bestimmte Aufgaben fordern einen ganz besonderen Sprachstil. Hier müssen Sie sicher nachbessern!

Am Ende der Arbeitszeit können Sie Rechtschreibung und Grammatik kritisch durchgehen. Beruhigt geben Sie die Arbeit dann ab.

2 Prüfungsstoff

Sie haben sich in den letzten beiden Jahren Ihrer gymnasialen Schullaufbahn mit literarischen (und kulturellen bzw. kulturgeschichtlichen) Entwicklungen von der Klassik bis hin zur Gegenwart beschäftigt. In der Jahrgangsstufe 10 haben Sie entweder die Aufklärung oder den Sturm und Drang näher kennengelernt. Die einzelnen Epochen der deutschen Literaturgeschichte wurden im Unterricht an ausgewählten Textbeispielen besprochen, es wurden typische Merkmale herausgearbeitet und Verbindungen zwischen den Strömungen hergestellt. Einen verbindlichen Literaturkanon hat es dabei nicht gegeben, sieht man einmal davon ab, dass in Bayern von jedem Abiturienten verlangt wird, dass er „seinen“ Faust studiert hat. Sie sollten in der Lage sein, ein romantisches von einem expressionistischen Gedicht zu unterscheiden, und Sie sollten die Kennzeichen der Epochen im Überblick beherrschen. Vermeiden Sie aber, dieses Wissen den vorgelegten Texten aufzuzwingen! Vielmehr geht es bei den ersten drei Prüfungsaufgaben darum, **die literarischen Texte in ihrer Eigenart zu erfassen**. Dazu müssen Sie nicht nur einen Einblick in Epochentypisches haben, sondern vor allem sicher über das Handwerkszeug der Texterschließung verfügen.

Wie gesagt, einen Kanon gibt es nicht. Wenn Sie aber dennoch eine Lektüreliste abarbeiten wollen, dann lesen Sie: Georg Büchners Drama „Woyzeck“; ein Drama des Naturalismus, z. B. Gerhart Hauptmanns „Vor Sonnenaufgang“, und ein episches Drama von Bert Brecht („Der gute Mensch von Sezuan“). Relevante epische Texte sind z. B. Theodor Fontanes „Effi Briest“, Alfred Döblins „Berlin Alexanderplatz“ und Franz Kafkas Erzählungen. Es schadet auch nicht, wenn Sie den ein oder anderen aktuellen Roman gelesen haben und sich vergegenwärtigen, worum es in diesen Büchern geht, etwa „Schlafes Bruder“ von Robert Schneider, „Der Vorleser“ von Bernhard Schlink, „Die Vermessung der Welt“ oder „Ruhm“ von Daniel Kehlmann. Die Reihe ließe sich natürlich unendlich fortsetzen, Sie sollten nur wissen, dass es

Ihnen viel leichter fallen wird, die **Aufgaben 1 bis 3** zu bearbeiten, wenn Sie das ein oder andere Werk aus der Literaturgeschichte und aus der aktuellen Literatur kennen. Übrigens: Sie haben ja seit der 8. Klasse immer wieder Lektüren besprochen, nicht nur im Deutschunterricht. Stellen Sie einmal eine Liste zusammen, die Ihnen vor Augen führt, was alles gelesen wurde, und frischen Sie Ihre Erinnerungen ein wenig auf. Unter Umständen können Sie auch Ihre Privatlektüre Gewinn bringend einsetzen. Dazu gehören auch Beispiele aus der Jugendliteratur oder Werke, die man zunächst dem Bereich der Trivialliteratur zuweisen würde.

In der Abiturprüfung steht traditionell die Interpretation eines **Gedichts** am Anfang. Das Handwerkszeug für diese Erschließungsaufgabe haben Sie seit der fünften Klasse erworben. Vor allem die formale Beschreibung eines lyrischen Textes ist Ihnen geläufig, zumal alle Schulbücher das entsprechende Grundwissen (Reim, Versmaß, Strophenformen) ausführlich einüben. Daneben ist es wichtig zu wissen, dass
- ein lyrischer Sprecher als „Ich“ explizit oder implizit im Gedicht anwesend ist,
- Klang und Rhythmus eines Gedichts für die Interpretation wichtig sind,
- sprachliche Bilder und rhetorische Figuren in Gedichten intensiver eingesetzt werden als bei den anderen Gattungen,
- formale Beobachtungen erst in Bezug auf inhaltliche Aussagen Sinn ergeben.

Die zweite Aufgabe widmet sich dem **Drama**. Sie haben neben Goethes „Faust“ vermutlich ein Drama aus dem 19. oder dem 20. Jahrhundert analysiert. Hier sollten Sie unter anderem gelernt haben, dass
- die Gattung unterteilt werden kann in Tragödie, Komödie, bürgerliches Trauerspiel und andere Formen,
- ein Drama eine Handlung in Dialogen und Monologen vorstellt,
- die Figuren vor allem durch Gespräche charakterisiert werden,
- die Aussagen der Figuren immer auch kritisch geprüft werden sollten (Gibt es zwischen den Zeilen noch eine versteckte Botschaft?)
- die Beziehungen der Figuren in der Kommunikationssituation deutlich werden,
- der Autor Regieanweisungen gibt, um die Aussage zu verstärken,
- Mittel der Theatersprache eingesetzt werden, z. B. die Teichoskopie, das Beiseitesprechen, das Sprechen in Sentenzen …,
- jede Epoche eine eigene Theatersprache entwickelt hat.

Wenn Sie auch ein Drama aus der Zeit nach 1945 kennen gelernt haben, dann wissen Sie, dass moderne Dramatik neue Wege sucht, und – manchmal radikal – mit den Traditionen des Theaters bricht. Achten Sie darauf, ob in der Ihnen vorgelegten Szene eine Handlung rekonstruiert wird oder ob nur eine Aussage auf die Bühne gebracht werden soll (Postdramatik).

Neben Gedichten und Dramen haben Sie eine längere Erzählung (oder eine Novelle oder einen Roman) des 19. Jahrhunderts und mit Sicherheit Romane und Erzählungen des 20. bzw. 21. Jahrhunderts gelesen. Sie haben unter anderem gelernt, dass
- ein **epischer Text** einen Erzähler hat, der die Geschichte in seiner Art und Weise dem Leser vermittelt,

- Erzählzeit und erzählte Zeit in der Regel nicht identisch sind,
- die Figuren direkt und indirekt charakterisiert werden,
- neben den dargestellten Figuren auch Raum und Zeit Bedeutung konstituieren,
- der historische Kontext des Werkes eine große Rolle spielen kann.

Bei epischen Texten muss die inhaltliche Zusammenfassung gut beherrscht werden, denn eine Erzählung entwickelt eine Geschichte stringent aus dem Erzählverlauf. (Das heißt aber nicht, dass die Chronologie immer eingehalten wird!)

Bei allen Formen der literarischen Texterschließung geht es darum, Hypothesen zur Textaussage durch **überzeugende Textbelege** so zu untermauern, dass der Leser der Interpretation zustimmen kann. Das Schöne daran ist: Die eine richtige Interpretation gibt es nicht! Achten Sie bei der Interpretation aber auch auf die **Forderungen der Aufgabenstellung**. Es kann durchaus vorkommen, dass weitere Texte ausgewertet werden müssen. Dieses Zusatzmaterial soll Ihnen dabei helfen, bestimmte Aspekte genauer zu beleuchten.

Wer sich nicht so recht für literarische Fragestellungen erwärmen kann, hat in der Abiturprüfung die Möglichkeit, sich mit Problemstellungen allgemeiner Art auseinanderzusetzen. Dafür werden Ihnen die **beiden letzten Aufgaben** angeboten. Hier geht es um zweierlei Kompetenzen: Sie müssen zeigen, dass Sie einen **Sachtext und andere Materialien wie Statistiken und Grafiken auswerten** können. Dazu zählen

- die Gliederung eines Textes,
- die Informationsentnahme,
- die genaue Darstellung von Inhalt und Aufbau,
- das Erkennen der Argumentationsstruktur und der Intention.

Manche Aufgaben bieten nicht nur einen, sondern mehrere Texte. Je nach Aufgabenstellung sind dann unterschiedliche Arbeiten mit und an den Texten auszuführen.

Sie müssen aber auch zeigen, dass Sie in der Lage sind, selbst **überzeugend zu argumentieren**. Der Zusammenhang von These und Argumentation sollte Ihnen geläufig sein. Wie bereits erwähnt, wird **2014 keine freiere Form des Argumentierens** verlangt werden. Allerdings bleibt im Format IV die Möglichkeit bestehen, dass Sie einen sogenannten informierenden Text verfassen müssen, der die Aufgabe hat, einen definierten Adressaten über vorgegebene Sachgebiete aufzuklären. Als Beispiele können hier der informierende Lexikonartikel oder das Programmheft einer Theateraufführung angegeben werden.

3 Aufgabenarten

Die EPA wie die Bildungsstandards unterscheiden drei wesentliche fachspezifische Erschließungsformen von Texten: das Untersuchen, das Erörtern und das Gestalten. Kombiniert man diese drei Methoden mit einer Textart (literarisch oder pragmatisch), erhält man die folgenden Aufgabenarten:

Erschließungsform	Textart	Aufgabenart
untersuchend	literarisch	Interpretieren von literarischen Texten
	pragmatisch	Analysieren von Sachtexten
erörternd	literarisch	literarisches Erörtern
	pragmatisch	Erörtern im Anschluss an einen oder mehrere Texte
	(ohne Textgrundlage)	Erörtern in vorgegebenen Formen
gestaltend	literarisch	gestaltendes Interpretieren
	pragmatisch	adressatenbezogenes Schreiben

Aus den zahlreichen Kombinationsmöglichkeiten werden im bayerischen Deutschabitur jeweils fünf Schreibformen mit unterschiedlichen Schwerpunkten angeboten.

Die oft zweiteiligen **Aufgaben 1 bis 3** präsentieren jeweils einen Text oder Textausschnitt aus einer der **drei Literaturgattungen**, den Sie zunächst **erschließen** sollen, sei es unter selbst gewählten oder vorgegebenen Schwerpunkten. Der zweite Teil der Aufgabe gibt Ihnen die Möglichkeit, den Text **in einen größeren Zusammenhang** zu **stellen**. Dies kann z. B. dadurch geschehen, dass Sie weiterführendes Textmaterial vorgelegt bekommen, das Ihnen einen bestimmten Blick auf den Primärtext eröffnet. So ist denkbar, dass in einem Sachtext Zusatzinformationen stehen, die den zu interpretierenden Text in einem bestimmten Licht erscheinen lassen. Oder es wird ein zweiter Text (des gleichen oder eines anderen Autors) vorgelegt, der eine ganz andere Sicht auf ein Thema erkennen lässt und deshalb die Interpretation in eine andere Richtung lenkt. Häufig werden Sie aber auch einfach aufgefordert, die von Ihnen erarbeitete Erschließung mit einem selbst gewählten Beispiel aus der Literaturgeschichte zu vergleichen.
Beachten Sie die Aufgabenformulierung immer ganz genau: Wenn etwa aufgezeigt werden soll, „wie die Entfremdung zwischen zwei Menschen in einem anderen literarischen Werk dargestellt wird" (Abitur Bayern 2013, Aufgabe II), dann sind Sie in Ihrer Wahl tatsächlich sehr frei: Sie bestimmen Autor, Werk und Epoche ganz allein. Es spricht auch nichts dagegen, ein Werk aus der fremdsprachigen Literatur zu wählen.
Die Aufgabe b) gibt Ihnen in der Regel die Gelegenheit, Ihr literarisches Wissen und Ihre Fähigkeit zur literarischen Argumentation vorzuführen. Es ist sehr wichtig zu wissen, dass es kein Verbot gibt: Vielleicht sind Sie auf Science Fiction spezialisiert oder auf Kriminalliteratur oder Sie haben eben eine Vorliebe für französische Literatur – auch mit diesen Pfunden können Sie wuchern!

Die **Aufgaben 4 und 5** sind den **Sachtexten** und dem **Argumentieren** vorbehalten. Diese sollen unten genauer vorgestellt werden.

3.1 Erschließen eines poetischen Textes

Verlangt ist hier, einen Text nach **Form** und **Inhalt** zu analysieren, häufig unter vorgegebenen Schwerpunktsetzungen. Zu verfassen ist also eine **Textinterpretation** (vgl. auch Abschnitt 4: „Anforderungsbereiche und Operatoren").

Zugrunde liegt ein Textausschnitt aus einem lyrischen, epischen oder dramatischen Werk, der meist zusammenzufassen, zu erschließen und zu interpretieren ist. Es geht darum, ihn in seiner Besonderheit zu verstehen und dieses Verständnis sprachlich angemessen zum Ausdruck zu bringen. Sie beginnen damit, dass Sie den Text mehrfach lesen, Auffälliges markieren, Beobachtungen – vor allem hinsichtlich der angegebenen Schwerpunktsetzungen – notieren, Fragen an den Text stellen und sich überlegen, was charakteristisch und wesentlich daran ist. Erschrecken Sie nicht, wenn Ihnen zunächst nicht alles sofort klar ist: Gerade gute Texte möchten, dass sich der Leser schon etwas anstrengt! Wichtig ist in jedem Fall die **überzeugende und nachvollziehbare Argumentation**. Belege sind zunächst vor allem **Textbelege**. Erst wenn dieser Fundus ausgeschöpft ist, können Sie anfangen, außertextuelle Bezüge herzustellen.

3.2 Erörtern

Der Deutsch-Lehrplan für das achtjährige Gymnasium unterscheidet im Lernbereich „Schreiben" zwischen zwei Formen des Erörterns: Erörtern in vorgegebenen und in freieren Formen. Beide Schreibhaltungen gehen von einer Problemfrage oder einer These, etwa in Form eines Zitats, aus. Es kommt darauf an, einen komplexen Sachverhalt – oft aus dem Bereich der Sprachbetrachtung oder des literarischen bzw. des kulturellen Lebens – von verschiedenen Seiten zu beleuchten, mögliche Betrachtungsweisen abzuwägen und einen eigenen, kritisch reflektierten Standpunkt zu entwickeln.

Unter „**vorgegebenen Formen**" versteht der Lehrplan die klassische freie Erörterung, eine Form der Meinungsfindung also, die streng nach Argumenten aufgebaut ist und die oft beide Seiten abwägt und dadurch abschließend zu einem eigenständigen Urteil gelangt. Man nennt diese Herangehensweise „antithetisch".
Die „**freieren Formen**" des Erörterns erkennen Sie immer an der Angabe einer bestimmten Textsorte, die von Ihnen verlangt wird. Es heißt also z. B. „Schreiben Sie einen Kommentar", „Verfassen Sie einen Essay" usw. Diese Schreibformen sollten Sie im Unterricht seit der neunten Jahrgangsstufe immer wieder eingeübt haben. Wenn dies nicht der Fall ist, werden Sie die Aufgabe kaum adäquat bearbeiten können.

Im Grunde genommen ist der Unterschied zwischen den freieren und den vorgegebenen Formen aber nicht so groß. Beide Aufsatzarten fordern eine **überzeugende Argumentation zu einer Leitthese**, die der Schreiber aufstellt. Die freieren Formen gehen nur bei der Beweisführung auf den Adressaten genauer ein, sie versuchen das oft mit bestimmten sprachlichen Mitteln. Dazu zählen beispielsweise rhetorische Fragen, ironische Wendungen und/oder bildhaftes Sprechen. Allerdings darf man diese Möglichkeiten nicht übertreiben, weil sonst die Überzeugungskraft darunter leidet.

3.3 Analysieren von Sachtexten

Neben der Auseinandersetzung mit poetischen Texten gibt es noch die Analyse von Sachtexten. Sie haben bereits seit der siebten Jahrgangsstufe gelernt, Sachtexte **zusammenzufassen**. Dies ist stets der erste Schritt, wenn der Aufgabe ein umfangreicher oder mehrere kürzere Sachtexte zugrunde liegen. Die Aufgabenstellung kann unter Umständen dabei den Schwerpunkt unterschiedlich setzen, z. B. wenn Wert darauf gelegt wird, dass vor allem die **Argumentationsstruktur** eines Textes erkannt wird, oder wenn **bestimmte Aspekte eines Themas** herausgearbeitet werden sollen. Das wiederum kennen Sie als „erweiterte Inhaltsangabe" seit der Jahrgangsstufe 9.

Sachtexte können unter zwei unterschiedlichen Gesichtspunkten eingesetzt werden. Entweder sind sie selbst Gegenstand der Untersuchung. Dann kann man davon ausgehen, dass sie anspruchsvoll sind und alle Aufmerksamkeit fordern, um die **Kernaussagen** zu erkennen. Oder sie dienen als Material für einen eigenen Schreibauftrag. In diesem Fall kann man damit rechnen, dass nicht nur zusammenhängende Texte, sondern auch sogenannte **diskontinuierliche Texte**, also Bilder, Grafiken etc. angeboten werden. Diese Form der Auswertung kennen Sie von den Deutschtests, die Sie in den Jahrgangsstufen 6 und 8 zu bestehen hatten.

Klar wird hier auch, dass **Sachtextanalyse und das Erörtern von Thesen und Problemen kombiniert** sein können. Es ist für die Planung Ihrer Abiturarbeit ganz wichtig, dass Sie sich genau anschauen, was von Ihnen verlangt wird. Bei der Auswertung von Sachtexten kann der Schreibauftrag auch lauten: Verfassen Sie auf der Grundlage des Materials einen **informierenden Text**. Auch hier können Sie davon ausgehen, dass Ihnen die Aufgabenstellung hilft, wenn es um die konkrete Textsorte geht. So könnten Sie z. B. aufgefordert werden, einen längeren Artikel für ein Sachbuch oder eine Theaterzeitschrift zu erstellen. Verlangt ist in jedem Fall eine untersuchende und erläuternde Vorgehensweise. Die vorgelegten Materialien müssen zunächst kritisch ausgewertet und um eigene Kenntnisse erweitert werden. Schließlich bringt man alle Aspekte in einen sachlogischen Zusammenhang. Es geht dabei nicht darum, die Materialien detailliert zu analysieren, sondern darum, eine für die kommunikative Situation passende Darstellung zu finden. Erwartungen und Interessen der potentiellen Leser sollen in angemessener Weise berücksichtigt werden.

3.4 Textlänge

Eine Neuerung bei den Aufgaben des Lernbereichs „Schreiben" ist die Einführung von Textlängenbegrenzungen. Dies gilt vor allem für die freieren Formen des Argumentierens. Es heißt dann in der Aufgabenstellung: „Ihr Text sollte 1 200 bis 1 500 Wörter enthalten." Diese Bandbreite kann ausgenutzt werden, sollte aber nicht allzu deutlich unter- bzw. überschritten werden. Der Sinn einer Begrenzung besteht darin, dass der Schreiber so gezwungen ist, mehr Energie und Konzentration auf die **sprachliche Ausarbeitung** zu verwenden. Sie sollten nicht einfach zu schreiben beginnen und Ihr gesamtes Wissen ausbreiten, sondern **bewusst auswählen** und auch bei den Formulierungen genau überlegen, was passend und was eventuell verzichtbar ist.

Nun ist der entscheidende Punkt bei einer Vorgabe der Textlänge, dass man seine Handschrift einschätzen kann: Wie viele Wörter passen bei mir auf eine geschriebene Seite? Schreibe ich gleichmäßig oder werden es am Ende mehr oder weniger Wörter pro Seite? Wenn Sie es ein paar Mal ausprobiert haben, dann werden Sie ein sicheres Gespür dafür entwickelt haben. Auch bei der Planung Ihres Textes sollten Sie die Längenbegrenzung schon im Auge haben: Wie viel Raum nimmt der Hauptpunkt ein? Wie viel verwende ich für die Einleitung, wie viel für den Schluss? Wie immer gilt auch hier: Übung macht den Meister!

Übrigens: Wie viele Wörter hat dieses Teilkapitel 3.4? *(Lösung auf Seite XVI)*

3.5 Weitere Tipps zur Arbeit mit Texten

Jeder gelungene Deutschaufsatz entsteht aus einem Zusammenspiel von genauem Eingehen auf die Aufgabenstellung und individuellem Zugang, also der Fähigkeit, das eigene Textverständnis und die eigene Problemerfassung überzeugend darzustellen. Für die Prüfungssituation ist es deshalb wichtig, über ein **Repertoire an Fragen** zu verfügen, mit denen man an literarische Texte und an Sachtexte herangeht.

Gedichtinterpretation

- Was drückt das Metrum aus, was bewirkt es?
- Aus welcher Perspektive wird im Gedicht gesprochen?
- Welche Entwicklung findet vom ersten bis zum letzten Vers statt? Denn auch in Gedichten passiert etwas.
- Welche Versgruppen gehören zusammen?
- Wie ist ein Motiv verwendet und inwieweit wandelt es sich?
- Was ist mit dem lyrischen Ich, das implizit oder explizit sich und seine Sicht der Welt zum Ausdruck bringt? Wie spricht es? Welche Sprache wählt es?
- Ergibt sich eher fließend ein Erlebniszusammenhang mit einer spürbaren Atmosphäre? Oder ist es ein eher spröder, intellektuell gedachter und gebauter Text, durchsetzt von Konjunktionen, Einsprüchen und Antithesen?

Sie sollten hinhören, überlegen, wie das Gedicht wirkt, und untersuchen, wodurch diese Wirkung zustande kommt. In der ersten halben Stunde einer Gedichtinterpretation sollten Sie den Text auf sich wirken lassen, Fragen sammeln und noch nicht losschreiben. Und noch etwas: Wie das eine oder andere letztlich zu verstehen ist, ist nicht immer eindeutig zu entscheiden. Gedichte haben einen offenen Deutungsraum um sich herum. Die Interpretation muss daher nach Plausibilität streben, indem sie sich nahe am Gedicht bewegt und die Thesen durch konkrete Textbelege stützt.

Interpretation einer dramatischen Szene

- Welche Kommunikationssituation liegt vor? Wie sind die Redeanteile der Figuren verteilt?
- Welche Spannung liegt in der Szene? Wie spitzt sich die Auseinandersetzung zu?
- Wo ist eventuell ein Höhe- und Wendepunkt?

- Welche Rolle spielen der Schauplatz, ein etwaiges Requisit oder ein Gang beziehungsweise eine Geste?
- Was tragen die Regieanmerkungen zum Verständnis bei?
- Was bleibt hinter dem gesprochenen Wort unausgesprochen, ist mitzudenken und lässt uns ahnen, wie es in der Figur wirklich aussieht und was sie vielleicht plant?
- Welchen Platz hat die Szene im Handlungszusammenhang und welche Funktion kommt ihr zu? (Was wäre, wenn sie gestrichen wäre?)

Interpretation von epischen Texten

- Bei erzählender Literatur sollte man sich vor der Gefahr hüten, in der Fülle des Stoffes zu ertrinken und zu viel Inhaltliches zu rekonstruieren.
- Nachdem es sich i. d. R. um einen Textausschnitt handelt und Sie das Werk kaum kennen werden, ist eine Einbettung in den Gesamthandlungsverlauf nicht möglich. Sie wird auch nicht gefordert. Allerdings gibt es in der Hinführung meist wichtige Hinweise auf den Kontext.
- Konzentrieren Sie sich auf das Wesentliche des Textauszugs, finden Sie zunächst das Thema der Textstelle.
- Entscheidend für das Verständnis ist oft, die Erzählperspektive und Haltung des Erzählers zu erkennen und zu deuten. Weiß er nicht mehr, als die einzelne Figur wissen kann, erzählt er gleichsam aus ihr heraus personal? Oder hat er den Überblick und ist allwissend? Verschwindet er ganz hinter einem erzählenden Ich? Hegt der Erzähler Sympathie für seine Helden oder bleibt er ironisch distanziert?
- Wird linear-chronologisch erzählt oder gebrochen in Zeitsplittern, Facetten, Vorwegnahmen und Rückblicken?
- Entsteht ein Abbild unserer Wirklichkeit oder erscheint sie ins Artifizielle, Groteske, Absurde verfremdet?
- Welches Bild von der erzählten Zeit wird entworfen, mit welchen Fragen setzt sich der Autor in seinem Text auseinander?

Einen guten Eindruck macht es immer, wenn **korrekt zitiert** wird. Sie sollten nicht zu umfangreich zitieren oder dem Leser das Zitat wortlos „vor die Füße schieben". Zitate, oft nur ein Satzfetzchen oder ein besonderes Wort, werden gewählt, weil sie aufschlussreich und vielsagend sind: Man muss also damit arbeiten, sie erläutern und kommentieren. Überhaupt ist das A und O jeder Interpretation, in die eigene Sprache hineinzuholen, was man vorfindet. Wer sprachfaul nur wiederholt, was der Autor sagt, bleibt bei der Nacherzählung. Eine Interpretation verlangt immer auch einen abstrahierenden Zugriff auf den Text. Die Anstrengung, Fremdes selbstständig in der eigenen Sprache wiederzugeben, wirft unwillkürlich Fragen auf und bedeutet damit den ersten Schritt zum Verständnis eines Textes.

Sehr ratsam ist es, über ein paar **Fachbegriffe** so zu verfügen, so dass über Erzähltes und Dargestelltes präzise gesprochen werden kann. Man sollte etwa schreiben können: „Die Figur tritt an dieser Stelle wie ein deus ex machina auf." Oder: „Hier wird der Beziehungsaspekt wichtiger als der Inhalt." Oder: „In diesen Ellipsen, diesen Kurzsätzen ohne Prädikat, drückt sich aus, wie ...". – Wichtig ist, dass Sie Wortarten, Satzteile und Nebensatztypen korrekt bezeichnen können. Üben Sie sich darin, die wichtigsten rhetorischen Figuren zu erkennen, die gestalteter Sprache ihre Wirkung verleihen.
Eine gute Übersicht über rhetorische Figuren findet sich in dem Band *Prüfungswissen Oberstufe* von Werner Winkler (Stark Verlag 2000, Titelnr. 94400, S. 18–21).

Analysieren von Sachtexten

- Sachtexte sind keine fiktionalen Texte. Hier schreibt ein real existierender Autor über die Welt, er zeigt Zusammenhänge, stellt Thesen und Behauptungen auf und versucht, Fragen zu beantworten. Es gibt also keine Zwischeninstanz, die interpretierend herausgearbeitet werden muss.
- Man kann davon ausgehen, dass der Autor eine Hauptthese und gegebenenfalls mehrere Unterthesen vertritt, die einen Bezug zur Hauptthese haben.
- Inhalt und Aufbau eines Sachtextes sollten strukturiert wiedergegeben werden. Es ist oft nötig, die einzelnen Abschnitte einem jeweiligen Verwendungszweck zuzuordnen: Werden Beispiele gegeben? Bezieht sich der Autor auf Autoritäten? Stellt er begründete Thesen auf? Wo stellt der Autor seine Thesen auf? Wo begründet er sie? Wo finden sich die Belege oder die Beispiele für seine Behauptungen?
- Sachtexte bestehen aus Sprechakten, die Sie in Ihrer Zusammenfassung benennen sollten: Der Autor behauptet, schlägt vor, kritisiert, polemisiert, wägt ab, bezieht sich auf, erkennt ... usw. Mit der Frage nach den Sprechakten können Sie auch die Argumentationsstruktur des Textes klären.
- Wie bei der Interpretation literarischer Texte ist auch bei der Analyse der Sachtexte die korrekte Zitierweise zu beachten. Rein inhaltliche Zusammenfassungen verzichten am besten ganz auf Zitate, weil so die Gefahr der bloßen Wiederholung des Ausgangstextes vermieden werden kann. Schlüsselstellen werden jedoch wörtlich zitiert, aber immer mit der Vorgabe, dass das Zitat auch im Zusammenhang erklärt und dann in seiner Funktion analysiert werden muss.

4 Anforderungsbereiche und Operatoren

4.1 Anforderungsbereiche (AFB)

In den EPA werden drei Anforderungsbereiche definiert, die sich auch in den unterschiedlichen Aufgaben wiederfinden. Sie müssen zeigen, dass Sie in der Lage sind, Texte und Problemstellungen zu verstehen, die Aufgabe argumentativ zu lösen und Ihre Überlegungen überzeugend darzustellen.

- **Anforderungsbereich I** betrifft die Reproduktion: die Wiedergabe von gelernten Sachverhalten sowie die wiederholende Zusammenfassung. Der im Unterricht erarbeitete Hintergrund an Lektüre- und Faktenwissen, fachspezifische Arbeitstechniken, Methoden der Texterschließung sowie Darstellungstechniken sollen zum Einsatz gebracht werden.
- **Anforderungsbereich II** zielt auf die Anwendung erworbener Arbeitsweisen, auf Reorganisation von Bekanntem und Transferleistungen. Darunter sind unter anderem selbstständiges Auswählen, Ordnen, Erläutern, Interpretieren oder Vergleichen zu verstehen. Erwartet wird von Ihnen eine eigenständige, argumentativ begründete Interpretation beziehungsweise Erörterung, die zeigt, dass Sie in der Lage sind, Gelerntes auch auf unbekannte Zusammenhänge anzuwenden. Auf dem AFB II liegt in der Abiturprüfung das Hauptgewicht.
- **Anforderungsbereich III** betrifft die gedankliche Selbstständigkeit der Leistung: Hier müssen Sachverhalte und Zusammenhänge eigenständig ausgewertet, durchdacht und begründet beurteilt oder gestaltet werden. Sie sollen zu einer differenzierten und kritischen Wertung von Texten und Sachverhalten gelangen und Ihre Fähigkeit zur Reflexion und Problemlösung beweisen.

Oftmals wird nur ein umfassender Operator (Arbeitsanweisung) wie „erörtern", „interpretieren" oder „analysieren" eingesetzt, der Leistungen in allen Anforderungsbereichen erfordert. Wird die Aufgabe nicht weiter differenziert, entfällt aber auch eine erste Strukturierungshilfe, die die einzelnen Teilaufträge sonst bieten. So haben Sie weniger Orientierungspunkte, aber auch mehr Freiraum beim Gliedern des Aufsatzes.

4.2 Operatoren

Operatoren sind **Arbeitsanweisungen**. Sie machen deutlich, welche Art von Aufgabenstellung gemeint ist, lassen sich den einzelnen Anforderungsbereichen zuordnen und geben einen Hinweis auf das Gewicht der entsprechenden Aufgabe. Durch ihre konkreten Vorgaben dienen Operatoren sowohl dazu, Arbeitsaufträge eindeutig zu formulieren und voneinander abzugrenzen, als auch dazu, einheitliche Bewertungs- und Korrekturmaßstäbe zu setzen. Es ist auch möglich, dass ein eigenständiges Vorgehen verlangt wird und Sie selbst die Schwerpunkte festlegen sollen (meist lautet die Aufgabenstellung dann: „Erschließen/vergleichen Sie … nach von Ihnen selbst festgelegten Kriterien …"). Die folgende Operatorenliste basiert auf den EPA und bietet ein breites Spektrum an Arbeitsaufträgen, die Ihnen in der Prüfung begegnen können.

Anforderungsbereich I (Reproduktion)

(be)nennen	Hier sollen Sie zielgerichtet Informationen zusammentragen, ohne diese zu kommentieren.	*Nennen Sie die wesentlichen Merkmale* eines Sonetts.
beschreiben	Textaussagen oder Sachverhalte müssen in eigenen Worten strukturiert und fachsprachlich richtig dargestellt werden.	*Beschreiben Sie die äußere Form* des Gedichtes.

wiedergeben	Sie sollen Informationen aus Ihrem Vorwissen bzw. dem Material zusammenfassend in eigenen Worten präsentieren.	*Geben Sie die Hauptgedanken* der Rede *wieder.*
zusammenfassen	Es wird von Ihnen erwartet, dass Sie Inhalte, Aussagen, Zusammenhänge komprimiert wiedergeben.	*Fassen Sie die* unterschiedlichen *Meinungen* zum Thema X *zusammen.*
darstellen	Sie haben die Aufgabe, einen Sachverhalt, Zusammenhang, eine methodische Entscheidung zu formulieren.	*Stellen Sie die Wirkungsabsicht dar*, die der Autor mit seinem Text verfolgt.

Anforderungsbereich II (Reorganisation und Transfer)

untersuchen, erschließen	Hier müssen Sie an Texten, Textaussagen, Problemstellungen, Sachverhalten kriterienorientiert arbeiten.	*Untersuchen Sie*, inwiefern *die rhetorischen Mittel* die Aussageabsicht verstärken. *Erschließen Sie* anhand der Bildsprache *die Grundstimmung des Textes.*
einordnen	Sie sollen einen Inhalt, eine Problemstellung, einen Sachverhalt auf einen vorgegebenen oder selbst gewählten Kontext beziehen.	*Ordnen Sie* dieses Naturgedicht *epochal ein.*
charakterisieren	Es wird erwartet, dass Sie eine Person oder Sache in ihren Eigenheiten darstellen sowie treffend und anschaulich schildern.	*Charakterisieren Sie den Protagonisten* in Goethes Drama *vor dem Hintergrund der Epoche* des Sturm und Drang.
vergleichen	Sie sollen Texte, Problemstellungen, Sachverhalte unter vorgegebenen oder selbst gewählten Aspekten einander gegenüberstellen, in Beziehung zueinander setzen und Gemeinsamkeiten und Unterschiede feststellen.	*Vergleichen Sie die Figurenkonstellation* mit derjenigen im Drama X. *Vergleichen Sie Art und Wirkung der Metaphorik* in beiden Gedichten.
kennzeichnen	Es kommt bei dieser Aufgabe darauf an, Typisches herauszustellen.	*Kennzeichnen Sie* das vorliegende Gedicht als expressionistischen Text.
erklären	Es wird von Ihnen erwartet, dass Sie Textaussagen und Sachverhalte auf der Basis von Kenntnissen differenziert darstellen.	*Erklären Sie* Brechts Dramentheorie *anhand des vorliegenden Textausschnittes.*
erläutern	„Erläutern" entspricht „erklären", enthält jedoch den zusätzlichen Aspekt, dass Sie Ihre Ergebnisse durch Zusatzinformationen und Beispiele veranschaulichen sollen.	*Erläutern Sie* Schillers Theaterverständnis, indem sie sich auch auf sein Drama X beziehen.

in Beziehung setzen	Sie haben die Aufgabe, Analyseergebnisse, Textaussagen, Sachverhalte, Problemstellungen mit vorgegebenen oder selbst gewählten Aspekten in Verbindung zu bringen.	*Setzen Sie Ihr Analyseergebnis in Beziehung* zur aktuellen Medienkritik am Privatfernsehen.

Anforderungsbereich III (Reflexion und Problemlösung)

beurteilen	Sie müssen zu einem Text, der ästhetischen Qualität eines Textes bzw. einem Sachverhalt zu einem selbstständigen, begründeten Sachurteil gelangen, und zwar nicht gestützt auf subjektive Werte, sondern auf fachliches Wissen.	*Beurteilen Sie den Versuch des Autors*, die Ereignisse und Folgen des 11. September 2001 in lyrischer Form darzustellen.
bewerten	Es wird von Ihnen erwartet, dass Sie zu einem Sachverhalt, Text oder Problem selbstständig Stellung nehmen und ihn unter Bezug auf eine Wertordnung angemessen beurteilen.	*Bewerten Sie* Jandls lyrische „Sprachspiele" vor dem Hintergrund Ihres eigenen Verständnisses von der Aufgabe der Lyrik in der Gegenwart.
(kritisch) Stellung nehmen	Hier geht es darum, die Einschätzung einer Problemstellung, eines Sachverhaltes, einer Wertung auf der Grundlage fachlicher Kenntnis und Einsicht nach kritischer Prüfung und Abwägung zu formulieren.	*Nehmen Sie zu den Aussagen* des Autors *kritisch Stellung*, indem Sie Erkenntnisse der Sprachsoziologie berücksichtigen.
begründen	Es ist wichtig, dass Sie ein Analyseergebnis, Urteil, eine Einschätzung, eine Wertung fachlich und sachlich absichern (durch einen entsprechenden Beleg, Beispiele, eine Argumentation).	Schreiben Sie dem Verfasser eine Antwort; *begründen Sie* anschließend die von Ihnen gewählte Darstellungsform und die von Ihnen gewählten Stilmittel.
sich auseinandersetzen mit	Sie sollen zu einer (fachlichen) Problemstellung oder These eine Argumentation entwickeln, die zu einem begründeten und nachvollziehbaren Ergebnis führt.	*Setzen Sie sich mit der Position* des Schriftstellers vor dem Hintergrund Ihrer Kenntnisse des Vormärz *auseinander.*
prüfen, überprüfen	Hier müssen Sie eine Textaussage, These, einen Sachverhalt auf der Grundlage eigener Kenntnisse, Einsichten oder Textkenntnis auf ihre/seine Angemessenheit hin untersuchen.	*Überprüfen Sie die Stimmigkeit* der Aussage anhand der Gliederung und der rhetorischen Mittel.
interpretieren	**Literarische Texte:** Texterfassung, Textbeschreibung, Textdeutung (unter Berücksichtigung des Wechselbezugs von Textstrukturen, Funktionen und Intentionen, Erfassen zentraler strukturbildender, genretypi-	*Interpretieren Sie* das vorliegende Gedicht. *Interpretieren Sie* den Text im Zusammenhang mit den Ihnen bekannten Dramentheorien.

	scher, syntaktischer, semantischer und rhetorischer Elemente und ihrer Funktionen für das Textganze), kritische Reflexion und ggf. Wertung.	
analysieren	**Sachtexte:** Texterfassung, Textbeschreibung, Textuntersuchung (Zusammenhang von Textstruktur und Textintention, strukturbildende semantische, syntaktische Elemente unter Berücksichtigung der sprachlichen Funktion); Erfassen der pragmatischen Struktur des Textes unter besonderer Berücksichtigung der Argumentationsweise; Erkennen und ggf. Beurteilen des Zusammenspiels von Struktur, Intention und Wirkung im Rahmen des historischen und aktuellen Verstehenshorizontes.	*Analysieren Sie* die Rede unter Berücksichtigung der Anmerkungen. *Analysieren* Sie den vorliegenden Text *im Hinblick auf die Argumentationsstruktur.*
erörtern	Es wird von Ihnen erwartet, dass Sie eine These oder Problemstellung, eine Argumentation durch Für- und- Wider- bzw. Sowohl-als-Auch-Argumente auf ihre Stichhaltigkeit hin prüfen und auf dieser Grundlage eine Schlussfolgerung bzw. eigene Stellungnahme dazu entwickeln.	*Erörtern Sie die Notwendigkeit* von Sprachförderkonzepten im Zusammenhang mit den Aussagen der beiden vorliegenden Texte.
diskutieren	Gegenüberstellung unterschiedlicher Argumente; abwägende Stellungnahmen zu deren Bedeutung bzw. Stichhaltigkeit; zusammenfassende Schlussfolgerung(en) – aber auch: Überprüfung einer gedanklichen Position anhand der darin erkennbaren Thesen und Argumente.	*Diskutieren Sie* die Haltbarkeit der Position von … zur Änderung des bayerischen Schulsystems.

5 Tipps, Hinweise zu den Bewertungskriterien

5.1 Praktische Tipps

Ein sinnvoller Aufbau spiegelt sich immer in einer überzeugenden **Gliederung** wider. Diese ist **Teil der Prüfungsleistung** und wird natürlich auch bewertet. Es gibt zwei Arten der Gliederung: die alphanumerische Gliederung (A-B-C) und die numerische Gliederung (1-2-3-4). Beispiele dafür finden sich in diesem Buch. Sie selbst können entscheiden, welche Gliederungsform Sie verwenden, genauso wie Sie sich für den Nominal- oder den Verbalstil entscheiden. Wichtig ist nur, dass Sie die gewählte Form durchhalten! Im ausformulierten Aufsatz gibt es keine Zwischenüberschriften, als Serviceleistung für den Leser können Sie aber die Gliederungsnummern am Rand notieren. Auch diese Technik wird im vorliegenden Buch gezeigt.

Schreiben ist immer ein Prozess. Wer die einzelnen Phasen konzentriert angeht, wird am Ende ein vorzeigbares Produkt haben. **Bereiten** Sie die Arbeit gut **vor**, indem Sie z. B. die Texte farbig markieren und sinnvolle Randnotizen machen. **Sammeln** Sie Ihre Ideen in Clustern, Mindmaps oder in Stichworten. **Verfassen** Sie dann einen gut gegliederten und durchdachten Aufsatz, den Sie am Ende sorgfältig **überarbeiten**.

5.2 Hinweise zu den Bewertungskriterien

Wie bei allen Aufsätzen an bayerischen Gymnasien wird auch die Abiturnote nicht durch Addition der auf die Anforderungsbereiche bezogenen Teilnoten errechnet, sondern stellt eine Gesamtwürdigung der erbrachten Leistungen dar.
Bei der Punktevergabe werden folgende Bewertungskategorien berücksichtigt:

- inhaltliche Leistung,
- methodische Leistung,
- sprachliche Leistung/Darstellungsleistung. Bei den freieren Formen des Argumentierens spielt die sprachliche Leistung eine große Rolle. Es wird darauf geachtet werden, dass Ihr Text eine gewisse Attraktivität hat, dass er Sprachwitz wagt und den Leser zu unterhalten vermag. Aber keine Angst: Niemand wird von Ihnen einen perfekten Text verlangen. Es geht vielmehr darum, dass Sie den Mut haben, Ihre Ideen auch sprachlich entsprechend zu pointieren.

Besonders viel Gewicht wird in der Bewertung darauf gelegt, dass

- Ihre Ausführungen sachlich richtig sind,
- Ihre Aussagen folgerichtig und begründet sind,
- Ihre Darstellung und Ihr Verständnis der Thematik den prinzipiellen Ansprüchen des Deutschunterrichts in der Oberstufe entsprechen,
- Ihre Arbeit einen bestimmten Grad an Selbständigkeit, etwa in der Entwicklung von Gedankengängen, aufweist,
- der Aufsatz sinnfällig aufgebaut und klar formuliert ist,
- eine grundlegende Sicherheit im Umgang mit der Fachsprache und den entsprechenden Methoden unter Beweis gestellt wird,
- Ihre Ausführungen sprachlich richtig sind und
- die äußere Form Ihres Aufsatzes den Erwartungen entspricht.

Bei der Erörterungsaufgabe wird besonders darauf geachtet, dass

- das Thema präzise erschlossen ist,
- der Aufsatz schlüssig aufgebaut ist,
- plausibel argumentiert wird,
- ein angemessener Grad der Reflexion erreicht ist,
- die verwendete Begrifflichkeit angemessen und korrekt eingesetzt ist,
- Sie sich sprachlich korrekt und gewandt auszudrücken vermögen.

Viel Erfolg!

Lösung der Frage auf Seite IX: 201 Wörter

Übungsaufgabe 1:
Verfassen einer vergleichenden Analyse von Sachtexten und Stellungnahme in einem Brief

Aufgaben:

1. Vergleichen Sie die beiden folgenden Textausschnitte durch eine Analyse ihrer Argumentation und ihrer sprachlichen Gestaltung und erarbeiten Sie, ausgehend von Ihren Ergebnissen, die wesentlichen Unterschiede im Hinblick auf die Weltsicht der beiden Autoren.
2. Äußern Sie sich in einem offenen Brief an Friedrich Dürrenmatt, wie Sie als junger Mensch zu seiner Weltsicht stehen und welche Erwartungen Sie an ein zeitgemäßes Theater haben.
   Dabei soll vorausgesetzt werden, dass Dürrenmatt noch lebt und sein Text *Theaterprobleme* als aktuell gelten kann.

Vorbemerkung

Die Abhandlung *Theaterprobleme* von Friedrich Dürrenmatt erschien als erste Zusammenfassung seiner theoretischen Arbeiten über das Theater bereits 1954, also kurz nach der Uraufführung von *Ein Engel kommt nach Babylon* (1953) und zwei Jahre vor der Uraufführung von *Der Besuch der alten Dame* (1956). Der Text von Bertolt Brecht entstand 1955 kurz vor seinem Tod als Essay für das Darmstädter Dramaturgengespräch und knüpft unmittelbar an die Ausführungen von Dürrenmatt an.

Text A

Friedrich Dürrenmatt: Theaterprobleme (1955)

Doch die Aufgabe der Kunst, soweit sie überhaupt eine Aufgabe haben kann, und somit die Aufgabe der heutigen Dramatik ist, Gestalt, Konkretes zu schaffen. Dies vermag vor allem die Komödie. Die Tragödie, als die gestrengste Kunstgattung, setzt eine gestaltete Welt voraus. Die Komödie – sofern sie nicht Gesellschaftskomödie ist wie bei Molière –, eine ungestaltete, im Werden, im Umsturz begriffene, eine Welt, die am Zusammenpacken ist wie die unsrige. Die Tragödie überwindet die Distanz. Die in grauer Vorzeit liegenden Mythen macht sie den Athenern zur Gegenwart. Die Komödie schafft Distanz, den Versuch der Athener, in Sizilien Fuß zu fassen, verwandelt sie in das Unternehmen der Vögel, ihr Reich zu errichten, vor dem Götter und Menschen kapitulieren müssen. […]

Die Tragödie setzt Schuld, Not, Maß, Übersicht, Verantwortung voraus. In der Wurstelei unseres Jahrhunderts, in diesem Kehraus der weißen Rasse, gibt es keine Schuldigen und auch keine Verantwortlichen mehr. Alle können nichts dafür und haben es nicht gewollt. Es geht wirklich ohne jeden. Alles wird mitgerissen und bleibt in irgendeinem Rechen hängen. Wir sind zu kollektiv schuldig, zu kollektiv gebettet in die Sünden unserer Väter und Vorväter. Wir sind nur noch Kindeskinder. Das ist unser Pech, nicht unsere Schuld: Schuld gibt es nur noch als persönliche Leistung, als religiöse Tat. Uns kommt nur noch die Komödie bei. Unsere Welt hat ebenso zur Groteske geführt wie zur Atombombe, wie ja die apokalyptischen Bilder des Hieronymus Bosch auch grotesk sind. Doch das Groteske ist nur ein sinnlicher Ausdruck, ein sinnliches Paradox, die Gestalt nämlich einer Ungestalt, das Gesicht einer gesichtslosen Welt, und genauso wie unser Denken ohne den Begriff des Paradoxen nicht mehr auszukommen scheint, so auch die Kunst, unsere Welt, die nur noch ist, weil die Atombombe existiert: aus Furcht vor ihr.

Doch ist das Tragische immer noch möglich, auch wenn die reine Tragödie nicht mehr möglich ist. Wir können das Tragische aus der Komödie heraus erzielen, hervorbringen als einen schrecklichen Moment, als einen sich öffnenden Abgrund, so sind ja schon viele Tragödien Shakespeares Komödien, aus denen heraus das Tragische aufsteigt.

Nun liegt der Schluß nahe, die Komödie sei der Ausdruck der Verzweiflung, doch ist dieser Schluß nicht zwingend. Gewiß, wer das Sinnlose, das Hoffnungslose dieser Welt sieht, kann verzweifeln, doch ist diese Verzweiflung nicht eine Folge dieser Welt, sondern eine Antwort, die er auf diese Welt gibt, und eine andere Antwort wäre sein Nichtverzweifeln, sein Entschluß etwa, die Welt zu bestehen, in der wir oft leben wie Gulliver unter den Riesen. Auch der nimmt Distanz, auch der tritt einen Schritt zurück, der seinen Gegner einschätzen will, der sich bereit macht, mit ihm zu kämpfen oder ihm zu entgehen. Es ist immer noch möglich, den mutigen Menschen zu zeigen.

Aus: Fr. Dürrenmatt, Theater. Werkausgabe in 37 Bänden. Bd. 30,
Zürich: Diogenes 1998,

Text B

Bertolt Brecht: Kann die heutige Welt durch Theater wiedergegeben werden? (1955)

Mit Interesse höre ich, daß Friedrich Dürrenmatt in einem Gespräch über das Theater die Frage gestellt hat, ob die heutige Welt durch Theater überhaupt noch wiedergegeben werden kann.

Diese Frage, scheint mir, muß zugelassen werden, sobald sie einmal gestellt ist. Die Zeit ist vorüber, wo die Wiedergabe der Welt durch das Theater lediglich erlebbar sein mußte. Um ein Erlebnis zu werden, muß sie stimmen.

Es gibt viele Leute, die konstatieren, daß das Erlebnis im Theater schwächer wird, aber es gibt nicht so viele, die eine Wiedergabe der heutigen Welt als zunehmend schwierig erkennen. Es war diese Erkenntnis, die einige von uns Stückeschreibern und Spielleitern veranlaßt hat, auf die Suche nach neuen Kunstmitteln zu gehen.

Ich selbst habe, wie Ihnen als Leuten vom Bau bekannt ist, nicht wenige Versuche unternommen, die heutige Welt, das heutige Zusammenleben der Menschen, in das Blickfeld des Theaters zu bekommen.

Dies schreibend, sitze ich nur wenige hundert Meter von einem großen, mit guten Schauspielern und aller nötigen Maschinerie ausgestatteten Theater, an dem ich mit zahlreichen, meist jungen Mitarbeitern manches ausprobieren kann, auf den Tischen, um mich Modellbücher mit Tausenden von Fotos unserer Aufführungen und vielen mehr oder minder genauen Beschreibungen der verschiedenartigsten Probleme und ihrer vorläufigen Lösungen. Ich habe also alle Möglichkeiten, aber ich kann nicht sagen, daß die Dramaturgien, die ich aus bestimmten Gründen nicht-aristotelische nenne, und die dazugehörende epische Spielweise *die* Lösung darstellen. Jedoch ist eines klargeworden: Die heutige Welt ist den heutigen Menschen nur beschreibbar, wenn sie als eine veränderbare Welt beschrieben wird.

Für heutige Menschen sind Fragen wertvoll der Antworten wegen. Heutige Menschen interessieren sich für Zustände und Vorkommnisse, denen gegenüber sie etwas tun können. [...]

In einem Zeitalter, dessen Wissenschaft die Natur derart zu verändern weiß, daß die Welt schon nahezu bewohnbar erscheint, kann der Mensch dem Menschen nicht mehr lange als Opfer beschrieben werden, als Objekt einer unbekannten, aber fixierten Umwelt. Vom Standpunkt eines Spielballs aus sind die Bewegungsgesetze kaum konzipierbar.

Weil nämlich – im Gegensatz zur Natur im allgemeinen – die Natur der menschlichen Gesellschaft im Dunkeln gehalten wurde, stehen wir jetzt, wie die betroffenen Wissenschaftler uns versichern, vor der totalen Vernichtbarkeit des kaum bewohnbar gemachten Planeten.

Es wird Sie nicht verwundern, von mir zu hören, daß die Frage der Beschreibbarkeit der Welt eine gesellschaftliche Frage ist. Ich habe dies viele Jahre lang aufrechterhalten und lebe jetzt in einem Staat, wo eine ungeheure Anstrengung gemacht wird, die Gesellschaft zu verändern. Sie mögen die Mittel und Wege verurteilen – ich hoffe übrigens, Sie kennen sie wirklich, nicht aus den Zeitungen –, Sie mögen dieses besondere Ideal einer neuen Welt nicht akzeptieren – ich hoffe, Sie kennen auch dieses –, aber Sie werden kaum bezweifeln, daß an der Änderung der Welt, des Zusammenlebens der Menschen in dem Staat, in dem ich lebe, gearbeitet wird. Und Sie werden mir vielleicht darin zustimmen, daß die heutige Welt eine Änderung braucht.

Für diesen kleinen Aufsatz, den ich als einen freundschaftlichen Beitrag zu Ihrer Diskussion zu betrachten bitte, genügt es vielleicht, wenn ich jedenfalls meine Meinung berichte, daß die heutige Welt auch auf dem Theater wiedergegeben werden kann, aber nur, wenn sie als veränderbar aufgefaßt wird.

Aus: Bertolt Brecht, Kann die heutige Welt durch Theater wiedergegeben werden? in: Gesammelte Werke in 20 Bänden. Frankfurt am Main: Suhrkamp 1968.

Hinweise und Tipps

- *Die* ***Argumentation*** *der beiden Autoren sollte insbesondere durch die Verwendung von* ***Verben*** *verdeutlicht werden, welche einzelne Schritte im Verlauf einer Gedankenführung aufzeigen, so z. B. folgen, hinzufügen, veranschaulichen etc.*
- *Beim* ***Vergleich der sprachlichen Gestaltung*** *geht es nicht um eine vollständige Analyse der beiden Texte, sondern um das Herausstellen von auffälligen Sprachmitteln, so dass auf diese Weise auch die jeweiligen* ***Funktionen*** *deutlich gemacht werden können.*
- *Eine geraffte Darstellung unter Beachtung ausgewählter Gesichtspunkte ist auch beim Vergleich der in den beiden Texten zum Ausdruck kommenden* ***Weltsicht*** *anzustreben.*
- *Der* ***offene Brief an Friedrich Dürrenmatt*** *sollte den persönlichen Hintergrund des Schreibers erkennen lassen und auf der einen Seite durchaus persönliche Akzente setzen, auf der anderen Seite um Begründungen sachlicher Art bemüht sein. Es sei besonders betont, dass sowohl die stilistische Gestaltung als auch die inhaltliche Anlage des Schreibens offen sind.*

Gliederung

1 Lange Tradition dramentheoretischer Schriften

2 Vergleichende Analyse der Textausschnitte
2.1 Argumentation
2.1.1 Friedrich Dürrenmatt
2.1.2 Bertolt Brecht
2.2 Sprachliche Gestaltung
2.2.1 Friedrich Dürrenmatt
2.2.2 Bertolt Brecht
2.3 Wesentliche Unterschiede im Hinblick auf die Weltsicht der beiden Autoren

3 Offener Brief an Friedrich Dürrenmatt: Stellungnahme zu der im Text „Theaterprobleme“ zum Ausdruck kommenden Weltsicht und Erwartungen an ein zeitgemäßes Theater
3.1 Stellungnahme zur Weltsicht des Autors
3.2 Erwartungen an ein zeitgemäßes Theater
3.2.1 Realitätsbezug
3.2.2 Provokation
3.2.3 Erschütterung
3.2.4 Nachdenklichkeit, Reflexion
3.2.5 Unterhaltung / Ablenkung – Spott / Schadenfreude

Lösungsvorschlag

Seit der Aufklärung war es üblich, dass sich Autoren in theoretischen Schriften mit den **Möglichkeiten und Aufgaben dramatischer Werke** auseinandersetzten. Hier seien nur Gotthold Ephraim Lessing *(Briefe die neueste Literatur betreffend)*, Friedrich Schiller *(Über die ästhetische Erziehung des Menschen)*, Friedrich Hebbel *(Ein Wort über das Drama)* und Georg Büchner *(Brief an die Familie vom 28. 7. 1835)* genannt. In der neueren deutschsprachigen Literatur war es insbesondere Bertolt Brecht, der die Diskussion mit seiner Theorie des epischen Theaters und den damit zusammenhängenden grundsätzlichen Fragen zur Funktion des modernen Dramas beziehungsweise der modernen Literatur maßgeblich beeinflusste. Aber auch Autoren wie die beiden Schweizer Max Frisch und Friedrich Dürrenmatt sowie Peter Handke, Botho Strauß oder Heiner Müller, um nur einige zu nennen, äußerten sich mehrfach, gelegentlich auch auf streitbare Weise, zu den Aufgaben des Theaters. Die beiden vorliegenden Texte markieren wesentliche Positionen innerhalb der **Theorie des modernen Dramas**. 1

In seinem Text *Theaterprobleme* geht Dürrenmatt auf die Möglichkeiten des Theaters seiner Zeit ein. Nach einer allgemeinen Definition der Aufgabe von Kunst und der Behauptung, dieser Aufgabe könne vor allem die Komödie gerecht werden (Z. 1–3), belegt der Autor diese These, indem er sich zu wesentlichen **Voraussetzungen der Tragödie und Komödie**, bezogen auf den Zustand der abzubildenden Wirklichkeit, äußert (Z. 3–10). Im Anschluss erweitert Dürrenmatt seine Ausführungen, warum die Tragödie der Welt des 20. Jahrhunderts nicht mehr gerecht werden kann: Diese Dramenform bilde Menschen ab, die Schuld bzw. Verantwortung tragen. Für Dürrenmatt gibt es jedoch in seinem Jahrhundert nur noch kollektiv Schuldige, es sei denn, greifbare, also individuelle Schuld komme als „persönliche Leistung“ oder „religiöse Tat“ (Z. 17 f.) zustande (Z. 11–18). Eine Welt, die so „gesichtslos[]“ (Z. 21) geworden ist, kann nach Dürrenmatt nur durch die Komödie künstlerische Gestalt erhalten, wobei er die Komödie ganz nah an das Groteske heranrückt. Die Notwendigkeit einer Kunstgattung des Grotesken, der Komödie, leitet er daraus ab, dass das Groteske und das Paradoxe unser Denken und unsere Welt insgesamt bestimmen. Die apokalyptischen Bilder von Hieronymus Bosch sind ein Beispiel für die Widerspiegelung einer grotesken Welt in der Kunst, die Erfindung der Atombombe belegt den grotesken Zustand unserer Welt (Z. 18–24). 2 2.1 2.1.1
Im letzten Abschnitt des Textes (Z. 25–37) räumt Dürrenmatt ein, dass auch außerhalb der Tragödie noch Tragisches zum Ausdruck kommen könne. Er belegt dies am Beispiel von Shakespeares Komödien. Deshalb muss die Komödie noch lange nicht pure Verzweiflung über den Zustand der Welt widerspiegeln, sondern sie kann auch als Versuch verstanden werden, Distanz zu gewinnen und nicht kampflos zu resignieren.

Grundsätzlich geht Dürrenmatt von **Thesen** aus (z. B. Z. 1 ff.), die er weitgehend durch **Erfahrungsargumente**, z. B. auf dem Gebiet der Dramenpoetik (etwa Z. 26 ff.) oder im Bereich persönlicher Einsichten, stützt. Gerade bei der vorwiegend individuell geprägten Erfahrungsargumentation (z. B. Z. 11 ff.) nähern sich die Äußerungen teilweise auch einer eher behauptenden, also subjektiven Aufstellung von Thesen. Mitunter stützt Dürrenmatt seine Argumente auch durch **Belege** aus der Dramengeschichte (Z. 3 ff, 27 f.), der Kunstgeschichte (Z. 19 f.) und der politischen Geschichte (Z. 19, 23 f.). An diesen Stellen ist auch eine Tendenz zu **deduktiver Argumentation** zu erkennen.

Brecht bezieht sich einleitend auf die von Dürrenmatt angestoßene Diskussion, ob die Welt durch das Theater überhaupt noch wiedergegeben werden könne. Er bestätigt die Berechtigung dieser Frage und postuliert, dass die Wiedergabe der Welt sowohl ein Erlebnis sein als auch stimmen muss (Z. 1–6). Die Tatsache, dass die Wiedergabe der Welt nur von wenigen als zunehmend schwierig erkannt wird, habe dazu geführt, dass neue „Kunstmittel[ ]“ (Z. 10) – bezogen auf das Theater – gefunden werden mussten. Er selbst habe sich dabei besonders engagiert, die heutige Welt in das „Blickfeld des Theaters“ (Z. 13) zu bekommen. Dies stellt er, an die Teilnehmer des Darmstädter Dramaturgenkongresses gerichtet, als Resümee seiner Arbeit mit dem Theater und für das Theater in den Raum (Z. 8–13). Er veranschaulicht diese Feststellung durch die Beschreibung seines Arbeitsumfelds (womit er sein Theater am Schiffbauerdamm in Berlin meint), räumt aber ein, dass die von ihm begründeten nicht-aristotelischen Dramaturgien sowie die „epische Spielweise“ (Z. 21) keine ideale Lösung darstellen. Sehr entschieden vertritt er aber die These, dass die Welt des heutigen Menschen nur beschreibbar ist, wenn sie als eine veränderbare dargestellt wird (Z. 14–23). Brecht reicht eine Begründung hierfür nach, indem er von den Bedürfnissen des heutigen Menschen ausgeht. Diese schließen sowohl die Möglichkeit zu aktivem Handeln als auch – so die weitere Folgerung des Autors – eine Neubesinnung auf die Rolle des Menschen in der Welt ein. Ein Beispiel aus der Physik verdeutlicht dies. Weil über die Rolle des Menschen und sein bisheriges Selbstverständnis als Opfer einer unbekannten Umwelt zu wenig nachgedacht worden sei, argumentiert Brecht anschließend, stehe man nun vor der „Vernichtbarkeit“ (Z. 34) der Erde (Z. 24–35). 2.1.2
Die **Schlussfolgerung** aus den von ihm entwickelten Gedanken, dass die Frage der Beschreibbarkeit der Welt eine gesellschaftliche Frage ist, stellt Brecht als für den Leser geradezu zwangsläufig dar. Im Folgenden unterstreicht er sein eigenes Bestreben, die Welt zu verändern, und verweist auf die diesbezüglichen Anstrengungen in dem Staat, in dem er selbst lebt, nämlich in der DDR. Die vorsichtige Prognose, auch den Leser von der Notwendigkeit einer **Änderung der Welt** überzeugt zu haben, schließt die inhaltliche Betrachtung weitgehend ab (Z. 36–44). Seine Antwort auf die von Dürrenmatt aufgeworfene Frage, ob die Welt auf der Bühne wiedergegeben werden könne, muss konsequenterweise sowohl bejahend als auch einschränkend ausfallen: Die Möglichkeit bestehe, aber nur, wenn die Welt als veränderbar aufgefasst werde.

Auch Brecht geht über weite Strecken seiner Ausführungen von **Thesen** aus (z. B. Z. 4 ff.). Ihm ist daran gelegen, die Richtigkeit der Thesen auch zu beweisen, und zwar entweder durch **normative Argumente** (z. B. Z. 6, 32 f.) oder durch **Erfahrungsargumentation** (z. B. Z. 14 ff.). Der Beweis für die zentrale These, dass nämlich die heutige Welt nur durch das Theater wiedergegeben werden könne, wenn sie als veränderbar aufgefasst werde, ergibt sich für Brecht genau genommen als **Schlussfolgerung** aus der Feststellung, wie es um die Welt wirklich steht und welche Fehler die Menschen bei der Beurteilung dieses Zustandes gemacht haben. Insofern kann das Verfahren Brechts auch eher als **induktiv** bezeichnet werden.

Im folgenden Abschnitt geht es nicht um eine detaillierte Analyse der sprach- 2.2
lich-stilistischen Gestaltung der beiden Texte, sondern darum, auffällige sprachliche Merkmale festzustellen und damit die wesentlichen Unterschiede und Gemeinsamkeiten erkennbar zu machen.

Dürrenmatt trifft in seiner Abhandlung *Theaterprobleme* Feststellungen, die 2.2.1
er insbesondere in den Zeilen 11–20 in **Parataxen** formuliert. Die Zusammenhänge zwischen den einzelnen Sätzen entstehen durch gedankliche Stringenz, durch zwingende inhaltliche Bezüge, verstärkt durch **leitmotivisch** wiederkehrende Begriffe wie ‚Komödie', ‚Tragödie/das Tragische' und ‚Welt', sowie durch die **Wiederholung** der für die Aussage entscheidenden Personalpronomina „wir" bzw. „uns" (vgl. Z. 15 ff.). Im letzten Abschnitt des Textes, ab Z. 30, werden die gedanklichen Zusammenhänge weitgehend durch **Hypotaxen** hergestellt.
Dürrenmatts Ausführungen zeichnen sich durch große Eindringlichkeit aus. Dies erreicht er u. a. durch **Reihung** (z. B. Z. 11), durch zahlreiche **Appositionen** (z. B. Z. 12, 17 f., 21 f.) und **Einschränkungen** (Z. 25 f.). Da es Dürrenmatt ja auch darum geht, den Leser mit Gedanken zu einer neuen Dramentheorie zu konfrontieren, fordert er ihn durch ungewöhnliche Formulierungen heraus, z. B. durch **Paradoxa**, die seine Theorie optimal widerspiegeln (z. B. Z. 21, 26 ff.), durch **Antithetik** (z. B. Z. 2 ff., 16 f., 31 f.), **Hyperbolik** (z. B. Z. 11 ff., 21 f.) und **Bildhaftigkeit** (z. B. Z. 6, 11 f., 35).
Zusammenfassend ist festzustellen, dass die sprachliche Gestaltung des Textes gedanklich konsequent, klar und verständlich, dabei aber auch originell und provokativ ist. Es kommt auf jedes Wort an, Floskeln und Redundanzen werden vollständig vermieden. Am Anliegen Dürrenmatts gibt es keine Zweifel.

Der Essay Brechts weist fast durchgehend einen **hypotaktischen Satzbau** 2.2.2
auf. Im Nebensatzbereich überwiegen **Relativsätze** (z. B. Z. 7, 20, 27, 45), **Objektsätze** (z. B. Z. 1, 19 f., 27 f.) und **Konditionalsätze** (z. B. Z. 22 f., 46 f., 48). Auf syntaktischer Ebene sind dies typische Kennzeichen eines auf die Darstellung von Zusammenhängen und die Entwicklung von Schlussfolgerungen ausgerichteten argumentativen Stils. Anders als bei Dürrenmatt werden hier die Gedanken meistens durch die jeweils erforderlichen Konjunktio-

nen verknüpft, ergänzende Verstärkungen, gleichsam Beteuerungen, finden sich als **Einschübe** (Z. 39 ff.). Ein auffälliges Mittel, um Akzente zu setzen, das Gemeinte besonders zu betonen, ist für Brecht die **Antithese** (z. B. Z. 8, 19 f., 32 f.). Darüber hinaus ist die Antithese im Sinne der dialektischen Methode ein Zwischenschritt, um zu erwünschten Schlussfolgerungen zu kommen (These – Antithese – Synthese, vgl. Z. 19 ff.).
Brecht stellt sich in dem Essay als ein Mann der Praxis dar, als ein Dramatiker, der das, was er in der Theorie vertritt, auch auf der Bühne ausprobiert. So verweist er auf einige **Details** in seinem beruflichen Umfeld, dem Theater am Schiffbauerdamm (Z. 14 ff.), und gebraucht in seiner **Anrede** an die Kollegen vom Darmstädter Dramaturgenkongress die fast schon kumpelhafte Formulierung „wie Ihnen als Leuten vom Bau bekannt ist" (Z. 11) – „Leute vom Bau" als umgangssprachlicher Ausdruck für die am Theater Beschäftigten. Diese Unmittelbarkeit der Kommunikation zeigt sich vor allem in den beiden letzten Abschnitten (ab Z. 36), in denen Brecht seine Leser/Zuhörer stets **direkt anspricht**, teilweise auch mit Formulierungen, die ein gewisses **Understatement** erkennen lassen (z. B. Z. 36, 40 f., 41 f., 45 ff.). Ein ähnliches Understatement ist auch in dem Abschnitt zu erkennen, in dem Brecht darauf aufmerksam machen will, dass die Erdenbewohner sich nicht mehr als Opfer höherer Gewalten sehen dürfen, sondern etwas tun müssen, um die von ihnen selbst verschuldete Vernichtbarkeit der Welt noch aufzufangen (Z. 27 ff.). Mit einem **ironischen Bild** greift er dabei noch einen Ansatz an, der den gesellschaftspolitischen Hintergrund des Problems außer Acht lässt (Z. 30 f.).
Zusammenfassend kann die Sprache Brechts als sachlich, aber durchaus persönlich und adressatenbezogen und vor allem als in sich geschlossen und gedanklich konsequent bezeichnet werden. Im Gegensatz zu Dürrenmatt bevorzugt er die Möglichkeiten der Hypotaxe zur gedanklichen Verknüpfung. Der ‚rote Faden', aufgenommen mit dem ersten Satz, bleibt während des gesamten Textes erkennbar. Mit dem letzten Satz, einer Antwort auf die von Dürrenmatt gestellte Frage, schließt sich der Kreis.

Dürrenmatt äußert sich sehr drastisch über den Zustand der Welt: Er spricht 2.3
von der „Wurstelei" unseres Jahrhunderts (Z. 12), vom „Kehraus der weißen Rasse" (Z. 12) und von einer „Welt, die am Zusammenpacken ist wie die unsrige" (Z. 5 f.). Diese ungemein negative Sicht wird noch dadurch verschärft, dass dem Individuum praktisch keine Chance zugebilligt wird (vgl. Z. 13 ff.), wenn man davon absieht, dass Dürrenmatt ihm die Möglichkeit von Schuld als „persönliche[r] […], als religiöse[r] Tat" (Z. 17 f.) einräumt. Insgesamt sieht er die Menschheit jedoch als gesichtsloses Kollektiv, dessen einzelne Mitglieder nicht wirklich agieren können, wenn es um wesentliche Dinge geht. Auslöser dieser Entwicklung sind nach Dürrenmatt „die Sünden unserer Väter und Vorväter" (Z. 16), also früherer Generationen, gewesen. Auf welche geschichtlichen Vorgänge der Vergangenheit er anspielt, führt er nicht weiter aus. Nach Dürrenmatt bietet die Welt den Anblick einer „Ungestalt" (Z. 21), einer Ge-

sellschaft, die keine mehr ist und in der es nur noch vereinzelte Mutige geben kann, die gegen Verzweiflung und Resignation ankämpfen.
Auch die Weltsicht von **Bertolt Brecht** ist nicht uneingeschränkt positiv. Er ist der Meinung und möchte sie auch anderen vermitteln, dass „die heutige Welt eine Änderung braucht" (Z. 44). Sie braucht sie deshalb, weil die Menschen selbst – und nicht irgendwelche höheren Gewalten – sie an den Rand der Vernichtung gebracht haben. Im Unterschied zu Dürrenmatt glaubt Brecht aber daran, dass die Welt verändert werden kann und es Menschen gibt, die dafür etwas tun wollen. Generell ist Brecht jedoch der Meinung, dass der nötigen Veränderung der Welt zuerst die Veränderung der Gesellschaft vorangehen muss. Eine bedeutende Rolle kommt hier dem Theater zu, wo eine Welt gezeigt wird, die veränderbar ist. Brecht vertritt also im Wesentlichen eine optimistische Weltsicht, jedenfalls was die Zukunft betrifft. Dürrenmatts Weltsicht kann dagegen als weitgehend pessimistisch bezeichnet werden.

Sehr geehrter Herr Dürrenmatt, **3**

ich habe vor kurzem Ihren Text *Theaterprobleme* gelesen und gebe unumwunden zu, dass ich die darin ausgesprochenen Thesen, Argumente und Schlussfolgerungen nicht nur äußerst interessant finde, sondern auch als Herausforderung ansehe, denn ich lebe ja in dieser Welt, die Sie so negativ sehen, und mir geht es nicht einmal schlecht. Ich erlaube mir deshalb, mich sowohl zu Ihren Ansichten zum Zustand unserer Welt zu äußern als auch in knapper Form darzulegen, was ich von einem zeitgemäßen Theater erwarte.
Natürlich sollten Sie wissen, wer der **Absender** dieses Schreibens ist: Ich bin 19 Jahre alt und habe vor zwei Monaten das Abitur mit gutem Erfolg abgelegt, u. a. mit dem Schwerpunkt auf Deutsch und Geschichte. Natürlich bin ich noch kein Fachmann auf dem Gebiet der Literatur beziehungsweise des Dramas und Theaters, aber ich interessiere mich seit einigen Jahren sehr für literaturgeschichtliche Fragen, für klassische und moderne Texte aller Gattungen und besuche regelmäßig Aufführungen an den hiesigen Theatern. Praktische Erfahrungen habe ich als Mitglied der Schulbühne gesammelt. Schließlich darf ich noch anfügen, dass ich geschichtliche Entwicklungen, speziell solche aus neuerer Zeit, mit großem Interesse verfolge. Ich würde mich also als einen interessierten Laien bezeichnen, der aber doch über einige Grundkenntnisse in den nachfolgenden Themenbereichen verfügt.

Ihre **Weltsicht** ist, das kann man wohl behaupten, sehr pessimistisch. Sie be- 3.1
zeichnen das, was das Leben der Menschen in unserer Zeit charakterisiert, als „Wurstelei unseres Jahrhunderts", als „Kehraus der weißen Rasse", als ein Dasein, in dem alle nur irgendwie kollektiv fremdbestimmt werden, aber – im Großen und Ganzen – nicht mehr schuldig oder verantwortlich sein können. Dass dieser Zustand nicht durch die derzeit zum Leben auf der Erde gezwungenen Menschen verursacht worden ist, sondern durch deren „Väter und Vorväter", erwähnen Sie zusätzlich. In Teilbereichen kann ich Ihnen durchaus zu-

stimmen, so vor allem im Hinblick auf die Vorgänge auf den internationalen und inzwischen auch nationalen Finanzmärkten. Hier ist tatsächlich nicht mehr erkennbar, woher die verschiedenen Impulse kommen, wer für diesen oder jenen Zusammenbruch einer Bank oder eines Weltkonzerns verantwortlich ist, oder wohin Kapitalien geflossen sind, deren Verbleib noch gestern gesichert schien. Die Globalisierung hat es mit sich gebracht, dass sich in der Finanzwirtschaft und in großen Teilen der Wirtschaft überhaupt neben Unübersichtlichkeit und anonymer Kriminalität auch ein veritables Chaos breitgemacht hat – nicht nur aus Sicht des kleinen Mannes. Es „gibt [...] keine Schuldigen und auch keine Verantwortlichen mehr", wie Sie es formuliert haben. Allerdings würde ich diese Einschätzung nicht wie Sie nur auf die „weiße[ ] Rasse" beziehen, sondern auf die Menschheit im Ganzen, auch wenn die Auslöser, soweit man dies überhaupt beurteilen kann, eher aus den USA und den europäischen Finanzzentren als aus der Mongolei oder Ecuador gekommen sind. Ich bin zudem davon überzeugt, dass man das genannte Chaos nicht nur unseren „Vätern und Vorvätern" zur Last legen kann, sondern – leider – zur Kenntnis nehmen muss, dass daran eine große Zahl von cleveren Zeitgenossen beteiligt ist, die zwar das Ganze durch ihre „Wurstelei" gefährden, sich selbst aber – mit beachtlicher krimineller Energie! – schadlos halten.

Für die Politik im Ganzen würde ich Ihr Urteil, dass die Welt sinn- und hoffnungslos ist, nicht unbedingt gelten lassen. Bei aller Verzweiflung über ständig neu aufflammende Kriegsherde, über feigen Terrorismus und über hinterhältiges, nur der Machterhaltung dienendes politisches Taktieren sollte nicht übersehen werden, dass es immer wieder erfolgreiche Ansätze einer Politik gibt, die der Erhaltung oder Wiederherstellung des Friedens verpflichtet ist, sich um soziale Gerechtigkeit bzw. Milderung sozialer Härten bemüht und dort für Hilfe sorgt, wo die Not am größten ist. Hier sei nur auf die internationale Hilfe bei der Tsunami-Katastrophe in Indonesien oder bei den Erdbeben in China, Iran und Italien hingewiesen. In diesem Zusammenhang verdienen auch die zahlreichen Wohlfahrtsorganisationen, seien sie halbstaatlich, kirchlich oder privat, eine positive Erwähnung: Ihre Arbeit zeugt von hohem Verantwortungsbewusstsein. In diesem Bereich zeigt sich meiner Meinung auch das, was Sie als die Möglichkeit zum Nichtverzweifeltsein bezeichnen: sich als mutiger Mensch zu zeigen. Denn es sind im Prinzip doch immer Einzelne, denen bedeutende Initiativen zu verdanken sind, hier sei nur auf Mutter Theresa verwiesen. Als „Wurstelei", zumindest aber als meistens enttäuschend würde ich dagegen das bezeichnen, was die Vereinten Nationen (UN) und ihr Sicherheitsrat zuwege bringen, wenn es um wirkungsvolles Krisenmanagement geht. Unentschlossenheit, fehlende Bereitschaft zur Einigung und vordergründiges Taktieren, das sind die Merkmale dieser ebenso riesigen wie kostspieligen Weltorganisation. Sie macht tatsächlich den Eindruck einer politischen „Ungestalt", und ihre Effizienz könnte man wahrhaft als „grotesk" bezeichnen. Ich würde aber trotzdem nicht so weit gehen, diesen Befund auf die ganze Welt und die gesamte Menschheit oder auch nur auf die „weiße Rasse" zu übertragen. Man findet trotz vielerlei „Wurstelei" in unserem Jahrhundert auch immer wieder Beispiele für maßvolles, überlegtes Handeln, für die Bereitschaft, in schwierigen Situationen Verantwortung zu übernehmen, und für den Verzicht auf eigene Vorteile.

Da ich, wie ich ja angeführt habe, Ihre pessimistische Weltsicht nicht ganz teilen kann, komme ich beim Nachdenken über meine **Erwartungen an ein zeitgemäßes Theater**, ein Theater, das unserer Wirklichkeit gerecht wird, auch zu etwas anderen Ergebnissen als Sie. Es sind natürlich nur die Erwartungen eines zwar begeisterten, aber noch unerfahrenen und keineswegs kompetenten jungen Theaterfreundes, dennoch möchte ich sie Ihnen kurz vorstellen. 3.2

Natürlich erwarte ich vom Theater die **Widerspiegelung der gegenwärtigen Realität und vergangener Wirklichkeiten**, einschließlich einer Auseinandersetzung mit den aufgezeigten Denk- und Handlungsweisen. Die Kunst sollte Zusammenhänge deutlich machen, Irrtümer korrigieren und neue Perspektiven eröffnen – mit anderen Worten, sie sollte meinen Horizont erweitern beziehungsweise mich auch belehren. Ob dies nun mit den Mitteln des traditionellen realistischen Theaters (Büchner, Hauptmann) geschieht oder in der Form des epischen oder dokumentarischen Theaters (Brecht, Weiss) sowie des „Volkstheaters gegen den Strich" (Kroetz, Sperr), ist letztlich nicht entscheidend. Man könnte sich ja auch Mischformen vorstellen, in denen Elemente der unterschiedlichen Ausprägungen kombiniert werden. Auch Parabeln (Brecht), Modelle (Frisch) und nicht zuletzt Ihre Komödie als Groteske sind meiner Meinung nach gut geeignet, Einblick in eine Welt zu geben, die möglicherweise ziemlich aus den Fugen geraten ist. Das reine politische Theater mit eindeutig ideologischer Zielsetzung (Agitprop, Lehrstücke von Brecht) halte ich eher für entbehrlich, denn in ihm tritt die künstlerische Komponente stark in den Hintergrund, auch werden die Perspektiven zu stark eingeengt. 3.2.1

Eine der wichtigsten Aufgaben des zeitgemäßen Theaters ist es meiner Meinung nach, die Zuschauer zu **provozieren**, sie zu selbstständigen Überlegungen, wenn es sein muss, auch zu lauten Stellungnahmen herauszufordern. Wenn dies glückt, z. B. durch starke Verfremdungen, durch die Mittel des absurden Theaters und der scharfen Satire sowie durch ungewöhnliche Inszenierungen, dann wird das Theater zu einem Raum lebendiger Auseinandersetzung und verliert den Charakter eines Feinschmecker-Restaurants. 3.2.2

Wirkung auf den Zuschauer erzielt das Theater nicht nur durch Provokation oder argumentative Strukturen, also durch Ansprechen des Verstandes, sondern auch auf **emotionaler Ebene**. Natürlich eignen sich dafür klassische oder antike Tragödien, aber ihnen fehlt der Bezug zu unserer Gegenwart, auch dann, wenn Orest und Pylades in Anzügen von Hugo Boss auftreten. Ich würde die Tragödien, trotz des Fehlens einer „gestalteten Welt", auf der modernen Theaterbühne weiterhin aufführen, denn sie vermitteln auf unvergleichliche und grundsätzliche Art etwas vom Wesen des Konflikts, von der Unvermeidbarkeit schwierigster Entscheidungen und von geistiger Freiheit in aussichtslosen Situ- 3.2.3

ationen. So ausgelöste emotionale Erschütterungen werden nie unzeitgemäß. Sie können jedoch auch die Reaktion auf dramatische Umsetzungen aktueller Vorgänge sein, z. B. der Präsentation von realen Dokumenten und Protokollen, wie dies in dem Oratorium *Die Ermittlung* von Peter Weiss geschieht.

Grundsätzlich können **Nachdenklichkeit und Reflexionen** durch die meisten 3.2.4
Formen des traditionellen und modernen Dramas ausgelöst werden. An der Berechtigung dieser Funktion in einem zeitgemäßen Theater besteht kein Zweifel. Es gibt Formen des modernen Theaters, bei denen die Realität weitgehend im Bewusstsein der Figuren gespiegelt wird, in denen also das Befinden, die Perspektive des Individuums im Mittelpunkt steht. Das Subjekt auf der Bühne wird damit gleichzeitig auch zum Objekt der Nachdenklichkeit des Zuschauers. Oder: das, was im Bewusstsein des Akteurs auf der Bühne vorgeht, wird Gegenstand der Reflexion durch den Zuschauer. Mit ihrem Bewusstseinstheater beziehungsweise mentalen Theater haben Autoren wie Botho Strauß und Thomas Bernhard die beabsichtigte Wirkung beim Zuschauer und die Vorgänge auf der Bühne in unmittelbare Nähe zueinander gebracht. Die Mittel reichen von überlangen Monologen über absurde Dialoge bis zur Pantomime. Die thematische und formale Offenheit dieses Theaters entspricht meiner Meinung nach in hohem Maße den Ansprüchen an ein zeitgemäßes Theater.

Es wird Sie nicht verwundern, dass ich dem Aspekt der **Unterhaltung und Ab-** 3.2.5
lenkung durch das Theater auch einen gewissen Stellenwert zuschreibe. Dem ursprünglichen Bedürfnis des Menschen, befreit auflachen oder auch in sich hineinschmunzeln zu können, sollte auch im modernen Theater Rechnung getragen werden, denn dieses Bedürfnis ist immer zeitgemäß. Über die zahlreichen Möglichkeiten brauche ich mich Ihnen gegenüber nicht zu äußern, denn trotz Ihrer pessimistischen Weltsicht oder gerade deswegen haben Sie es nie unterlassen, dem Komischen beziehungsweise dem Grotesk-Komischen einen zentralen Platz in Ihren Stücken einzuräumen. Da viele der Anliegen, die ich im Hinblick auf ein zeitgemäßes Theater geäußert habe, u. a. auch durch die Darstellungsform der Satire erfüllt werden können, habe ich auch keine Bedenken, dass mein Bedarf an **Spott und Schadenfreude** gestillt werden könnte, wenn nur genügend satirisch unterlegte Stücke auf die Bühne kommen. Das Lachen gehört unbedingt zu einem zeitgemäßen Theater, denn es ist häufig die einzige Möglichkeit, um mit den Widrigkeiten des Lebens fertig zu werden. Fast nehme ich an, dass ich mich damit Ihrer Position wieder angenähert habe …
Ich hoffe, dass meine Ausführungen bei Ihnen nicht nur Kopfschütteln hervorgerufen haben, und verbleibe
mit freundlichen Grüßen

Unterschrift

Abitur Deutsch (Bayern G8) – Übungsaufgabe 2: Verfassen einer materialgestützten Erörterung

Aufgabe:
Dem Spitzensport wird in unserer Zeit eine große gesellschaftliche Bedeutung zugeschrieben. Besonders aus diesem Grund finden krisenhafte Entwicklungen eine gesteigerte Beachtung in der Öffentlichkeit.
Erörtern Sie, ausgehend von zentralen gesellschaftlichen Funktionen des Spitzensports, Möglichkeiten und Grenzen, um die derzeit im Spitzensport erkennbaren Probleme zu beheben.
Beziehen Sie sich bei Ihren Ausführungen auch auf die beigefügten Materialien.

Material 1

Volker Gerhardt: Die Krise im Selbstverständnis des modernen Sports

Wann immer in diesen Jahren von „Sport und Ethik" die Rede ist, bekommt man Anklagen und Vorwürfe, feierliche Ermahnungen und strenge Forderungen zu hören. Neuerdings ergehen sich selbst die Sportler und ihre Repräsentanten, sobald die Moral zur Sprache kommt, in bitteren Selbstvorwürfen. Das ist durchaus verständlich, denn der Sport ist offenkundig in eine Krise geraten, auch wenn es ihm äußerlich besser geht als je zuvor. Der breite Zulauf, das öffentliche Interesse, die internationale Betriebsamkeit, die glanzvollen Wettkämpfe und eine weltweite mediale Permanenz[1] können nicht davon ablenken, dass dem Sport sein gutes Gewissen abhanden gekommen ist. Das gesunde Selbstbewusstsein, in dem er sich jahrzehntelang präsentierte, weil doch der Sport, alles in allem, für eine gute Sache steht, ist brüchig geworden. Die Sportler und Repräsentanten zweifeln an sich selbst. Dabei muss man den Eindruck haben, dass die Selbstzweifel in der Tat die Substanz berühren: Professionalisierung und Industrialisierung des Sports, der zu einem großen Wirtschaftszweig geworden ist, lassen es *erstens* fraglich erscheinen, ob hier noch ein zweckfreies Spiel betrieben wird. Die Klagen über Spielertransfers und Ablösesummen, über Spitzengehälter und reine Schauwettkämpfe, über Werbung am Mann und den mit dem großen Geld verbundenen Verlust an Fairness sind ja sattsam bekannt. Angesichts der ökonomischen Potenzen des Sports hat die olympische Losung „Dabeisein ist alles!" des Barons de Coubertin längst einen Hintersinn, der die ursprüngliche Absicht ins Gegenteil verkehrt.
Dem entspricht *zweitens,* dass der Sport, der schon lange kein Privileg der Oberschicht mehr ist, auch in der Breite nicht mehr bloß zum Ausgleich für die Belastungen in der Arbeitswelt betrieben wird. Seinen unter den Bedingungen einer Freizeitkultur gewachsenen Selbstzweck-Charakter hat er, zumindest in den hochentwickelten Ländern, verloren. Er ist zum Instrument der Selbstdarstellung privater Konsumenten, marktbewusster Produzenten und herrschender Gesellschaftssysteme avanciert und dabei schon lange nicht mehr auf die nationale Politik oder auf diverse Lokalpatrio-

tismen beschränkt. Der Sport ist zum Leitmedium der Mode und damit selbst zur Mode geworden. Er signalisiert nicht nur besondere Leistungsfähigkeit, sondern auch einen exklusiven Lebensstandard. Selbst noch bei den randalierenden Fans ist er das Statussymbol für einen Überfluss an Zeit, Geld und Kraft, und auf den immer breiter und voller werdenden oberen Rängen der Alterspyramide ist er zum Attribut einer auf Dauer gestellten Jugendlichkeit geworden. Man hat ihn als Attitüde habitualisiert[2] und bis in die Accessoires hinein konfektioniert. Innen wie außen wird alles zum Sport. Es wäre schön, wenn man dies als soziologischen Triumph des Sports deuten könnte; das Problem ist nur, dass der Sport in einer Kultur, die sich insgesamt als sportlich präsentiert, seine Identität zu verlieren droht. Was ohnehin alle machen, kann nichts Besonderes mehr sein.

Der gravierende Zweifel aber entsteht *drittens* mit der im Spitzensport längst offenkundigen, aber nun auch im Breitensport statistisch erhärteten Einsicht, dass der Sport gar nicht so gesund ist, wie man bislang gerne glaubte. Zwar steigert der Sport das Lebensgefühl; der Aktive spürt seine Kräfte wachsen und erfährt sich als leistungs- und widerstandsfähiger. In der Tat kann der Trainierte auch manche außersportliche Belastung besser ertragen. Aber im medizinischen Sinn gesünder wird man dadurch keineswegs. Noch nicht einmal bei der mit Abstand häufigsten Todesursache, bei den Kreislauferkrankungen, ergibt sich ein nachweisbarer medizinischer Effekt sportlicher Leistung. Wer Sport treibt, bekommt mit der gleichen Wahrscheinlichkeit einen Herzinfarkt wie der Nichtsportler – ein gewisses Bewegungsminimum vorausgesetzt. Natürlich sollte man gleich hinzufügen, dass dieses Minimum unter den Lebensbedingungen der modernen Zivilisation wohl durch nichts leichter, lustvoller und kreativer gesichert wird als eben durch den Sport. Gleichwohl gilt *medizinisch,* dass der aktive Sportler, insbesondere der Leistungssportler, nur die Hoffnung haben darf, dass ihn der Infarkt nicht mit gleicher Härte trifft. Da er aber mit nachweislich größeren Gelenk- und Bänderschäden rechnen muss, kürzt sich der ohnehin zweifelhafte Vorteil rasch weg. Mit Blick auf die in einer Gesellschaft insgesamt anfallenden Krankenkosten muss man sogar vermuten, dass der Sport die Ausgaben steigen lässt.

Das sind gewiss noch in manchem ungesicherte Erkenntnisse. Für sie spricht aber vieles, vor allem, wenn man bedenkt, dass die nunmehr schon seit Jahren mit dem Sport verbundene massenhafte Selbstmedikation dabei noch nicht berücksichtigt ist. Es ist noch gar nicht abzusehen, welche gesundheitlichen Folgen die weitverbreitete Leistungssteigerung durch Mineral- und Proteinkonzentrate sowie durch zentralnervöse und hormonelle Stimulantien haben wird. Das Doping im Hochleistungssport, dessen verheerende gesundheitliche Folgen nicht mehr bestritten werden können, ist bekanntlich nur die Spitze eines Eisbergs. Was die Fitnesspräparate, die Dauerbestrahlung in den Sonnenstudios oder die nicht verbotenen Lokalanästhetika und die Kortikosteroide für Langzeitwirkungen haben, vermag noch niemand abzusehen. Nur soviel kann man heute schon sagen: Der Gesundheit dienen sie nicht.

Aus: Gerhardt, Volker: Die Moral des Sports, in: Caysa Volker: Sportphilosophie, Leipzig: Reclam 1997, S. 172 ff.

Worterläuterungen:
1 *Permanenz:* ununterbrochene Dauer
2 *habitualisiert:* zur Gewohnheit machen

Material 2

Thomas Kistner: Wider die eilige Allianz

München – Erst hat ja, wenn man auf die Details blickt, alles gut ineinandergegriffen. Am späten Montagnachmittag – Redaktionsplanungen sind da generell weitgehend abgeschlossen – ging jäh die Erklärung fünf ehemaliger DDR-Leichtathletik-Trainer zu ihrer Dopingvergangenheit raus, in Windeseile begrüßt von Innenminister und Sportverbänden. Letztere würdigten die aufrechten Selbstanzeiger, Schäuble schob flott die Verantwortung zu den Funktionären rüber und sprach wieder mal von einer „Angelegenheit des Sports" (wie schon 2006 bei der Verhinderungsdebatte um ein effektives Antidopinggesetz im Land). Aber die Vergangenheit des Sports ist ein heikles Thema hierzulande und offenkundig lästig. Das stört beim Medaillenzählen, es soll endlich Ruhe herrschen im Karton – sollte dies, wie es aussieht, das Kalkül der eiligen Allianz gewesen sein, ist ihr Schuss nach hinten losgegangen.

Als „politische Perversion" und „Vertuschung" bewerten die Dopingopfer die konzertierte Aktion, in die sie, die Geschädigten, praktischerweise gar nicht eingebunden wurden. Die Grünen rügen eine „Schwammdrüber-Mentalität", und am Dienstagabend rief der Dopingopferhilfe-Verein zur Vorstandssitzung. Anzunehmen ist, dass er sich an den Petitionsausschuss wenden wird.

Kaskaden aus Wut und Empörung also im Lager der Betroffenen haben die Trainer und ihre politischen Doppelpasspartner entfesselt, mit einer Erklärung zur Beteiligung am DDR-Dopingsystem, die in der Tat so vage ist, dass sich die Frage stellt, warum es dafür 20 Jahre gebraucht haben soll. Beispielhaft heißt es, die Unterzeichner würden es sehr bedauern, „soweit die Sportler durch den Einsatz von Dopingmitteln gesundheitliche Schäden davongetragen haben sollten".

Nur: Ist das nicht längst geklärt durch Prozesse, Gutachten und die Existenz einer Dopingopferhilfe per se? Dass für die Täter von Gestern weiter der Konjunktiv die Grundhaltung ist, zählt zu den stärksten Argumenten der Opfer. Instant-Entschuldigungen wie diese lehnen sie ab.

Das Opfer-Paar Andreas und Ute Krieger richtet einen offenen Brief an Schäuble, DOSB-Chef Bach und DLV-Chef Prokop: „Ohne Einbeziehung der Geschädigten wurde hier zugunsten der genannten Trainer eine ‚Lösung' konstruiert, die nicht dazu taugt, eine Annäherung von Tätern und Opfern herbeizuführen". Politiker und Funktionäre versuchten, ihren „Anteil an der zwei Jahrzehnte währenden Ignoranz gegenüber den Opfern, an der Duldung eines […] Leugnens beteiligter Trainer, an mutmaßlich jahrelangen Verstößen gegen die Antidopingklauseln in den Zuwendungsbescheiden des BMI an die Sportverbände, mithin an der missbräuchlichen Verwendung von Steuergeldern, zu vertuschen". Flugs wies Bach all das per offenem Brief zurück; es gelte weiter „Einzelfallgerichtigkeit". Neben der Pauschal-Entschuldung.

Die jüngste Sommermärchen-Sportpolitik steht auch in Kontrast zu geltenden Regelungen. 2006 bei der Novellierung des Stasi-Unterlagengesetzes wurde der Sport ausgenommen, wegen seiner besonderen Verantwortung. Auch vor dem Hintergrund, dass sein schmutziges Treiben von der Stasi abgesichert worden war. Funktionäre, Trainer, Betreuer auf hoher Ebene sollen weiter überprüft werden können – dahinter steckt ein Sinn.

Geradezu kurios aber wirkt, dass diese Trainer-Erklärung nun den Skiverband unter Druck setzt. Der DSV hat einen Stab aus DSVlern eingesetzt, inklusive Marketingchef, der Bundestrainer Frank Ullrich anhören soll, welcher exklusive Wissenslücken aus seiner Zeit als DDR-Athlet und -trainer zurückbehalten hat. In Sachen Doping hat Ullrich eher nichts mitgekriegt, der DSV geht davon aus, dass er „weder als Aktiver noch als Trainer mit Dopingfragen direkt oder indirekt befasst gewesen sei". Die fünf Leichtathletik-Trainer indes waren das schon, wiewohl ja auch sie damals keine hohen Ämter innehatten.

Maßstab in der Klärung dieser Frage sind die Opfer. Die nicht unversöhnlich sind, aber nicht übergangen werden wollen; im Geist einer nur auf Erfolg gedrillten Sportpolitik, die anhaltend Leid über die Athleten bringt. Frag' nach in Wien, wo eine gewaltige Dopingaffäre Kreise auch ins Ausland zieht, und deren Schlüsselfiguren enge Anbindungen an DDR-Trainer hatten.

Aus: Kistner, Thomas: Wider die eilige Allianz, Süddeutsche Zeitung, Nr. 82, 8. April 2009, S. 29

Material 3

Doping – ein Problemaufriss

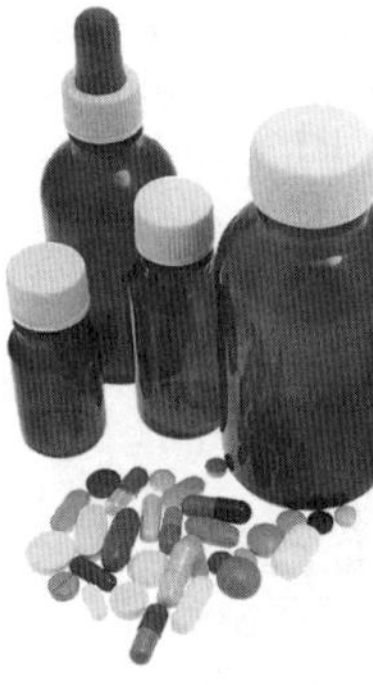

© ulstein bild - ddp
© Josef Muellek/Dreamstime.com

Spekulationen begleiten sportliche Höchstleistungen, seitdem bekannt ist, dass es Medikamente gibt, welche die eigene Leistung „unphysiologisch steigern". Lief die Sprinterin ihre phänomenale Zeit aufgrund optimalen Trainings oder hat sie zu verbotenen Substanzen gegriffen? Wurde der Ausdauerfähigkeit des Radrennfahrers mit Blutdoping oder EPO nachgeholfen? Können Spitzenleistungen überhaupt ohne Doping erbracht werden?

Aus: Rolf Dober: Doping, http:www.Sportunterricht.de/lksport/dopegeschi.html

Hinweise und Tipps

- *Die Aufgabenstellung ermöglicht eine* ***klare Strukturierung*** *der Arbeit. Es wird empfohlen, nach einer angemessenen* ***Einleitung*** *(Hinführung zum Thema) bei den zentralen gesellschaftlichen* ***Funktionen*** *des Spitzensports anzusetzen und im Anschluss an die einzelnen Funktionsfelder jeweils die in ihnen erkennbaren Probleme des derzeitigen Spitzensports aufzuzeigen.*
- *Anschließend sollen* ***Maßnahmen*** *erörtert werden, um die Probleme zu beheben, sowie die* ***Grenzen*** *solcher Maßnahmen. Hierbei sollte die Strukturierung nach denselben Funktionsfeldern wie im ersten Teil erfolgen.*
- *Die beigegebenen* ***Materialien*** *ermöglichen die Einarbeitung in Kerngedanken der Aufgabe und liefern Informationen beziehungsweise Argumente für die Erörterung.*
- *Wichtig ist eine eigenständige sprachliche Gestaltung mit deutlicher Distanz zu den Materialien.*

Gliederung

1 Bedeutung des Sports in der heutigen Gesellschaft

2 Gesellschaftliche Funktionen und diesbezügliche Probleme des Spitzensports
2.1 Wirtschaftlich-ökonomischer Bereich
2.2 Gesundheitlicher Bereich
2.3 Sozialer Bereich

3 Möglichkeiten und Grenzen der Maßnahmen gegen die Probleme des Spitzensports
3.1 Maßnahmen gegen die Kommerzialisierung
3.2 Anti-Doping-Maßnahmen
3.3 Weitere Maßnahmen

4 Rückbesinnung auf die positiven Wirkungsbereiche des Sports

Lösungsvorschlag

Dicke Balkenüberschriften in der Presse, Sondersendungen in Rundfunk und 1
Fernsehen und stundenlange Übertragungen von Großereignissen des Sports wie Welt- und Europameisterschaften führen einem täglich vor Augen, dass der Sport, hier der Spitzensport, längst nicht mehr die ‚schönste Nebensache der Welt' ist, sondern in der Gesellschaft bereits einen **zentralen Stellenwert** einnimmt. Es spielt dabei kaum noch eine Rolle, ob von großen Erfolgen der Sportler, von Bewerbungen um die Ausrichtung Olympischer Spiele, von unglaublichen Ablösesummen für erfolgreiche Fußballspieler oder von gedopten

Spitzenpferden die Rede ist. Vorgänge rund um den Hochleistungssport beanspruchen das Interesse der Medien und von großen Teilen der Bevölkerung. Dafür gibt es Gründe, die sowohl in den positiven Auswirkungen des Spitzensports auszumachen sind, wie auch dort, wo sportliche Leistungen und Verhaltensweisen von Funktionären in die Nähe von Illegalität, Betrug und Skandal geraten sind oder zu geraten drohen. Es besteht kein Zweifel, dass die negativen Schlagzeilen über Vorgänge im Spitzensport in den letzten Jahren zugenommen haben. Darauf hat bereits 1997 Volker Gerhardt in seinem Beitrag *Die Krise im Selbstverständnis des modernen Sports* hingewiesen. Gleichwohl ist natürlich nach wie vor nicht zu übersehen, dass auch dem Spitzensport, nicht nur dem Sport allgemein, wichtige **gesellschaftliche Funktionen** zukommen. Gerade vor dem Hintergrund dieser Funktionen kann man deutlich erkennen, welche Probleme den Spitzensport derzeit besonders belasten.

Auf **wirtschaftlichem Gebiet** erweist sich der Spitzensport zunehmend als ein 2
wichtiger Antriebsfaktor für bedeutende Industrie- und Gewerbezweige. Als 2.1
Beispiele seien hier nur die Branchen für Sportschuhe, Sporttextilien, Sportgeräte und Sportanlagenbau genannt. Der Spitzensport stellt hohe Anforderungen an diese Branchen, denn die Optimierung der sportlichen Leistungen soll ja u. a. durch eine ständige Weiterentwicklung von Geräten und Ausrüstungen bewirkt werden, wovon natürlich auch der **Sport allgemein** profitiert und somit jeder Breitensportler. Man denke nur an die Verbesserungen, die sich im Verlauf der letzten Jahrzehnte bei den Laufschuhen oder bei der Skiausrüstung ergeben haben. Ohne Spitzensport wäre es nicht dazu gekommen.
Es kann auch nicht geleugnet werden, dass durch den Spitzensport mittelbar und unmittelbar zahlreiche **Arbeitsplätze** geschaffen werden, so zum Beispiel für die Sportler selbst, dann für die Beschäftigten in den sportbezogenen Branchen und nicht zuletzt auch bei der Vorbereitung und Durchführung von großen Sportereignissen, wie Weltmeisterschaften und Olympischen Spielen. Nicht zu vergessen sei schließlich die große Bedeutung des Spitzensports für die **Medienlandschaft**. Sie hat dazu geführt, dass zahlreiche neue Zeitschriften und sogar einige neue Sender (mit den entsprechenden Arbeitsplätzen) entstanden sind, die sich fast ausschließlich dem Spitzensport widmen, wie etwa *Premiere* oder *Eurosport.* Dass der Spitzensport in vielen Ländern zu einem wichtigen Wirtschaftsfaktor geworden ist, hat inzwischen dazu geführt, dass in seinem Einfluss auf die Wirtschaft und seiner Vernetzung mit der Wirtschaft längst schon eine gleichsam natürliche gesellschaftliche Funktion gesehen wird.
Deshalb werden auch **Fehlentwicklungen** auf diesem Gebiet sehr schnell zu Themen, welche nicht nur in der sportinteressierten Öffentlichkeit großes Interesse, häufig auch große Empörung hervorrufen. In erster Linie gehört zu diesen Fehlentwicklungen die **maßlose Kommerzialisierung** in Teilen des Spitzensports. Dies betrifft vor allem die Ablösesummen und Spieler-, Trainer- und Funktionärsgehälter besonders im Profifußball, doch auch im Eishockey, Basketball, Handball, American Football und Baseball werden inzwischen Summen bezahlt, deren Höhe kein wirklich angemessenes Preis-Leistungs-Ver-

hältnis mehr erkennen lässt. Auch die ‚Preisgelder' bei Tennis- und Golfturnieren, ganz zu schweigen im Motorsport, haben geradezu astronomische Höhen erreicht. Wenn ein spanischer Fußballverein für einen Spieler 90 Millionen Euro auf den Tisch legt und wenn der Sieger eines europäischen Golfturniers nach einer Woche Anstrengung 660 000 Euro mit nach Hause nehmen darf, dann stimmen die Relationen einfach nicht mehr. Dabei handelt es sich nicht einmal mehr um Ausnahmen. Die fürstliche Honorierung von Aktiven und Trainern ist im Spitzensport Normalität, was sich längst schon auf den sogenannten Amateur- oder Breitensport auswirkt. Bereits Fußballspieler in der Bezirksliga wollen für ihre doch recht schlichten Darbietungen bezahlt werden und die Vereine müssen Sponsoren suchen, um dies finanzieren zu können.
Auch hinter der Tatsache, dass man sich im Spitzensport nahezu vollständig den **Medien**, hier vor allem dem Fernsehen, und den großen Sponsoren ausliefert, stehen finanzielle und wirtschaftliche Gründe. Das Fernsehen bestimmt, zu welchen Sendezeiten die Sportveranstaltungen stattzufinden haben, sonst wird nicht gesendet. Die Sportler müssen sich damit abfinden, als Werbeträger wie wandelnde Litfaßsäulen herumzuspringen, und das Sehvergnügen der Fernsehzuschauer wird häufig durch die zahlreichen Werbespots unterbrochen. Das Merkwürdige an der ganzen Angelegenheit ist die Tatsache, dass die Konsumenten, also die Fernsehzuschauer und die Zuschauer in den Sportstadien, kaum Anstoß an den Pervertierungen nehmen. Sie zahlen hohe Eintrittspreise beziehungsweise hohe Gebühren für das Bezahlfernsehen und wiegen sich in der Illusion, denselben Sport geboten zu bekommen, dessen begeisterte Anhänger auch ihre Großväter schon gewesen sind – einen Sport, bei dem es um Gewinnen, Verlieren, Fairness, gute Technik und Taktik ging. Diesen Sport hat man als „zweckfreies Spiel" bezeichnet (vgl. Gerhardt, Z. 14), weil er seinen Zweck in sich selbst hatte. Der heutige Spitzensport ist nicht mehr „zweckfrei", sondern in starkem Maße auf wirtschaftlichen Erfolg ausgerichtet. Gelungene Schüsse, Würfe und Sprünge sind zu hochentwickelten Instrumenten für Bankkontenbewegungen geworden. Große Sportvereine sollte man als Firmen bezeichnen, der Gang an die Börse hat ja bei einigen von ihnen schon stattgefunden. Schließlich ist auch noch daran zu erinnern, dass der Spitzensport aufgrund der zunehmenden kommerziellen Globalisierung, z. B. beim ‚Handel' mit Spielern, massiv dazu beiträgt, dass die Nachwuchsförderung in großen Vereinen stark vernachlässigt wird (weil ausländische Spieler bequemer und preisgünstiger zu haben sind) und dass die starke Medienpräsenz bestimmter Sportarten schrittweise zu einer ‚Zweiklassengesellschaft' innerhalb der Sportarten führt: zu einer Klasse der von den Medien geförderten Sportarten wie z. B. Fußball, Motorsport und Skisport und einer Klasse der unterprivilegierten, aber keineswegs weniger attraktiven Sportarten wie z. B. Badminton, Hockey und Sportklettern. Diese letztgenannten Sportarten haben es auf Dauer schwer, von der Öffentlichkeit wahrgenommen zu werden und Jugendliche zu begeistern.
Die größte Gefahr der starken Kommerzialisierung des Spitzensports besteht darin, dass diese auf den gesamten Sport, also auch den Breiten- und Gesund-

heitssport, übergreift. Eine Folge wird sein, dass sich viele Vereine finanziell übernehmen (um konkurrenzfähig bleiben zu können), dann aber ihr breitensportliches Angebot reduzieren oder sozial unverträgliche Beiträge verlangen müssen. Eine andere Folge betrifft das Wesen des Sports, seine ideelle Substanz: Insbesondere der Spitzensport ist zu einem großen Wirtschaftszweig geworden (Gerhardt, Z. 13 f.), in dem Geldverdienen, Geldbeschaffen und – gar nicht mehr so selten – Insolvenzen nicht nur die ursprünglichen Wesensmerkmale des Spitzensports wie Leistungs- und Erfolgsorientierung in den Hintergrund gedrängt haben, sondern auch traditionell mit dem Sport verbundene Werte wie zweckfreies Spiel, fairen Leistungsvergleich und gesunden Ausgleich zum Alltag und Beruf.

Gerade der Aspekt **Gesundheit** gibt Anlass, sich auf eine weitere gesellschaft- 2.2
liche Funktion des Sports zu besinnen: Es geht um die Möglichkeiten, mit Hilfe sportlicher Betätigung die Gesundheit zu erhalten beziehungsweise wiederherzustellen sowie Krankheiten vorzubeugen. Regelmäßige Bewegung ist Bestandteil einer gesunden Lebensführung neben einer ausgewogenen Ernährung und dem weitgehenden Verzicht auf Nikotin und Alkohol. Zwar zweifelt Gerhardt dies an (vgl. Z. 39 ff.), doch haben Tausende von wissenschaftlichen Versuchen bewiesen, dass die gesundheitlichen Vorteile des Sports seine Nachteile (z. B. Verletzungs- und Überlastungsgefahr) bei weitem übertreffen.
Der Spitzensport in seiner traditionellen Ausprägung hatte im Bereich der Gesundheit die Funktion eines **Vorbilds**. Gut ausgebildete, regelmäßig trainierende, erfolgreiche und auch im gesetzten Alter noch aktive Sportler konnten als Beweis dafür dienen, dass der Sport gesund hält. Der Spitzensport hat es aber leider geschafft, diese wichtige gesellschaftliche Funktion des Sports in Misskredit zu bringen: So gilt es inzwischen als normal, wenn verletzte Sportler rasch wieder ‚fit gespritzt' werden, um sie so schnell wie möglich wieder in die finanziell ja so wichtigen Wettkämpfe schicken zu können. Erhöhte Verletzungsanfälligkeit und die Gefahr von Dauerschäden können die Folgen sein. Der Spitzensport liefert häufig auch Beispiele für einen körperlichen Einsatz bis zur absoluten Belastungsgrenze und über sie hinaus. Voll austrainierte Spitzensportler werden dies in der Regel gesund überstehen, einen Breitensportler, der sich an dem Vorbild orientiert und sich selbst dann überfordert, kann dies unter Umständen das Leben kosten, wie Beispiele im Bereich der Ausdauersportarten (Marathon, Triathlon) dies immer wieder bestätigen. Auch schwerste Verletzungen und Todesfälle bei sogenannten Risikosportarten (z. B. Eisklettern, Motorsport) haben nicht selten die Fragwürdigkeit einer Vorbildwirkung des aktuellen Spitzensports gezeigt.
Die schlimmste gesundheitliche und sportethische Perversion ist jedoch in der Leistungssteigerung durch **Doping** zu sehen. Doping bedeutet, die Leistungsgrenzen des eigenen Körpers mit Hilfe von Medikamenten beziehungsweise chemischen Substanzen oder auch durch Aufbereitung des eigenen Bluts (Blutdoping) zu überwinden und auf diese Weise sonst nicht erreichbare Leistungen und Platzierungen zu erzielen. Abgesehen von der juristischen und ethischen

Dimension des Dopings – schließlich handelt es sich hierbei um Betrug –, sind vor allem auch die mit ihm verbundenen gesundheitlichen Gefahren zu bedenken. So war Doping schon mehrfach unmittelbare Ursache von Todesfällen, etwa im Radsport, und es ist längst erwiesen, dass die regelmäßige Einnahme von Leistungsverstärkern, wie z. B. Anabolika, zu nicht mehr korrigierbaren Persönlichkeitsveränderungen und zu Krankheiten führt. Ein systematisches, vom Staat gefördertes und sogar gefordertes Doping hat es in der DDR gegeben, unter den Folgen leiden die Betroffenen noch heute (vgl. den Aufsatz von Kistner). In der DDR erfolgte Doping, um die Leistungsfähigkeit der sozialistischen Gesellschaft unter Beweis zu stellen; heutzutage wird in der Regel deshalb gedopt, weil die wirtschaftlich so interessanten sportlichen Erfolge auf andere Weise kaum noch als erreichbar gelten. Einige ertappte Dopingsünder, wie die Radsportler Jaksche und Kohl, haben dies ganz klar zum Ausdruck gebracht. Besonders bedenklich ist, dass das sehr weit verbreitete Doping im Spitzensport nicht von allen Sportinteressierten abgelehnt wird, weil es unehrlich und gefährlich ist, sondern entweder beschönigt oder sogar gutgeheißen und nachgeahmt wird. Anabolika sind problemlos erhältlich und finden in Kreisen überehrgeiziger Freizeitsportler zahlreiche Abnehmer. Bei ihnen ist das Einnehmen noch gefährlicher als bei Spitzensportlern, denn es fehlt jegliche ärztliche Kontrolle (vgl. Gerhardt, Z. 64 ff.). Die Vorbildfunktion des Spitzensports erweist sich also auch im Hinblick auf den Gesundheitsaspekt im aktuellen Sportgeschehen als äußerst fragwürdig.

Über einen weiteren, den **sozialen** Bereich gehen die Ansichten hinsichtlich 2.3
der gesellschaftlichen Funktion des Spitzensports sicher stark auseinander. Es lässt sich jedoch nicht bestreiten, dass sportliche Großereignisse für Millionen von Menschen eine große Bedeutung für ihre – in diesem Fall passive – Freizeitgestaltung haben, dass sie Ablenkung und Ausgleich zu den vielfältigen Belastungen des Alltags bieten und einen Beitrag zur Identifizierung mit Sportlern und Sportbegeisterten des eigenen Landes (vgl. Fußball-Weltmeisterschaft 2006 in Deutschland) sowie zum Einblick in andere Sportkulturen leisten können. Andererseits haben sportliche Großereignisse, speziell Fußballspiele, zum Entstehen einer gewalttätigen Hooligan-Szene beigetragen. Daran ist u. a. die Tatsache schuld, dass gerade Spitzensportler oft und gerne für chauvinistische beziehungsweise nationalistische Absichten missbraucht werden, z. B. in der Boulevardpresse, und dass sich der auf diese Weise angestoßene Chauvinismus in Aggressionen und körperlicher Gewalt entlädt.
Ein anderes soziales Problem im Zusammenhang mit dem Spitzensport kann darin gesehen werden, dass dessen als erstrebenswert geltende Merkmale zunehmend zu Statussymbolen für diejenigen geworden sind, die als attraktiv, gut situiert, lässig, jugendlich und natürlich ‚fit' gelten wollen. Dies wird durch die Mode, die betriebenen Sportarten und das Verhalten im gesellschaftlichen Umfeld dokumentiert (vgl. Gerhardt, Z. 25 ff.). Dieses Problem ist sicher nicht schwerwiegend, aber es zeigt doch, wie sehr der Spitzensport dazu beiträgt, dem äußeren Schein und dem Geltenwollen ein starkes Gewicht in unserer Gesellschaft zu geben.

Schon seit geraumer Zeit machen Journalisten, Sportwissenschaftler, Soziologen und nicht zuletzt Spitzensportler selbst auf die gravierenden **Probleme des Spitzensports** und deren Auswirkungen aufmerksam und fordern entsprechende **Gegenmaßnahmen**. Sie zu ergreifen wird jedoch nicht leicht sein, denn dagegen gibt es Widerstand oder Hinhaltetaktiken von direkt oder indirekt Betroffenen sowie von einer mächtigen Lobby, deren Handeln hauptsächlich kommerzielle Motive bestimmen. Tatsächlich sind es vor allem **zwei Problembereiche**, die den Spitzensport und damit teilweise den gesamten Sport in eine Krise gebracht haben: Das ist zum einen die ausufernde **Kommerzialisierung** und zum andern das **Doping** in seinen vielfältigen Erscheinungsformen. Was könnte getan werden, um die Entwicklungen in diesen Bereichen zu stoppen und den Spitzensport damit wieder in den Stand zu versetzen, positiv auf die Gesellschaft einzuwirken? 3

Was die **Kommerzialisierung** betrifft, so sind hier in erster Linie die Verbände und Vereine gefordert. Von Seiten der Dachverbände müsste die Höhe der Ablösesummen für Sportler drastisch begrenzt werden, auch sollte es zu klaren Bestimmungen über die Höhe der Gehälter für Spieler, Trainer und Manager kommen, dem Wirken sogenannter ‚Spielervermittler' sollte vollständig Einhalt geboten werden. Als Begleitmaßnahme müsste Amateurvereinen grundsätzlich untersagt werden, ‚Gehälter' an Sportler zu bezahlen, wenn sie nicht ihre Gemeinnützigkeit verlieren wollen. Bei Geldzuwendungen durch Firmen müsste bestätigt werden, dass sie nicht für derartige Zwecke verwendet werden, andernfalls dürften sie steuerlich nicht mehr absetzbar sein. Die hier vorgeschlagenen Maßnahmen sollten nicht auf das Inland beschränkt bleiben, sondern auf den Weltsport ausgeweitet werden, um ‚Schlupflöcher' für Sportler und Funktionäre zu verhindern. Der Spitzensport und der Sport generell könnten auf diese Weise wieder etwas von ihrer früheren Glaubwürdigkeit zurückgewinnen, d. h., man würde akzeptieren, dass Hochleistungen auch angemessen honoriert werden, aber kommerzielle Aspekte würden die Leistungen, das Auftreten und die mögliche Vorbildfunktion der Sportler nicht völlig zudecken. 3.1

Schon die Umsetzung nur einiger der vorgeschlagenen Bestimmungen würde wahrscheinlich zu einem gewaltigen Protestgeschrei bei Verbands- und Vereinsfunktionären und häufig auch zum Gang vor die Gerichte führen. Diese verdienen meist an dem Geschäft mit dem Sport und den Sportlern ganz ordentlich und profitieren zusätzlich von den Annehmlichkeiten des Funktionärstourismus. Es bedürfte also großer Überzeugungskraft, um im Bereich der Kommerzialisierung Änderungen herbeizuführen. Falls nötig, müssten auch einmal Kommunen und Staaten aktiv werden, indem sie die Vereine und Verbände nicht unterstützen, die aufgrund ihres verfehlten Finanzgebarens insolvent geworden sind oder sich Änderungen gegenüber ablehnend verhalten. Auch an gesetzliche Bestimmungen könnte gedacht werden. Das Problem der Gefährdung der Chancengleichheit durch speziell entwickelte und sehr kostspielige Ausrüstungen (z. B. Schwimmanzüge) könnte – natürlich wieder gegen den

Wiederstand von Herstellern und Mitverdienern – ohne Schwierigkeiten durch die Fachverbände angegangen werden. Man müsste nur klare Vorschriften erlassen, wie dies im Schwimmsport ja schon teilweise geschehen ist.

In sehr engem Zusammenhang mit dem Problem der Kommerzialisierung steht 3.2
das **Dopingproblem**, das Problem der „unphysiologisch[en]“ Leistungssteigerung (vgl. Material 3). Da sich ja mit sportlichen Erfolgen sehr viel Geld verdienen lässt, ist die Versuchung groß, dem eigenen Leistungsvermögen nachzuhelfen. Dies ist nicht nur in höchstem Maße unfair, sondern es erfüllt auch den Tatbestand des Betrugs und kann zudem die Gesundheit nachhaltig gefährden (s. oben). Doping ist durch die Dachverbände verboten, in einigen Ländern, z. B. Italien, gibt es sogar Gesetze, die Doping unter Strafe stellen. Nach Wettkämpfen und gelegentlich auch beim Training werden die Sportler einer Dopingkontrolle unterzogen. Wer des Dopings überführt wird, muss zumindest mit einer Wettkampfsperre von ca. zwei Jahren rechnen. Und dennoch wird nach wie vor gedopt: Es werden regelmäßig Athleten überführt und es wird ebenso regelmäßig nach Ausreden gesucht. Was kann dagegen unternommen werden?
Die wirkungsvollste Maßnahme wäre eine **Beschränkung der Verdienstmöglichkeiten**. Wenn die Sportler mit Siegen und Rekorden nicht so unglaublich viel Geld verdienen könnten, wäre Doping nicht mehr so interessant. Eine **Intensivierung der Kontrollen** und eine **Verbesserung der Kontrollmethoden** wären ebenfalls Mittel, um Auswüchse zu verhindern, allerdings ist hier zu bedenken, dass auch das Doping selbst fortwährend ‚Fortschritte‘ macht, d. h., neue Dopingmittel werden entwickelt und der Umgang mit ihnen wird ständig raffinierter. Wenn sich dann auch noch Sportfunktionäre und Ärzte uneinsichtig zeigen und Dopingfälle verharmlosen oder vertuschen, wie dies zur Zeit wieder im Zusammenhang mit der Dopingvergangenheit ehemaliger DDR-Leichtathletik-Trainer geschieht, wird eine Ahndung schwierig (vgl. Material 2). Was auf jeden Fall durchgesetzt werden sollte, wäre die gesetzliche Festschreibung von Doping, Mithilfe beim Doping und Handel mit Dopingpräparaten als Straftaten, eine Kronzeugenregelung – geständige Dopingsünder und -zeugen erhalten Strafmilderung – und die Pflicht des Beschuldigten zum Nachweis seiner Unschuld. Ein weiteres Instrument der Dopingbekämpfung wären Sanktionen gegen Länder, die sich regelmäßigen und unangekündigten Dopingkontrollen verweigern, und nicht zuletzt sollte eine wesentlich konsequentere Aufklärung der Athleten über die gesundheitlichen Folgen des Dopings erfolgen. Von der Durchsetzung auch nur eines Teils dieser Maßnahmen ist man weit entfernt, denn die derzeit aus dem Gebrauch von Dopingmitteln für die Athleten, aber auch für Ärzte und Funktionäre erwachsenden Vorteile sind noch zu groß, als dass man auf sie verzichten möchte. Auch spielen ethische Bedenken bei den meisten Beteiligten kaum noch eine Rolle, dafür aber häufig sogenannte nationale Interessen. Anstöße zu wirksamen Anti-Doping-Maßnahmen müssten von der Spitze kommen, d. h. von den obersten Repräsentanten des Sports und der Politik, und zwar länderübergreifend. Nur so könnte der Spitzensport seine Vorbildfunktion wieder erhalten.

Neben den zentralen Problemfeldern Kommerzialisierung und Doping, welche die gesellschaftlichen Funktionen des Spitzensports am meisten gefährden, gibt es noch eine Reihe von Interaktionsräumen, in denen ebenfalls etwas gegen Erscheinungen getan werden könnte, welche dem Spitzensport abträglich sind: So ist es unbedingt nötig, in den Großstädten die Arbeit mit den Fangruppen zu intensivieren und damit Ausschreitungen von **Hooligans** auf Dauer zu verringern. Hierfür wären in erster Linie die Vereine zuständig. Ihnen käme auch die Aufgabe zu, die **Nachwuchsarbeit** in den einzelnen Sportarten zu verstärken und den ausgebildeten Jugendlichen dann vermehrt eine Chance zu geben, im eigenen Verein eine sportliche Karriere zu beginnen. Darauf könnten auch Bestimmungen der einzelnen Verbände hinwirken, was bisher nur in schwachen Ansätzen geschehen ist. Der Spitzensport könnte so dem Unterhaltungs- und Ablenkungsbedürfnis der Menschen auf eine friedvolle Weise Rechnung tragen und sich gleichzeitig als Handlungsfeld für den sozialen Aufstieg von Jugendlichen profilieren. 3.3
Einen ganz entscheidenden Beitrag für ein besseres Image des Spitzensports könnten die **Medien** leisten, indem sie nicht nur über Sportereignisse berichten, bei denen der finanzielle Aspekt (z. B. Fußball), mitunter auch das Spektakuläre eine große Rolle spielt – man denke nur an die zahllosen Reportagen über Boxkämpfe und Autorennen. Stattdessen sollten sie ihre Kameras und Mikrofone etwas öfter und länger auf Ereignisse richten, bei denen man auch sportliche Spitzenleistungen bewundern kann, dazu aber auch noch echten Sportlergeist und garantiert ehrlich erarbeitete Erfolge, so z. B. bei Behindertenwettkämpfen wie den Paralympics.

Die zuletzt genannten Möglichkeiten sind nicht gewichtig genug, um die derzeitigen Grundprobleme des Spitzensports zu lösen, sie sind aber vielleicht geeignet, sowohl den Konsumenten des Hochleistungssports als auch den Verantwortlichen die Augen dahingehend zu öffnen, was ehrlicher und sauberer Spitzensport wirklich sein könnte: ein faszinierendes Medium der Unterhaltung und Ablenkung, eine Autorität für die Vermittlung individueller Werte und Einstellungen sowie ein Motor für wirtschaftliche und medizinische Entwicklungen. 4

Abitur Deutsch (Bayern G8) – Übungsaufgabe 3: Verfassen einer materialgestützten Erörterung

Aufgabe:
Erörtern Sie ausgehend von aktuellen Entwicklungen differenziert, ob die traditionelle Vorstellung von Familie noch eine Zukunft in Deutschland hat, und legen Sie dar, wie der Staat die momentane Situation der Familien verbessern kann. Beziehen Sie sich in Ihren Ausführungen auf die beigefügten Bild- und Textmaterialien.

Material 1

Stefanie Hallberg: Wandel des klassischen Familienbildes

So wandelte sich das Familienmodell
Der Mann verdient das Geld, die Frau kümmert sich um Haushalt und Kinder. Die Familie, die wir für traditionell halten, behauptet sich in unserer Gesellschaft nach wie vor. Dabei gibt es sie noch gar nicht so lange.

Die bürgerliche Kleinfamilie, wie wir sie heute kennen, war nie die allgemeingültige Lebensform. Es gibt sie kaum 200 Jahre. Erst mit der Industrialisierung, dem Wachstum der Städte und der Entwicklung des Bürgertums kam Mitte des 19. Jahrhunderts das bürgerliche Idealbild der Familie auf, das unsere Gesellschaft noch heute prägt: das traute Heim als Gegenpol zur rauen Erwerbswelt. Der Mann verdient das Geld, die Frau kümmert sich um den Haushalt und die Erziehung der Kinder.

© *Susan Law Cain/Dreamstime.com*

Familienideal für viele Arbeiter unerreichbar
„Trotz dieser Ideologisierung hat es auch zur Zeit der Industrialisierung viele allein erziehende Mütter gegeben", sagt Gisela Notz, Sozialwissenschaftlerin bei der Friedrich-Ebert-Stiftung in Bonn. In so manchem Eifeldorf waren die Frauen mit ihren Kindern während der Woche allein, weil die Männer im Ruhrgebiet das Geld verdienen

mussten. Das Leben der Arbeiterfamilien entsprach dabei keineswegs dem bürgerlichen Ideal: Um nicht zu verhungern, mussten Männer und Frauen bis zu 16 Stunden täglich arbeiten. Die Erziehung der Kinder blieb oft auf der Strecke. Diese mussten selbst schon früh in der Textilindustrie, im Bergbau oder in Heimarbeit ihr Brot verdienen. Für viele Arbeiter blieb das bürgerliche Familienideal bis in die heutige Zeit ein Traum, so Notz.

Familie politisch ideologisiert

Im 20. Jahrhundert wurde das Loblied auf die Familie mit klassischer Rollenverteilung ideologisiert. Der Kaiser wollte Soldaten, Hitler ebenso. Im Dritten Reich galt die Familie als „Keimzelle des Staates". Frauen, die keine Kinder hatten, wurden diffamiert. „Aber wie zu anderen Zeiten auch konnte das propagierte Ideal auf Grund der Umstände nicht gelebt werden", erklärt Notz. Frauen, deren Männer im Krieg waren, erzogen die Kinder ohnehin allein. Und so manche Ehe zerbrach, als die Männer heimkehrten und ihren angestammten Platz einforderten.

Viele Mütter alleinerziehend

Auch in den 50er-Jahren wurde seitens der konservativen Familienpolitik die bürgerliche Familienform als die einzig wahre dargestellt – trotz der Tatsache, dass nach dem Krieg in vier von zehn Familien die Mütter alleinerziehend waren. Artikel 6 des Grundgesetzes stellte Ehe und Familie unter besonderen Schutz. Andere Formen des Zusammenlebens waren nicht vorgesehen. Die Hausfrauen- und Mutterrolle wurde systematisch aufgewertet und finanziell gefördert. Nur wer verheiratet war, durfte zusammen leben. Wer nicht-ehelichen Beziehungen Obdach gewährte, machte sich nach Paragraf 180 des Strafgesetzbuches der Kuppelei schuldig, gelebt wurden sie trotzdem. Das beste Beispiel seien die Onkel-Ehen, erklärt Notz: „Viele Kriegswitwen haben absichtlich nicht geheiratet, um ihre Rente nicht zu verlieren. Vorhandene Kinder mussten den neuen Vater Onkel nennen."

Selbstbestimmtes Leben im Vordergrund

Spätestens seit dem beschleunigten Wertewandel, der Ende der 60er-Jahre mit der Studentenbewegung einsetzte, wurde die bürgerliche Kleinfamilie immer mehr in Frage gestellt. Es entwickelten sich alternative Formen des Zusammenlebens wie Wohngemeinschaften und Kommunen. Statt des traditionellen Daseins für andere, etwa Familie oder Eltern, rückte die Gestaltung eines selbstbestimmten Lebens stärker in den Vordergrund. Auch andere Faktoren trugen dazu bei, dass sich in den letzten drei Jahrzehnten die Familienstrukturen wandelten: Unter anderem wurde das Scheidungsrecht reformiert und die Geburtenkontrolle einfacher. Technik machte die Arbeit im Haushalt immer leichter. Die Berufstätigkeit von Frauen nahm zu.

Vielfalt an Lebensgemeinschaften

Anfang des 21. Jahrhunderts hat die bürgerliche Familie ihre dominante Stellung eingebüßt. Alleinerziehende, Stieffamilien, Patchworkfamilien, Wohngemeinschaften mit Kindern, kinderlose Ehepaare, eingetragene Partnerschaften, nicht-eheliche und andere Lebensgemeinschaften werden immer selbstverständlicher. Doch die bürgerliche Familie lebt. Zwar ist nur noch jeder dritte Haushalt eine Kleinfamilie mit Vater, Mutter und mindestens einem Kind. Aber vier von fünf Kindern, so [die Soziologin] Nave-Herz, würden bis zum Alter von 16 Jahren in dieser klassischen Familienform aufwachsen. „Die traditionelle Eltern-Familie hat an subjektiver Wertschätzung keineswegs verloren", schließt sie. Dennoch klappt es oft nicht mit der Familiengründung: etwa wegen der schwierigen Vereinbarkeit von Beruf und Familie, der Trennung vom Partner, hoher Ansprüche an eine eheliche Beziehung oder dem Zwang, mobil zu sein.

© Uschi Hering - Fotolia.com

Keine Lebensform bevorzugen

Wie sieht die Zukunft der Familie aus? Gisela Notz meint, dass sich die Formen des familiären Zusammenlebens weiter ausdifferenzieren werden. Wichtig sei, dass keine Lebensform bevorzugt oder benachteiligt werde. Wie könnte man den Begriff Familie für die Zukunft fassen? Vielleicht wie das Zunkunftsforum Familie, eine neu gegründete bundesweite Organisation: „Familie ist überall dort, wo Menschen dauerhaft füreinander Verantwortung übernehmen, Sorge tragen und Zuwendung schenken."

Aus: www.wdr.de/themen/panorama/gesellschaft/familie/familienbild_im_wandel/index.jhtml, Stand: 12. 4. 2006, zuletzt aufgerufen am 1. 9. 2009

Material 2 – Statistik: Geburten in Deutschland, 2007

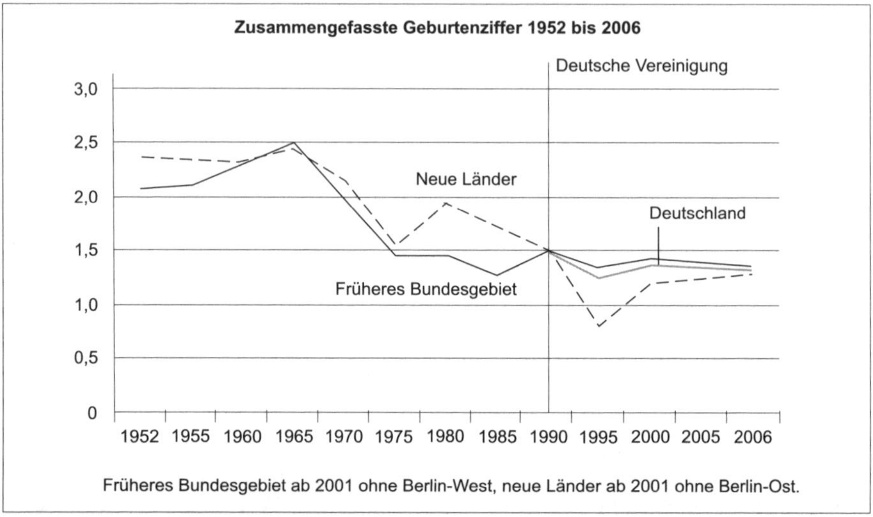

Aus: Olga Pötzsch, Geburten in Deutschland, hrsg. vom Statistischen Bundesamt, Wiesbaden 2007, S. 17, http://www.destatis.de/jetspeed/portal/cms/Sites/destatis/Internet/DE/Content/Publikationen/Fachveroeffentlichungen/Bevoelkerung/BroschuereGeburtenDeutschland,property=file.pdf

Material 3 – Götz Wiedenroth: „Kinderlosigkeit steigert das Sozialprestige“

Klassentreffen 2006

Hinweise und Tipps

- *Eine genaue Auseinandersetzung und Beschäftigung mit dem Thema ist nötig, um ansprechend und möglichst differenziert Stellung nehmen zu können. Dies setzt eine intensive Studie der beigefügten Materialien voraus, deren* ***informativer Gehalt*** *in Ihre Arbeit einfließen sollte. Darüber hinaus wird von Ihnen eine sowohl inhaltlich als auch sprachlich* ***eigenständige Leistung*** *erwartet, die in sich geschlossen ist. Klären Sie dazu die* ***Schlüsselbegriffe*** *des Themas und legen Sie eine geordnete* ***Stoffsammlung*** *an, die Ihnen die einzubringenden Aspekte stets vor Augen hält.*
- *Einen grundlegenden und nicht zu vernachlässigenden Teil der Arbeit stellt die logisch angeordnete und in sich schlüssige* ***Gliederung*** *dar. Diese kann je nach Themenstellung entweder* ***linear*** *oder* ***antithetisch*** *aufgebaut sein, wobei die antithetische Erörterung Argumente, die für und gegen eine kontrovers diskutierte These sprechen, in direkten Kontrast setzt und gegeneinander abwägt. Die dem Lösungsvorschlag zugrunde liegende linear verlaufende Gliederung bietet sich vor allem dann an, wenn ein Thema von einem bestimmten Standpunkt aus – also nicht kontrovers – umfassend dargestellt werden soll.*
- *Überlegen Sie sich, ob Ihre Argumente zum Thema passen, Ihre These stützen und untermauern Sie sie mit passenden Beispielen.*
- *Hinsichtlich des* ***Sprachstils*** *sollten Sie darauf achten,* ***sachlich und objektiv*** *zu schreiben. Verknüpfen Sie Ihre Argumente mit passenden Konjunktionen und strukturieren Sie Ihren Aufsatz durch Absätze.*

Gliederung

1 Das traditionelle Familienbild

2 Erörterung der zukünftigen Entwicklung des Familienbildes in Deutschland und Darlegung möglicher staatlicher Unterstützungsmaßnahmen für Familien

2.1 Entwicklung alternativer Lebensformen
2.1.1 Unterschiedliche Familienformen infolge des gesellschaftlichen Wandels
2.1.2 Veränderungen aufgrund des gestiegenen Anspruchs an den Partner

2.2 Zunahme der kinderlosen Haushalte in Deutschland
2.2.1 Schwierige wirtschaftliche Situation der Familien
2.2.2 Erwerbstätigkeit der Frau als einflussnehmender Faktor bei der Familienplanung

2.3 Darlegung der Notwendigkeit staatlicher Maßnahmen
2.3.1 Unterstützung durch staatliche Hilfen
2.3.1.1 Finanzielle Mittel
2.3.1.2 Verbesserung des Betreuungsangebots
2.3.2 Förderung des öffentlichen Ansehens der Familie

3 Zeitgemäße Definition von „Familie“

Lösungsvorschlag

Die Vorstellung einer **traditionellen Idealfamilie**, wie sie auch heute noch in den meisten Köpfen verankert ist, entstammt dem 19. Jahrhundert und beinhaltet das Bild einer Lebensgemeinschaft, in der der Mann einer klassischen Rollenverteilung gemäß das Geld verdient und die Frau sich um den Haushalt und die Kinder kümmert. Obwohl diese bürgerliche Vorstellung aufgrund finanzieller Notlagen oder Kriegserfahrungen bei Weitem nicht immer dem tatsächlichen Leben der Menschen entsprach, wurde sie immer wieder ideologisiert oder, wie in den 1950er-Jahren, seitens einer konservativen Familienpolitik als die einzig vernünftige dargestellt. Doch im Laufe der Zeit bildeten sich aus vielfältigen Gründen alternative Lebensformen heraus, die die klassische Familienstruktur nach und nach zu verdrängen scheinen und heute eher als die Regel denn als die Ausnahme angesehen werden. 1

Angesichts der wachsenden Scheidungsrate und der zunehmenden Kinderlosigkeit fragt man sich, ob das traditionelle Familienbild in Deutschland noch eine Zukunft hat und inwiefern ein Eingreifen des Staates durch geeignete Unterstützungsmaßnahmen nötig ist. Die aktuellen Entwicklungen zeigen, dass man sich hierzulande womöglich an andere Formen als die der lange propagierten Idealfamilie gewöhnen muss. 2

Bereits Anfang der 70er-Jahre wurde die bürgerliche Kleinfamilie aufgrund eines tiefgreifenden **Wertewandels** von vielen Menschen nicht mehr als der lang vorgelebte Idealzustand hingenommen. Es entwickelten sich Kommunen und Wohngemeinschaften, die es ihren Mitgliedern ermöglichen sollten, ihr Leben freier und selbstbestimmter zu gestalten. Dies ist neben weiteren gesellschaftlichen Veränderungen ein Grund für die **Entwicklung vielfältiger alternativer Lebensformen**, wie zum Beispiel Patchworkfamilien, Stieffamilien, alleinerziehende Elternteile oder eingetragene Partnerschaften, die parallel zu der selbstverständlich nach wie vor existierenden Kleinfamilie, zusammengesetzt aus Vater, Mutter und ein bis zwei Kindern, bestehen. 2.1

Diese Vielfalt an unterschiedlichen Lebensmodellen ist sicherlich dadurch bedingt, dass sich die Gesellschaft im Laufe der Zeit stark gewandelt hat. Eine grundlegende Rolle spielt dabei die **Stellung der Frau** in der Gesellschaft. Im Zuge der Emanzipation werden Töchter nicht mehr wie in früheren Zeiten aus der Obhut des Vaters in die des Ehegatten übergeben, sondern entscheiden sich ebenso wie Männer für eine ihnen gemäße Lebensform, sei es als Single oder innerhalb einer wie auch immer gearteten Partnerschaft. So ist der Trauschein heute schon längst keine Voraussetzung mehr dafür, als Paar eine gemeinsame Wohnung zu beziehen oder Kinder zu bekommen. Weiterhin sehen sich alleinerziehende Eltern nicht mehr der öffentlichen Kritik ausgesetzt, was gewiss auch daran liegt, dass man in Zeiten, in denen die Scheidungsrate bei knapp 50 Prozent liegt, längst an das Bild alleinerziehender Eltern gewöhnt ist. Selbiges gilt für Familien, in die die Partner Kinder 2.1.1

aus vorherigen Beziehungen mitbringen – sogenannte Stief- oder Patchworkfamilien. Des Weiteren sind gleichgeschlechtliche Partnerschaften heutzutage gesellschaftlich akzeptiert und viele deutsche Bundesländer bieten homosexuellen Paaren die Möglichkeit, ihrer Beziehung über eine eingetragene Lebenspartnerschaft einen rechtlichen Rahmen zu geben.

Einen weiteren Aspekt, der wesentlich dazu beiträgt, dass sich einige der dar- 2.1.2
gestellten unterschiedlichen Lebensformen in unserer Gesellschaft zunehmend manifestieren und das Bild der Idealfamilie verdrängen, stellt die gestiegene **Erwartung an die partnerschaftliche Beziehung** dar. Frauen geben sich nicht mehr damit zufrieden, auf die Versorgung des Haushalts und der Kinder reduziert zu werden, und Männer wehren sich dagegen, lediglich als der Ernährer aufzutreten. Der Partner muss heutzutage einer Vielzahl von Anforderungen gerecht werden. So soll er zum Beispiel gleichzeitig ein guter Zuhörer, verständnisvoller Vertrauter, zärtlicher Liebhaber, gleichgesinnter Freund und pflichtbewusstes Elternteil sein. Dieses von den Medien propagierte Bild wird der Realität oft nicht gerecht, weshalb viele Beziehungen scheitern. Mittlerweile enden fast 50 von 100 Ehen in der **Scheidung**, deren Umsetzung sich heutzutage relativ leicht gestaltet. Zum einen ist sie gesellschaftlich völlig akzeptiert und schon fast Normalität, zum anderen sichert sie per gesetzlicher Regelung beide Seiten finanziell ab. Da es vielen Menschen in diesem Zusammenhang ähnlich ergeht, sind die Chancen, einen neuen Partner zu finden – auch dank Partnerschaftsplattformen im Internet – unabhängig vom Alter recht hoch. So relativiert sich auch die eventuell bisher abschreckende Vorstellung von der auf eine Trennung folgenden Einsamkeit.

Neben den zahlreichen Familien mit Kindern gibt es immer mehr Menschen, 2.2
die sich gegen Nachwuchs entscheiden. Während es im Jahr 1952 noch durchschnittlich zwei, in den neuen Bundesländern sogar knapp 2,5 Geburten pro Frau gab, waren es in Gesamtdeutschland 2006 nur mehr durchschnittlich 1,3. Auffallend ist der in den alten und neuen Bundesländern von 1952 bis 1972 ungefähr parallel sinkende Verlauf der **Geburtenrate**, bevor diese in der ehemaligen DDR wieder anstieg. In Folge der wirtschaftlichen und sozialen Umbrüche, die mit der deutschen Wiedervereinigung einhergingen, brach das Geburtenniveau der Frauen in den neuen Bundesländern stark ein: Von 1990 bis 1994 sank die Geburtenziffer von 1,5 auf 0,8, bevor sie sich dann nach und nach wieder auf ein Niveau von 1,3 einpendelte, was dem gesamtdeutschen Stand entsprach. Auch diese Entwicklung, deren Gründe im Folgenden dargestellt werden, ist ein Indiz dafür, dass die traditionelle Form der Familie in Deutschland unter den gegebenen Umständen einen Wandel erfährt.

Viele Partner sehen sich gerade zu Zeiten der Wirtschaftskrise dazu gezwun- 2.2.1
gen, dass sie beide arbeiten, und sie können die **finanziellen Einbußen**, die mit der Bereitschaft einhergehen, ein oder mehrere Kinder großzuziehen, nicht oder nur schwer tragen. Oft müssen sich die Partner sogar räumlich trennen

und leben in einer Fernbeziehung, da die **Berufswelt** Mobilität verlangt und zwei Menschen schon lange nicht mehr davon ausgehen können, dass sie beide am selben Ort einen Beruf ausüben. Auch das Risiko der Arbeitslosigkeit ist in Zeiten der Kurzarbeit nicht zu missachten und es kann gravierende Folgen haben, wenn man nicht durch ein zweites Einkommen abgesichert ist, welches im Falle der Kinderbetreuung durch ein Elternteil allerdings wegfallen würde. Zudem ist es für viele Paare, die an ein doppeltes Einkommen gewöhnt sind, eine grundsätzliche Entscheidung, ob sie bisher erschwingliche Luxusgüter gegen den Kinderwagen, der darüber hinaus wenig soziales Prestige mit sich bringt, eintauschen wollen.

Einer der wichtigsten Gründe dafür, dass Frauen keine oder weniger Kinder 2.2.2
bekommen, liegt wohl aber in der **zunehmenden Anzahl der erwerbstätigen Frauen**. Seit sie das Privileg einer fundierten Ausbildung in Anspruch nehmen können, stehen viele im Berufsleben und sehen nicht genügend Möglichkeiten, Karriere und Kind miteinander zu verbinden, ohne dass das eine oder andere vernachlässigt wird. In vielen Berufen ist die Möglichkeit, in Teilzeit zu arbeiten, nicht gegeben, doch Plätze in Kindertagesstätten sind oft rar gesät und zuverlässige Tagesmütter verlangen häufig fast ebenso viel, wie der in eben jener Zeit erarbeitete Lohn einbringt. Darüber hinaus sind die Wiedereinstiegsmöglichkeiten für Frauen in gehobenen Positionen nach einer Babypause oft erschwert und es fehlt das Verständnis für die Sorgen einer Mutter, die den Arbeitsplatz eventuell einmal etwas früher verlassen muss, da das Kind zum Beispiel erkrankt ist. So stehen viele Frauen vor der grundsätzlichen Entscheidung für Kind oder Karriere. Ganz offensichtlich verlieren die Argumente, die einst für Nachwuchs sprachen, immer mehr an Gewicht zu Gunsten der persönlichen Erfüllung und finanziellen Unabhängigkeit der Frau, die im Berufsleben „ihren Mann steht".

Auch über die nicht in ausreichender Anzahl zur Verfügung stehenden Kin- 2.3
dertagesstätten hinaus fühlen sich viele Eltern oder Paare mit Kinderwunsch **vom Staat nicht ausreichend unterstützt**. Der Staat hat es versäumt, seine Familienpolitik rechtzeitig auf gesellschaftliche Veränderungen und den geographischen Wandel auszurichten, was dazu geführt hat, dass sich viele Paare in der Familienplanung alleine gelassen fühlen. Nach und nach findet in der Politik allerdings ein Prozess des Umdenkens statt und es wird erkannt, dass man einiges tun muss, um die Position und das Ansehen der Familie wieder zu stärken.

So könnte man den Familien helfen, indem man sie **finanziell entlastet**. Mit 2.3.1
der Einführung des **Elterngeldes** zu Beginn des Jahres 2007, welches das 2.3.1.1
bisherige Erziehungsgeld ersetzt, geht man bereits in die richtige Richtung. Die Höhe des Elterngeldes richtet sich nach dem Einkommen des Elternteils, welches den Antrag darauf stellt, und dient als vorübergehender, maximal allerdings 14-monatiger Entgeltersatz. Das Modell sieht eine freie Aufteilung

unter den Partnern vor – eine Regelung, die der modernen Auffassung gleichberechtigter Partner- und Elternschaft entgegenkommt. Neben dieser finanziellen Zuwendung seitens des Staats und dem mittlerweile gestiegenen Kindergeld können Eltern außerdem weitere Fördermöglichkeiten beantragen, doch sind diese oft recht unübersichtlich und erschließen sich vielen Familien nicht. Hier wäre eine höhere Transparenz und Vereinfachung der bürokratischen Wege wünschenswert, damit jeder auch wirklich wüsste, auf welche Gelder er einen Anspruch hat.
Doch sollte es der Staat nicht bei der Entlastung der Eltern in den Anfangsmonaten einer Familiengründung belassen. Viele Paare schrecken auch vor den hohen Ausbildungskosten zurück, die im Leben eines Kindes anfallen. Die Zusicherung eines kostenfreien Kindergartenplatzes und einer kostenfreien Ausbildung wären sicherlich maßgebliche Faktoren, die von vielen Paaren bei einer Familienplanung berücksichtigt würden. Dazu zählt auch die staatliche Finanzierung sowohl schulischer Mittel, wie zum Beispiel Bücher, als auch des Studiums, welches mittlerweile in den meisten Bundesländern Deutschlands mit nicht unerheblichen Gebühren verbunden ist. Gerade in einem Land mit immer weniger Kindern sollte die Förderung potenzieller zukünftiger Leistungsträger eine wesentliche Aufgabe sein, welche dem Staat letzten Endes wieder zugute kommt.

Doch die finanzielle Unterstützung der Familien kann nur dann wirklich Er- 2.3.1.2
folge zeigen, wenn es auf der anderen Seite genügend **Betreuungseinrichtungen** gibt, die die Eltern nutzen können. Obwohl das bereits 2005 in Kraft getretene Tagesbetreuungsausbaugesetz einen bedarfsgerechten Aufbau von Betreuungsangeboten für unter Dreijährige anstrebt, gestaltet sich die Umsetzung in die Praxis offensichtlich schwierig. Viele Mütter und Väter sehen sich mit jahrelangen Wartelisten der Kinderkrippen, Horte oder Kindergärten konfrontiert und müssen bei der Betreuung ihres Nachwuchses vermehrt auf private Hilfe zurückgreifen. Diese ist allerdings zum einen meist wesentlich teurer und erfüllt zum anderen nicht immer die gewünschte erzieherische Kompetenz, die in staatlichen Einrichtungen gewährleistet ist. Die Schaffung flächendeckender Ganztagsbetreuungsplätze, wie sie in einer wirtschaftlichen Situation, in der oft beide Partner für den Lebensunterhalt aufkommen müssen, immer dringlicher werden, sollte daher erklärtes Ziel einer vorausschauenden Familienpolitik sein und wesentlich schneller vorangetrieben werden.

Darüber hinaus ist es dringend notwendig, das **soziale Prestige der Familie** 2.3.2
in der Gesellschaft zu steigern. Viele deutsche Familien beklagen die oft kinderunfreundliche Umgebung, sei es beim Einkaufen oder Restaurantbesuch. Grundsätzlich fühlen sich viele Menschen hierzulande durch die Anwesenheit von Kindern eher gestört und zeigen sich wenig tolerant. Deutschland könnte sich in dieser Hinsicht an anderen europäischen Ländern, wie z. B. Italien, ein Vorbild nehmen, in denen Kinder einen deutlich höheren Stellenwert haben und überall gern gesehen sind.

Denkbar wäre in diesem Zusammenhang eine groß angelegte öffentliche Kampagne, wie sie der deutsche Staat zur Förderung einer positiveren Einstellung gegenüber Sport mit ‚Deutschland bewegt sich' durchgeführt hat. Auch die Kampagne für mehr Kinderfreundlichkeit ‚Du bist Deutschland' stieß bei den Bürgern auf große Resonanz. Gelder, die man in diesem Sinne einsetzen würde, dürften sicherlich dazu beitragen, die Stellung der Familien mit Kindern in unserer Gesellschaft zu stärken, und könnten langfristig dazu führen, dass sich Partner wieder vermehrt darauf einließen, Kinder zu bekommen. Es wäre sogar denkbar, dass sich solchermaßen verbesserte Bedingungen positiv und stabilisierend auf die Beziehung der Eltern auswirken.

Auch wenn das Ideal der traditionellen Kleinfamilie, wie es sich seit dem 3
19. Jahrhundert entwickelt hat, zusammenfassend gesehen den geänderten gesellschaftlichen Umständen sicherlich nicht mehr ganz gerecht wird, hat es seine subjektive Wertschätzung in den Köpfen der Menschen nach wie vor nicht verloren. Aufgrund der dargestellten Lebenswirklichkeit, in der sich die Menschen heutzutage befinden, ist diese Form des Zusammenlebens allerdings immer schwerer umsetzbar und viele Beziehungen scheitern daran, die einst als einzig wahre propagierte Familienform aufrechterhalten zu wollen. Staatliche Verantwortung und verbesserte Rahmenbedingungen können die Situation der Familien in Deutschland zwar deutlich aufwerten, doch muss man sich von der althergebrachten Vorstellung der bürgerlichen Familie vielleicht lösen und die Menschen von dem Druck befreien, den der Versuch erzeugt, eine heute kaum mehr realistisch umsetzbare Tradition zu erfüllen. Eine **neue, offenere Definition von Familie**, die das ‚Zukunftsforum Familie' vorschlägt und die allen heutzutage gängigen alternativen Lebensformen gleichermaßen gerecht wird, erscheint wesentlich zeitgemäßer und reeller als die Bemühung, nach überholten Vorstellungen zu leben. Dem Forum zufolge ist Familie eben überall dort, „wo Menschen dauerhaft füreinander Verantwortung übernehmen, Sorge tragen und Zuwendung schenken" (vgl. Material 1, Z. 69 ff.).

Abitur Deutsch (Bayern G8) – Übungsaufgabe 4: Verfassen eines Kommentars auf der Grundlage eines Sachtextes

Aufgaben:

1. Verfassen Sie eine strukturierte Inhaltsangabe zu dem Beitrag von Nikolas Westerhoff (Material 1).
2. Schreiben Sie, ausgehend von Ihren Ergebnissen und unter Einbeziehung der weiteren Materialien, einen inhaltlich und sprachlich eigenständigen Kommentar zum Thema *Wesen und Auswirkungen von Vorurteilen.* Wählen Sie dazu eine passende Überschrift. Ihr Kommentar sollte ca. 800 Wörter umfassen.

Material 1

Nikolas Westerhoff: Die Macht des Klischees

Blondinen sind nicht alle dumm, es macht nur Spaß, die Witze zu erzählen, mag sich manch einer denken. Aber oft genug erzählt, brennen sich solche Vorurteile dann doch tief ins Gehirn ein. Sie bestimmen unser Denken, auch wenn sie dabei äußerst diskret vorgehen. Ihr Auftrag ist es, die Welt in simple Kategorien zu unterteilen – in Gut und Böse, schön und hässlich, anziehend und abstoßend. Vorurteile machen das Unüberschaubare überschaubar. „Menschen sind kognitive Geizhälse", sagt der Psychologe Christian Fichter von der Universität Zürich. Vorurteile ersparten ihnen Denkarbeit. Sie erlaubten es, sich schnell ein Bild zu machen. Das habe sich im Laufe der Evolution durchaus als Vorteil erwiesen.

Die Nachteile aber lassen nicht lange auf sich warten: Vorurteile führen allzu oft in die Irre. Fichter hat ein und denselben Artikel über Mobilfunkanbieter in zwei verschiedenen Zeitungen platziert: in dem Boulevardblatt *Blick* und in der Qualitätszeitung *Neue Zürcher Zeitung* (NZZ). Der NZZ-Beitrag sei wesentlich besser als derselbe Artikel in *Blick,* meinten Testleser einhellig. „Das Image zählt eben mehr als der Inhalt", sagt Fichter. Und geübte Zeitungsleser ließen sich ebenso von ihren Vorurteilen leiten wie Lesemuffel.

Nicht nur Produkte haben ein Image, sondern auch Menschen. Amerikanische Unternehmer sind an einem Bewerber erheblich stärker interessiert, wenn er einen Durchschnittsnamen wie Greg hat, fand die Ökonomin Marianne Bertrand von der University of Chicago heraus, indem sie Bewerbungsmappen an verschiedene Arbeitgeber versendete, in denen sie lediglich den Namen des Bewerbers austauschte. Wählte sie ausländisch anmutende Namen wie Lakisha oder Jamal, hagelte es Absagen.

Der bloße Name genügt, und schon glauben wir zu wissen, was für ein Mensch sich dahinter verbirgt. Das gilt auch für Namen, die alle demselben kulturellen Hintergrund entspringen. Wie attraktiv sind Anna, Johanna und Horst?, fragte der Sozialpsychologe Udo Rudolph von der Technischen Universität Chemnitz. Anna kam dabei meist gut weg, Horst galt dagegen meist als unattraktiver Gesell. Hintergrund ist offenbar eine automatisch ablaufende Vorurteilskaskade: Zunächst beurteilten die Befragten, ob die

Namen in ihren Ohren altmodisch, zeitlos oder modern klangen. Daraus leiteten sie dann das vermeintliche Alter der Personen ab und zogen daraus wiederum Rückschlüsse auf deren Attraktivität. Hier haben die Befragten also gleich drei Vorurteile aneinandergereiht.

Aber woher kommen die vermeintlichen Weisheiten, die wir dabei benutzen? Wem von klein auf immer wieder gesagt wird, er solle nicht wie ein Bauer essen, der assoziiert „Bauer“ irgendwann mit „grob“ und „unzivilisiert“. Solche gedanklichen Automatismen lassen sich später nur schwer durchbrechen, wie die Psychologin Patricia Devine von der University of Wisconsin in zahlreichen Experimenten nachwies.

Allerdings seien die gedanklichen Verknüpfungen, so ärgerlich sie auch sein mögen, gar nicht das eigentliche Problem, so Devine. Niemand müsse sich für sie rechtfertigen. Entscheidend sei jedoch, ob Menschen sich dieser Assoziationen bewusst seien und sich ihrer schämten. Ohne ein Gefühl von Schuld oder Scham ließen sich Vorurteile nicht aufbrechen.

Doch auch mit Schuld und Scham gelingt es nicht immer, Vorurteile wieder loszuwerden. In seinem Buch „Kleine Einführung in das Schubladendenken“ berichtet der Sozialpsychologe Jens Förster von einem Kollegen, der offen zugibt, sich vor Sex zwischen Männern zu ekeln. Zwar schäme er sich dafür, doch befreien könne er sich von dem Gefühl des Ekels nicht. Dieses Beispiel illustriert, dass Vorurteile mehr sind als irrige Ansichten oder falsche Meinungen. Anders als stereotype Einstellungen („Afrikaner können schneller laufen als Europäer“) weisen Vorurteile eine starke emotionale Tönung auf. Sie lassen uns nicht kalt, sondern lösen in uns Ekel, Angst oder Verachtung aus. Und just diese Gefühle sind es, die das Vorurteil als etwas Legitimes erscheinen lassen, schließlich gelten Emotionen gemeinhin als echt und authentisch. Wer käme schon auf die Idee, seine Gefühle zu hinterfragen oder sie als falsch und rückständig zu geißeln?

Ohne kollektiv gelerntes Wissen gäbe es keine emotionsgeladenen Vorurteile. So weiß jedes Kind, dass Schwaben für geizig gehalten werden. Doch woher dieses Klischee stammt, können die wenigsten sagen. Französische Vokabeln lernt man willentlich; Vorurteile hingegen unwillentlich, quasi en passant.

„Ein […] Haarsträuben, eine spontane Gänsehaut kann man nicht so leicht bekämpfen, sie sind einfach da“, meint Förster. „Sagen Sie mal jemandem mit Spinnenangst, dass Spinnen sehr nützliche Tiere sind. Selbst wenn er das einsieht, wird er nicht freudestrahlend den Rücken einer dicken, haarigen Spinne massieren.“ Vorurteile sind ein Mix aus Gefühlen und Überzeugungen. Das macht sie so zäh und langlebig. „Es ist schwieriger, Vorurteile zu zertrümmern als Atome“, befand schon Albert Einstein.

Eine Zeitlang hatten Psychologen die Hoffnung, Vorurteile zerstören zu können, indem sie Menschen mit der bunten Vielfalt der Wirklichkeit konfrontieren. Hält ein Mann Frauen für mathematisch unbegabt, dann müsse man ihm einfach eine Frau vorstellen, die gut rechnen kann, so die Logik. Doch leider funktioniere das nicht, sagt die Sozialpsychologin Maya Machunsky von der Universität Jena. Informationen, die mit den eigenen Vorurteilen nicht übereinstimmen, spaltet ein solcher Mann einfach ab. Eine mathematisch begabte Frau sieht er als untypisch für die Kategorie Frau an. Stattdessen erfindet er eine neue Schublade, etwa die der „Mannsweiber“. Diesen mittlerweile gut erforschten Mechanismus nennen Psychologen Substereotypisierung.

Wie subtil und stark Vorurteile wirken, hat der Psychologe John Bargh von der Yale University nachgewiesen. Er ließ seine Probanden klischeehafte Aussagen über alte Menschen lesen, etwa den Satz „Alte Menschen haben graue Haare". Das bloße Lesen solcher Altersstereotypien veränderte die Probanden: Sie bewegten sich nach dem Experiment langsamer in Richtung Aufzug.

Wer glaubt, von solchen Mechanismen frei zu sein, der muss nur einmal einen Impliziten Assoziationstest (IAT) absolvieren, wie ihn die Psychologen Anthony Greenwald und Mahzarin Banaji vor zehn Jahren entwickelt haben. Ganz gleich, ob es um negative Einstellungen gegenüber homosexuellen, alten oder schwarzen Menschen geht – der Test offenbart seinen Machern zufolge alle unausgesprochenen und tabuisierten Vorbehalte in Sekundenschnelle. Die Logik dahinter ist: Je mehr Zeit ein Mensch benötigt, positive Begriffe wie Glück oder Sonne mit dem Gesicht eines Schwarzen, Schwulen oder Greises zu kombinieren, desto negativer bewertet er die entsprechende Eigenschaft.

Das Gehirn aktiviert die Klischeevorstellungen ohne unser Zutun. Und oft genug auch gegen unseren Willen. In solchen Reaktionstests zeigte sich immer wieder: Auch manch alter Mensch hat Vorbehalte gegen Alte. Auch einigen Schwarzen fällt es schwer, positive Begriffe mit dem Gesicht eines Schwarzen zu kombinieren. Implizit gemessene und offen geäußerte Vorurteile können Hand in Hand gehen, sie müssen es aber nicht. Das zeigt auch eindrucksvoll ein Experiment der Sozialpsychologen Joshua Correll von der University of Chicago und Bernadette Park von der Colorado University.

Auf einem Bildschirm sind in stetem Wechsel schwarze und weiße Männer zu sehen. Manche von ihnen halten eine Waffe in der Hand, andere ein Handy. „Erschieße die gefährlichen Männer mit der Pistole und lass die unbewaffneten am Leben." So lautet der Auftrag in diesem Computerspiel. Die Probanden müssen in Sekundenschnelle entscheiden: Ist der gerade eingeblendete Mann bewaffnet oder nicht? Von dieser Einschätzung hängt es ab, ob sie sich fürs Schießen oder fürs Nicht-Schießen entscheiden.

Die Versuchspersonen erschossen häufiger unbewaffnete schwarze als unbewaffnete weiße Männer. Offenbar assoziierten sie die Hautfarbe eines dunkelhäutigen Menschen automatisch mit Gefahr und Kriminalität. Dieser Effekt trat bei allen Versuchspersonen gleichermaßen auf. Auch Vertreter ethnischer Minderheiten erschossen eher unbewaffnete Schwarze als unbewaffnete Weiße. Da es sich um blitzschnelle Entscheidungen handelt, sind die Probanden ihren vorurteilsbehafteten Denkprozessen mehr oder weniger schutzlos ausgeliefert. Sie handeln also rassistisch, ohne sich darüber im Klaren zu sein und ohne es richtig zu finden.

Vorurteile wirken sich sogar auf das Selbstverständnis aus. „Rechnet ein Mensch damit, dass andere ihm Vorurteile entgegenbringen, dann fühlt er sich bedroht", sagt der Sozialpsychologe Johannes Keller von der Universität Mannheim. Dieses Gefühl blockiere ihn. Zahlreiche Studien des Psychologen Claude Steele von der Stanford University sind hierfür ein Beleg: So schnitten Studentinnen in einem Mathematiktest schlechter ab, wenn ihnen zuvor gesagt wurde, dass Frauen mathematisch weniger begabt seien als Männer. Die bloße Erwähnung dieses Vorurteils verschlechterte ihre Leistungen erheblich – gleichgültig, ob die Frauen das Vorurteil selbst absurd fanden oder nicht. Und es genügte sogar, wenn sie auf der ersten Seite nur ihr Geschlecht ankreuzen mussten.

Vorurteile sind demnach alles andere als witzig. Sie sind nicht einmal harmlos. Ihnen ist eine Erwartung eingeschrieben, der sich Menschen – wider Willen – unterwerfen.

Aus: Süddeutsche Zeitung Nr. 81, 7. April 2009, S. 16

Material 2

Max Frisch: Andorra

In dem Drama „Andorra" von Max Frisch wird gezeigt, wie die Vorurteile, welche die Andorraner gegenüber dem jungen Andri, dem außerehelichen Sohn des Lehrers Can, aufbauen, Schritt für Schritt eine Mechanik entwickeln, der sich niemand mehr entziehen kann. Am wenigsten gelingt dies Andri, der das Bild, das man sich von ihm gemacht hat, schließlich selbst übernimmt.

ANDRI Seit ich höre, hat man mir gesagt, ich sei anders, und ich habe geachtet drauf, ob es so ist, wie sie sagen. Und es ist so, Hochwürden: Ich bin anders. Man hat mir gesagt, wie meinesgleichen sich bewege, nämlich so und so, und ich bin vor den Spiegel getreten fast jeden Abend. Sie haben recht: Ich bewege mich so und so. Ich kann nicht anders. Und ich habe geachtet auch darauf, ob's wahr ist, daß ich alleweil denke ans Geld, wenn die Andorraner mich beobachten und denken, jetzt denke ich ans Geld, und sie haben abermals recht: Ich denke alleweil ans Geld. Es ist so. Und ich habe kein Gemüt, ich hab's versucht, aber vergeblich: Ich habe kein Gemüt, sondern Angst. Und man hat mir gesagt, meinesgleichen ist feig. Auch darauf habe ich geachtet. Viele sind feig, aber ich weiß es, wenn ich feig bin. Ich wollte es nicht wahrhaben, was sie mir sagten, aber es ist so. Sie haben mich mit Stiefeln getreten, und es ist so, wie sie sagen: Ich fühle nicht wie sie. Und ich habe keine Heimat. Hochwürden haben gesagt, man muß das annehmen, und ich hab's angenommen. Jetzt ist es an Euch, Hochwürden, Euren Jud anzunehmen.

Aus: Max Frisch, Andorra, Suhrkamp Taschenbuch 277, Frankfurt/M.: Suhrkamp 1981, S. 86

Material 3

Vorurteil, kritiklos, ohne persönl. Urteilsbildung oder Erfahrung übernommene Meinung, die einer sachl. Argumentation nicht standhalten kann. V. dienen der psych. Entlastung des Urteilenden in Angstsituationen mangels Orientierung und dem Abbau von Unsicherheit in sozialen Handlungsfeldern. Gruppen-V., mit denen eigenes Unvermögen dadurch kompensiert wird, dass dieses u. a. auf fremde Völker oder nat. Minderheiten und/oder deren Wertsysteme übertragen wird, werden oft durch Manipulation vermittelt oder bestärkt.

Aus: Annette Zwahr: Vorurteil, in: Brockhaus Universallexikon A – Z in 26 Bänden, Bd. 25, Leipzig: F. A. Brockhaus GmbH 2003, S. 8130

Hinweise und Tipps

- *Die Aufgabenstellung erfordert eine zweigliedrige Bearbeitung; die* ***strukturierte Inhaltsangabe*** *hat nur den Text von Nikolas Westerhoff zum Gegenstand und sollte mit einer zum Thema hinführenden Einleitung versehen sein.*
- *Für den* ***Kommentar*** *als einem eigenständigen Textblock muss eine geeignete Überschrift gefunden werden. Die Ausführung, die auch essayistische Elemente (z. B. betonte Subjektivität einer Auffassung, assoziative Gedankenführung, provokative Ausdrücke oder Aussagen) enthalten kann, soll eine eigenständige Auseinandersetzung mit dem Thema und den zur Verfügung gestellten Materialien sein, d. h. vorgefundene Argumentationen sollten nicht einfach übernommen, sondern veranschaulicht und problematisiert werden. Ein abrundender Schluss ist nicht verpflichtend.*

Gliederung

1 Abgrenzung der Begriffe „Klischee" und „Vorurteil"

2 Strukturierte Inhaltsangabe des Artikels „Die Macht des Klischees" von Nikolas Westerhoff

2.1 Die Simplizität von Vorurteilen und ihre zentrale Funktion (Z. 1–9)
2.2 Ein gravierender Nachteil von Vorurteilen (Z. 10–16)
2.3 Das Image von Menschen (Z. 17–32)
2.4 Gedankliche Automatismen als Basis für Vorurteile (Z. 33–42)
2.5 Die emotionale Tönung von Vorurteilen (Z. 43–54)
2.6 Vorurteile basierend auf Überzeugungen und Gefühlen (Z. 55–64)
2.7 Substereotypisierung (Z. 65–73)
2.8 Die Stärke von Vorurteilen (Z. 74–87)
2.9 Vorurteile als unbewusste und unbeabsichtigte Vorstellungen (Z. 88–109)
2.10 Vorurteil und Selbstbeurteilung (Z. 110–122)

3 Kommentar: „Nichts gegen ein gesundes Vorurteil?"

3.1 Zum Begriff „Vorurteil"
3.2 Vorverurteilung des Menschen
3.3 Die „tödliche Mechanik" des Vorurteils
3.4 Konsequenz für das eigene Verhalten

Lösungsvorschlag

Wenn die Überschrift eines Zeitungsartikels den Begriff „Klischee" enthält, erwartet der Leser die Auseinandersetzung mit einer Form der Bewertung und Beurteilung, welche in einschlägigen Lexika als „billige Nachahmung" bezeichnet wird, also gleichsam als nachgeplappertes Urteil gelten kann, das in seinen Umrissen vollständig feststeht und so übernommen wird. Dies entspricht auch dem Ursprung des Begriffs, der als Druckstock in der Drucktechnik ja auch etwas eng Umrissenes, starr Fixiertes bedeutet. Wer Westerhoffs Artikel jedoch liest, merkt schnell, dass er den Begriff „Klischee" kaum verwendet, sondern fast nur noch von „Vorurteilen" spricht. Klischees sind in gewisser Weise Vorurteile, also vorgeformte Meinungen, aber Vorurteile sind mehr als Klischees: Sie sind in der Regel komplexer, nicht selten auch schwerer durchschaubar, in ihren Wirkungen tiefer greifend und damit auch mühsamer auszulöschen. Die Ausführungen von Westerhoff geben eine Vorstellung davon, wie schwer es ist, Vorurteile zu erklären, mit ihnen umzugehen und sie eben nicht nur als „Klischees" zur Kenntnis zu nehmen. 1

In dem am 7. April 2009 in der Süddeutschen Zeitung erschienenen Artikel „Die Macht des Klischees" von Nikolas Westerhoff geht es um die Auswirkungen von Vorurteilen und die Forschungen auf diesem Gebiet. 2

Auch nur witzig gemeinte Vorurteile, z. B. jenes über die Blondinen, entfalten ihre Wirkung nicht nur an der Oberfläche, sondern hinterlassen ihre Spuren auch in den Tiefen der Psyche. Sie liefern den Menschen einfache Strukturen von der sie umgebenden Welt und erleichtern ihnen damit das Denken. Dies wurde von dem Psychologen Christian Fichter festgestellt. 2.1

Der Psychologe weist aber auch darauf hin, dass Vorurteile sehr oft in die Irre führen, d. h. Denkprozesse nachhaltig beeinträchtigen und manipulieren. Dies veranschaulicht er am Beispiel eines Artikels, der in zwei Zeitungen unterschiedlicher Qualität völlig identisch veröffentlicht wurde. Die Probanden hielten den Artikel in der qualitativ hochwertigeren Zeitung aufgrund ihrer Voreingenommenheit für besser. 2.2

Den bisher geäußerten Feststellungen über Vorurteile im Zusammenhang mit Produkten schließt Westerhoff Gedanken über das Image von Personen an, wobei der Begriff „Image" – übernommen von Fichter – letzten Endes nichts anderes ausdrückt als das Ergebnis von Vorurteilen. Der Verfasser führt an – wobei er seine Thesen im Wesentlichen auf Untersuchungen von Sozialpsychologen stützt –, dass etwa der Name eines Menschen bereits genügt, um ihm bestimmte Eigenschaften zuzuschreiben, daraus Rückschlüsse auf sein Alter und seine Attraktivität zu ziehen und um danach schließlich z. B. seine Stellenbewerbung anzunehmen oder abzulehnen. 2.3

Ein wesentlicher Grund dafür, dass ein Mensch Vorurteile entwickelt, sind 2.4
sogenannte gedankliche Automatismen, die sich aufgrund von ständigen, seit der Kindheit wiederholten und damit für ihn als unumstößlich geltenden „Weisheiten" in das Denken eines Menschen eingelagert haben. Die Psychologin Patricia Devine hält dies aber für weniger gravierend als das Fehlen von Schuld oder Scham im Hinblick auf eine vorschnell hergestellte Assoziation. Ohne solche Reuegefühle seien Vorurteile nicht zu überwinden.

Dass Schuld und Scham nicht immer ausreichen, um Vorurteile zu tilgen, ver- 2.5
anschaulicht der Sozialpsychologe Jens Förster anhand eines Beispiels über Probleme eines Kollegen mit dem Sex zwischen Männern. Der Hauptgrund für die tiefe Verwurzelung von Vorurteilen sei in ihrer starken emotionalen Tönung zu sehen, d. h. sie lösen im Menschen Gefühle wie Angst, Ekel oder Verachtung aus und gelten daher – ebenso wie die beteiligten Gefühle – als authentisch und damit als legitim. Die Emotionen sind der Grund dafür, dass der Mensch seine Vorurteile für richtig hält, denn Gefühle – so scheint es ihm – können nicht trügen. Dieser Aspekt unterscheidet Vorurteile auch wesentlich von „irrige[n] Ansichten" oder „stereotype[n] Einstellungen" (Z. 48).

Das in einer Gesellschaft „kollektiv gelernte[] Wissen" (Z. 55) ist laut Wester- 2.6
hoff eine Bedingung für das Entstehen von Vorurteilen: Dieses Wissen entspricht in etwa den bereits angeführten „gedanklichen Automatismen" (Z. 35 f.) und bewirkt gemeinsam mit den beteiligten Gefühlen die Langlebigkeit von Vorurteilen. So ergeben das Wissen um die angebliche Gefährlichkeit von Spinnen und das zutiefst emotionale Grauen vor ihnen ein Vorurteil, das schwer zu bekämpfen ist.

Der von Psychologen unternommene Versuch, Vorurteile dadurch zu zerstö- 2.7
ren, dass man einem mit Vorurteilen behafteten Menschen Gegenbeispiele vor Augen führte, die dessen Vorurteile eigentlich widerlegten, erwies sich als vergeblich, da nach Aussagen der Sozialpsychologin Maya Machunsky Informationen, die nicht mit den eigenen Vorurteilen übereinstimmen, als atypisch zurückgewiesen werden. Für diese atypischen Fälle werden dann ganz einfach neue Sammelbegriffe festgelegt. Dieser Vorgang wird von den Psychologen als „Substereotypisierung" bezeichnet.

Wie stark die Auswirkungen von Vorurteilen sein können, ist durch mehrere 2.8
Experimente und einen speziellen Test erkannt worden: So hat das bloße Lesen von stereotypen Aussagen über alte Menschen die Leser dazu gebracht, im Anschluss an die Lektüre ihr eigenes Verhalten dem Verhalten der alten Menschen anzupassen. Beim sogenannten Impliziten Assoziationstest (IAT) werden positive Begriffe wie Glück oder Sonne mit den Gesichtern von Schwarzen oder Greisen kombiniert. Je länger der Proband braucht, um zwischen den Begriffen und Gesichtern Assoziationen zu knüpfen, desto negativer bewertet er die Gesichter.

Auch die Tatsache, dass Vorurteile ohne unser Zutun, also unfreiwillig, und häufig gegen unseren Willen, also unabsichtlich, ihre Wirkung entfalten können, ist durch Reaktionstests bestätigt worden. So ist es gar nicht selten, dass alte Menschen gegenüber anderen Senioren Vorbehalte haben, ohne sich dessen wirklich bewusst zu sein. Ein bemerkenswertes Experiment in den USA hat ebenfalls gezeigt, dass Vorurteile oft unbewusst unser Denken und Handeln bestimmen: Die Probanden sollten in einem Computerspiel sekundenschnell entscheiden, ob ein eingeblendeter Mann bewaffnet ist oder nicht, und im ersteren Fall auf ihn schießen. Es wurden schwarze und weiße Männer eingeblendet. Es zeigte sich, dass die Schwarzen häufiger „erschossen" wurden als die Weißen, auch dann, wenn sie unbewaffnet waren. Mit den Schwarzen wurde in der Regel „Gefahr" assoziiert, die ethnische Zugehörigkeit der Probanden spielte dabei keine Rolle. Das Bedenkliche am Ergebnis dieses Experiments ist vor allem, dass die Probanden sich gegen ihre Vorurteile überhaupt nicht wehren konnten, sondern falsch, also rassistisch handelten, ohne es in diesem Augenblick zu wollen. 2.9

Auf das Ausmaß der Wirkung von Vorurteilen hat der Sozialpsychologe Johannes Keller aufmerksam gemacht: Seine Experimente zeigten, dass ein Mensch, der sich Vorurteilen ausgesetzt sieht, ein Gefühl der Bedrohung empfindet. Dieses Gefühl führt dazu, dass er in der Folge nicht das leistet, was er eigentlich könnte und wollte. Dabei muss das Vorurteil nicht einmal persönlich gegenüber dem betroffenen Menschen geäußert werden, es genügt bereits, wenn es allgemein formuliert ist, also z. B. *Frauen sind mathematisch weniger begabt*. Ja lediglich eine Andeutung genügt, um die Probanden in ihrem Können negativ zu beeinflussen. Westerhoff betont abschließend, dass Vorurteile weder witzig noch harmlos seien, da Menschen ihnen oft gegen ihren Willen ausgeliefert sind. 2.10

Nichts gegen ein gesundes Vorurteil? 3

„Vorurteil" ist einer derjenigen Begriffe, mit denen eigentlich niemand etwas Positives assoziiert. Menschen, denen man gründliche Überlegungen im Hinblick auf Personen und Sachverhalte abspricht, gelten als „mit Vorurteilen behaftet", d. h. als äußerst oberflächlich oder auch als böswillig. Wer sich „von Vorurteilen leiten lässt", ist nach allgemeiner Ansicht nicht fähig, selbstständig und unabhängig zu urteilen. „Gegen Vorurteile kann man nichts ausrichten, gegen sie ist kein Kraut gewachsen", selbst mit den besten Argumenten kann man sie nicht aushebeln. Und: An jemanden, „der sich mit Vorurteilen panzert", kommt man nicht heran, er kann auf sie vertrauen, denn sie sind zäh und haben sich bewährt. 3.1

Das alles sind keine Lobeshymnen auf das Vorurteil, und Lobeshymnen hat es ja auch nicht verdient, wie man weiß. Nicht umsonst hat der Journalist Nikolas Westerhoff in seinem Beitrag *Die Macht des Klischees* eine ganze Galerie führender Sozialpsychologen aufgeboten, um aufzuzeigen, dass Vorurteile ober- 3.2

flächlich und gleichzeitig subtil, unwillentlich und emotional, zäh und langlebig, rückwirkend und irritierend sind. Wie die Ausführungen Westerhoffs zeigen, hat die Psychologie mittlerweile schon ziemlich genau erforscht, wie Vorurteile entstehen und wie sie sich auswirken können, und dass es vor allem bequem ist, sich ihrer zu bedienen, denn sie ersparen Denkarbeit, erlauben also, „sich schnell ein Bild zu machen“. Diese Formulierung Westerhoffs verweist im Übrigen – vom Verfasser wohl gar nicht beabsichtigt – auf die besondere Bedeutung des Vorurteils, die Max Frisch seinem modellhaften Stück *Andorra* zugrunde legt: Danach ist ein Vorurteil über einen Menschen nichts anderes, als sich ein „Bildnis von ihm zu machen“, und dies wiederum heißt, sich eine genaue Vorstellung davon zu machen, welche Eigenschaften, welchen Charakter der Mensch hat, welcher Schicht oder welchem Volk er angehört, was er glaubt, denkt, fühlt. Diese umfassende Art und Weise der Urteilsbildung über einen Menschen ist extrem bedenklich, denn sie erfolgt ohne konkretes Wissen und wagt sich auch an das Innerste im Menschen. Sie erlaubt sich also, auf dieser Basis andere Menschen einzuordnen, ihnen Kategorien zuzuweisen und damit möglicherweise auch den eigenen Stellenwert so zu bestimmen, wie es der selbst geschaffene Bezugsrahmen eben zulässt.

„Du sollst dir kein Bildnis machen …“ heißt es bereits im Alten Testament 3.3
(2. Mose 20,4), und wer sich ein Bildnis von einem Menschen macht, ihn also vollständig als gesamte Persönlichkeit in einen Käfig vorgefasster Meinungen einsperrt, hindert den auf diese Weise abgestempelten Menschen daran, er selbst zu sein. Dieser Effekt wird dadurch noch verstärkt, dass Vorurteile und ihre Verkünder es auf die Dauer so weit bringen, dass der Betroffene selbst an das (Vor)urteil glaubt, sich mit seinem Inhalt identifiziert – mag es noch so falsch oder verlogen sein. Genau dies hat Max Frisch ja mit seinem Stück *Andorra* gezeigt: Andri wird so lange mit den Vorurteilen der Andorraner hinsichtlich seines vermeintlichen Judentums verfolgt und gequält, bis er selbst von diesem überzeugt ist und alle Versuche ablehnt, ihn am Ende doch über die Wahrheit aufzuklären.
Eben an dieser Art der Vorurteilsbildung zeigt sich auch ein Phänomen, welches Hellmuth Karasek die „tödliche Mechanik des Vorurteils“ genannt hat. Diese „tödliche Mechanik“ ist darin zu sehen, dass der Eingefangene oder Abgestempelte kaum Chancen hat, sich dem Vorurteil zu entziehen, und schließlich selbst daran glaubt. Aber nicht nur er, sondern auch der Urteilende hält seine Ansichten für legitim, weil er ja, worauf Westerhoff hinweist, seinen eigenen Gefühlen nicht misstrauen will. Zieht man in Betracht, dass sich Vorurteile nicht nur gegen Einzelpersonen, sondern gegen ganze Völker oder Religionen, z. B. Juden oder Muslime, richten, dann erkennt man, dass Vorurteile mehr sind als nur vorgefasste falsche Ansichten über Banalitäten.
Dies wird klar, wenn man den Beitrag von Nikolaus Westerhoff gelesen hat und sich darüber hinaus Gedanken über die „tödliche Mechanik“ des „Bildnisses“ gemacht hat, unter dessen Räder der junge Andri in *Andorra* gerät. Genauso klar wird aber, dass auch die Elite der Sozialpsychologie ziemlich

ratlos ist, wenn es um die Zerstörung und Auflösung von Vorurteilen geht. Sie erforscht zwar das Phänomen, ein ‚Mittel gegen das Vorurteil' hat sie bisher jedoch nicht gefunden.

Soll man sich also geschlagen geben, soll man einfach akzeptieren, dass es 3.4
unzählige Vorurteile gibt, dass sie zählebig sind und unterschiedlichste Auswirkungen, auch auf den oder die Auslösenden, haben können? Daran, dass es sie gibt, wird man nur wenig ändern können. Das sollte aber nicht heißen, dass man auch akzeptiert, was sie beinhalten. Widerspruch und Widerstand gegenüber jedem Vorurteil, das man als solches erkannt hat, kann niemals verkehrt sein.

Ein anderer Weg erscheint dagegen weniger empfehlenswert, nämlich Vorurteile als Ausflucht zu verwenden, also auch dort Vorurteile zu unterstellen, wo sie gar nicht vorhanden sind, wo es sich etwa um gut recherchierte Fakten und nicht um unsachliche, oberflächliche Behauptungen handelt. Mit dieser Waffe, recht oft in der Politik eingesetzt, werden seriöse Positionen in Frage gestellt, Personen diskriminiert und Vorgänge manipuliert. Die Unterstellung, eine (politische) Position nur mit Vorurteilen zu belegen, ist bereits selbst wieder zum Vorurteil geworden, und wie viele Vorurteile ist es infam und äußerst praktisch. Man kann damit intrigieren, attackieren und von sich selbst ablenken.

Aus dieser Vielzahl negativer Auswirkungen von Vorurteilen erwächst die Einsicht, dass die Existenz „salomonischer", d. h. weiser Vorurteile wohl tatsächlich anzuzweifeln ist. Ein „gesundes Vorurteil" kann es demnach gar nicht geben.

Übungsaufgabe 5:
Verfassen eines Kommentars auf der Grundlage eines Sachtextes

Aufgaben:

1. Verfassen Sie eine strukturierte Inhaltsangabe zu dem Beitrag von Julia Bonstein (Material 1).
2. Schreiben Sie ausgehend von Ihren Ergebnissen und unter Einbeziehung der weiteren Materialien einen inhaltlich und sprachlich eigenständig formulierten Kommentar zur Situation des Kinos. Wählen Sie dazu eine passende Überschrift. Ihr Text sollte ca. 750 Wörter umfassen.

Material 1

Julia Bonstein: „Prosecco statt Popcorn"

Deutschlands Kinos kämpfen ums Überleben, die Besucherzahlen sinken dramatisch. Schuld sind unattraktive Filme und der Siegeszug der DVD. Viele ältere Zuschauer schreckt aber auch die seelenlose Atmosphäre der gigantischen Multiplex-Klötze. Nun wollen die Marktführer umsteuern.

Der Kinokönig sitzt in einem seiner 32 Popcorn-Paläste und sieht müde aus. Sein Blick senkt sich auf den Teppichboden im Foyer, Standardfarbe Grau. Neben roten Cinemaxx-Sternchen – „unsere Corporate Identity" – haben sich Ascheflecken und Abdrücke von Stuhlbeinen in den abgetretenen Belag gegraben. Von der Decke baumeln Plakate, die für einen DVD-Verleih im Internet werben, hinterm Tresen wischt ein Mitarbeiter die Popcorn-Maschine aus.

„Ja, ich weiß", sagt Hans-Joachim Flebbe, „wir müssen dem Kino die Seele zurückgeben." Dem Vorstandsvorsitzenden der Cinemaxx AG ist neuerdings nostalgisch zumute. Er träumt davon, dass Kino „etwas Menschliches ist und nicht McDonald's", und erzählt von früher, von „Leuten, die mit dem Kopf ins Kino gingen". Damals verteilte der Student Flebbe in Hannover Handzettel mit Rezensionen seiner Lieblingsfilme, er zeigte im örtlichen Programmkino Ingmar-Bergman-Reihen, er schimpfte auf Sexfilmchen, billige Action-Ware und die lieblos geführten Schachtelkinos der Konkurrenz. „Damals ging es noch um Inhalte", sagt Flebbe.

Heute geht es um Zahlen. Im ersten Halbjahr stürzte das Betriebsergebnis von Flebbes Cinemaxx AG von minus 2,1 Millionen im Vorjahr auf minus 8 Millionen Euro ab. Das Jahr 2005 droht für die gesamte Kinobranche zum Alptraum zu werden. Von Januar bis Juni wurden in Deutschland nur 60,3 Millionen Kinokarten verkauft, 16,6 Prozent weniger als im Vorjahr. Die Einnahmen der Häuser sanken ebenfalls um 16 Prozent auf 352,5 Millionen Euro. Im dritten Quartal brachen die Besucherzahlen sogar um 27 Prozent ein.

Die großen deutschen Kinoketten kämpfen ums Überleben. Flebbes Cinemaxx AG konnte die Krise bislang nur überstehen, weil im vergangenen Jahr der Münchner

Filmhändler Herbert Kloiber mit knapp 50 Prozent einstieg. Die Lübecker Marktführer Heiner und Marlis Kieft begaben sich mit ihrem Cinestar-Familienunternehmen in die Hände eines australischen Geldgebers, und UCI, früher Tochter der Hollywood-Studios, wurde im letzten Herbst von der britischen Beteiligungsfirma Terra Firma Capital Partners geschluckt.

Von einer Kinokrise wollte in der Branche bislang dennoch niemand sprechen. „Wir haben es mit einer Filmkrise zu tun", sagt Heiner Kieft, Geschäftsführer der Cinestar-Kette. Er schimpft auf die amerikanischen Filmstudios in Hollywood, die derzeit angeblich am deutschen Publikumsgeschmack vorbeiproduzieren: „Der Einbruch in diesem Jahr ist auf das schlechte Filmangebot aus Hollywood zurückzuführen."

Auch sonst suchen die Kinobetreiber die Schuld für ihre Misere bei den Produzenten und Verleihern, die mit dem DVD-Geschäft inzwischen fast doppelt so viel umsetzen, wie an den Kinokassen eingenommen wird, und deswegen die Filme nach dem Kinostart immer eiliger auch als DVD auf den Markt werfen – mit der Konsequenz, dass immer mehr Filmfans die wenigen Wochen länger warten und sich den neuesten Blockbuster aus Hollywood lieber gleich im heimischen Wohnzimmer anschauen. Längst wird hinter den Kulissen heftig um Veröffentlichungsfenster und Verleihkonditionen gestritten.

Aber die Multiplex-Betreiber klagen nicht nur über die Produzenten, sondern auch über die Konsumzurückhaltung der Kinobesucher, über die Sparsamkeit der Werbekunden und über das Wetter – bei so viel Sonnenschein sei eben kaum jemand zum Gang in dunkle Kinosäle zu bewegen.

Nur von Selbstkritik war in der Branche bislang nicht viel zu hören.

Doch nun setzt das Nachdenken ein. „Wir haben 500 bis 600 Kinosäle zu viel in Deutschland, das ist eine riesige Summe", sagt Cinestar-Chef Heiner Kieft. 15 Jahre nach dem Bau der ersten deutschen Multiplex-Kinos wird den Baulöwen von einst die gigantische Ödnis ihres futuristischen Lichtspiel-Imperiums bewusst. Der Blick der Betreiber fällt auf ihre eigenen Kinos, auf wuchtige Klötze aus Glas und Beton, funktional banale Zweckbauten mit Abfertigungsfoyers, die herabbaumelnde meterlange Plakate und Cola-Popcorn-Theken in Reklamefriedhöfe verwandelt haben.

„Am Anfang waren Hobby und Begeisterung, irgendwann wurde es dann kommerziell", sagt Flebbe. Aus dem Filmenthusiasten wurde der Porsche-Fahrer, aus dem Programmkinomacher der Geschäftsmann, der Ende der achtziger Jahre in den USA eine neue jugendliche Freizeitgeneration heranwachsen sah, deren Spaßbedürfnisse er mit Tonsystemen im THX-Standard, überdimensionierten Leinwänden und computergesteuerten Projektionsmaschinen befriedigen wollte.

1993 heizte der Film „Jurassic Park" die Saurierträume der Branche weiter an: Mit einem Schlag nahm die Zahl der Kinogänger in Deutschland um 25 Millionen zu, die Experten prognostizierten langfristig 200 Millionen Kinobesucher pro Jahr, und die Multiplex-Monarchen stampften ein Jumbo-Kino nach dem anderen aus dem Boden.

Doch die Zahlen, auf denen der Bauboom gründete, erwiesen sich schnell als Illusion. Inzwischen sind die Betonkinos zu menschenleeren Millionengräbern verkommen. In den ersten sechs Monaten dieses Jahres waren Flebbes Hightech-Säle gerade mal zu 13,6 Prozent ausgelastet. Maximal 130 Millionen Besucher werden es in Deutschland insgesamt in diesem Jahr werden. Der September geriet mit einem

Rückgang von 42 Prozent zum Vorjahr gar zu einem der schlechtesten Kinomonate in der Geschichte der Multiplex-Kinos.

Sonnige Herbsttage und der DVD-Boom allein können dieses Desaster nicht erklären. Ein grundlegender Wandel der Kinokultur zeichnet sich ab. Special Effects, das Pfund, auf das US-Blockbuster und Multiplex-Betreiber seit Jahrzehnten setzen, locken immer weniger Besucher in die Kinos. Eine Studie der deutschen Filmförderungsanstalt zeigt: Ein Viertel jener Filmfans, die sich im Kino noch vor einem Jahr von computeranimierten Riesenwellen, Meteoriteneinschlägen und Explosionen begeistern ließen, hat die Leidenschaft für Spezialeffekte mittlerweile verloren.

Die Kinobranche wird nun ausgerechnet von jener Zuschauergruppe im Stich gelassen, die sie in den vergangenen 20 Jahren am heftigsten umworben hat: Junge Männer zwischen 13 und 25 Jahren sind heute mit Videospielen, Handys und Surfen im Internet viel zu beschäftigt, um sich groß angekündigte Action-Reißer wie „Die Insel" im Kino anzusehen. In den USA, wo Einbußen von zehn Prozent derzeit bereits für Katastrophenstimmung sorgen, verzeichnet die Branche in der Gruppe der Männer unter 25 Jahren die drastischsten Rückgänge. Die Botschaft ist auch in Deutschland angekommen: „Unsere Kernzielgruppe fällt nun aus", sagt Flebbe.

Hierzulande spielen derweil ruhig erzählte deutsche Produktionen wie „Gegen die Wand" und „Die weiße Massai" Rekordergebnisse ein. Im ersten Halbjahr 2005 war der Marktanteil des deutschen Films mit 19,7 Prozent so hoch wie noch nie seit Beginn der Datenerfassung 1995. Gleichzeitig stieg der Anteil der älteren Kinogänger ab 30 Jahren von 27 Prozent im Jahr 1991 auf 50 Prozent im vergangenen Jahr deutlich. Gewinner dieses Trends sind die Programmkinos. Der Anteil der über 60-Jährigen ist bei ihnen doppelt so hoch wie im Durchschnitt aller Kinobesucher. „Die Zuschauer werden älter und anspruchsvoller", sagt Cinemaxx-Betreiber Flebbe.

Und weil der 54-Jährige neulich selbst bei der Premiere des neuen „Star Wars"-Films eingeschlafen ist und genug Menschen kennt, bei denen Cola-Eimer im XXL-Format Übelkeitsattacken auslösen, träumt sich der Cineast von einst zurück in die samtige Wohlfühlatmosphäre der Art-House-Kinos. Längst hätte er sich von den unprofitabelsten Exemplaren seiner Konsumkinos getrennt – wären da nicht die Mietverträge, die er im Optimismusrausch der neunziger Jahre gleich für Laufzeiten von 20 Jahren abgeschlossen hat.

Und so sollen bei Cinemaxx nun die Innenarchitekten retten, was kaum noch zu retten scheint. „So richtig gediegen, auch altmodisch", wünscht sich Flebbe die neue Atmosphäre, „eben so, dass man gern hingeht". Rote, schwere Samtvorhänge und Kronleuchter in den Foyers sollen „Ambiente" zaubern, statt Popcorn soll demnächst Prosecco im Rampenlicht der Kinobars stehen. Verkaufsflächen sollen Parkettböden weichen und Sofas zum stilvollen Lümmeln in der Lounge einladen. Sogar dunkelbraune Regalwände mit Büchern und dicke Ledersessel kann sich der Multiplex-Chef vorstellen.

Auch bei der Konkurrenz beginnt das Umdenken. „Diese Concession-Tresen sind etwas für ein junges Publikum, das dieses Feeling aus der McDonald's-Ära mitbringt. Leute ab 30 wollen in intimer Atmosphäre auf die Vorstellung warten", hat Cinestar-Chef Kieft erkannt und will ebenfalls umdekorieren.

Kieft setzt auf Wohlfühlkino: Im Lübecker Multiplex-Kino hat er bei der letzten Renovierung in den hinteren Reihen Kuschelbänke – sogenannte Love Seats – einbauen lassen, an denen Snacks und Getränke serviert werden. Neben schmusewillligen Pärchen nimmt Kieft auch Frauen mit ihren Freundinnen ins Visier. Zu Vorstellungen der Reihe „Cinelady" werden Besucherinnen mit einem Glas Prosecco und Rosen begrüßt. Und weil selbst das nicht ausreichen könnte, um die Säle zu füllen, will Kieft den einen oder anderen Saal gleich schließen und ihn zu einem Restaurant umbauen.

Kleiner, aber feiner sollen die Unterhaltungssupermärkte also werden, damit Art-House demnächst auch im Mainstream-Bunker funktioniert: „Wir sind dankbar für jeden erfolgreichen Film, der nicht aus Hollywood kommt", sagt Heiner Kieft.

Aus: DER SPIEGEL 47/2005 vom 21. 11. 2005, S. 204

Material 2

Filmförderungsanstalt: Der Kinobesucher 2008
Key Facts zum Kinobesucher 2008 – *soziodemografisch und kinospezifisch*

- Den größten Besucheranteil stellten auch 2008 die 20- bis 29-Jährigen mit 27 Prozent. Fast ein Viertel der Kinobesucher (23 Prozent) waren Jugendliche bis 19 Jahren.
- Im Zeitverlauf der letzten zehn Jahre ist die Zahl der 20- bis 29-Jährigen Kinobesucher jedoch enorm gesunken. Im Vergleich zu 1999 gingen 2008 42 Prozent weniger Twens ins Kino.
- Die Altersgruppen ab 40 Jahren werden immer kinoaffiner. Im Vergleich zu 1999 lösten die 40- bis 49-Jährigen 39 Prozent, die 50- bis 59-Jährigen 48 Prozent und die Generation 60+ sogar 164 Prozent mehr Tickets. 2008 stellten diese zusammen jeden Dritten Kinobesucher (33 Prozent).
- Das Geschlechterverhältnis bleibt weiterhin ausgewogen mit leichter Tendenz für die weiblichen Kinobesucher (54 Prozent). Damit gingen in 2008 wieder 8 Prozent mehr Frauen ins Kino als in 2007.
- Im Zeitverlauf zeigt sich, dass der rückläufige Kinobesuch der Twens der letzten Jahre in erster Linie auf die männlichen Kinobesucher zurückzuführen ist.
- Mit steigendem Alter wuchs auch in 2008 der Anteil der Besucher, die allein ins Kino gehen.
- Je jünger das Publikum, umso mehr zog es sie in Kinos mit mehreren Sälen. In den Kinos mit 7+ Sälen stellten die 10- bis 29-Jährigen in 2008 54 Prozent der Kinobesucher.

Aus: Der Kinobesucher 2008, hrsg. v. der Filmförderungsanstalt, S. 33,
http://www.ffa.de/downloads/publikationen/kinobesucher_2008.pdf

Material 3

Filmförderungsanstalt: Der Kinobesucher 2008
Allgemeine Entwicklung des Kinomarktes – *Kino vs. Home Video*
Basis: Umsatz in Mio. €

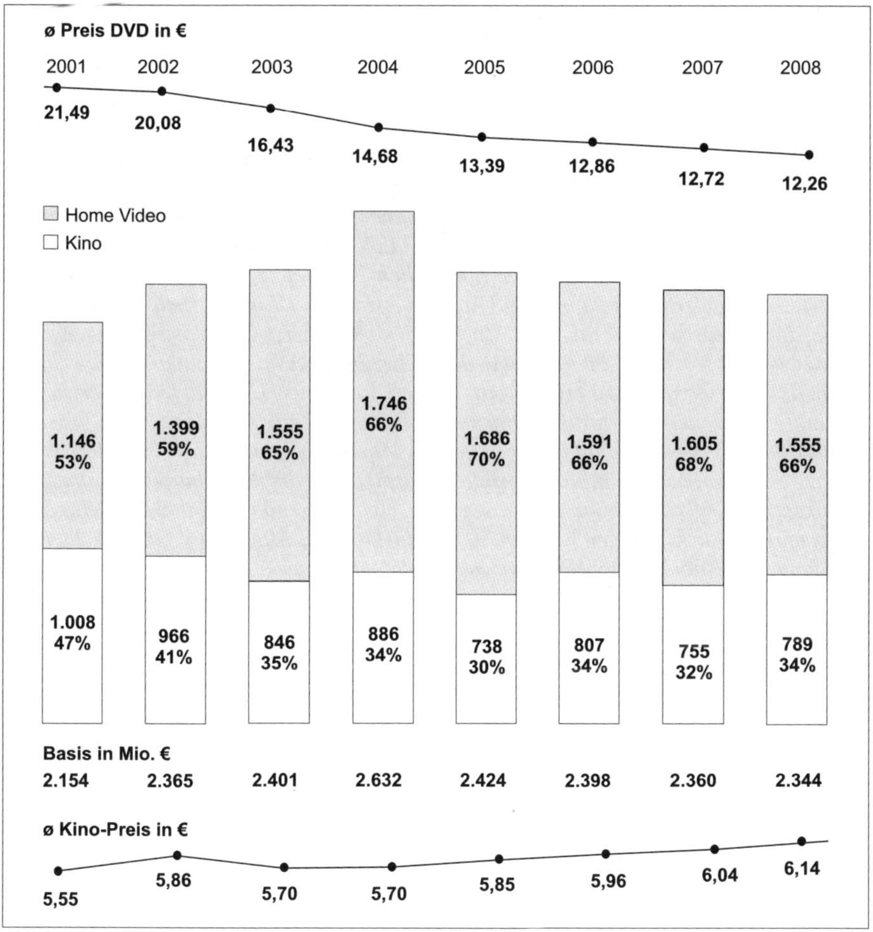

Aus: Der Kinobesucher 2008, hrsg. v. der Filmförderungsanstalt, S. 11, http://www.ffa.de/downloads/publikationen/kinobesucher_2008.pdf

Hinweise und Tipps

- *Die Aufgabe ist zwar äußerlich unterteilt und umfasst zwei große deutlich voneinander getrennte Blöcke, soll jedoch in der Ausformulierung eine* ***geschlossene Einheit*** *bilden.*
- *Der erste Block, die* ***strukturierte Inhaltszusammenfassung****, die der Vorbereitung des zweiten Teils dient, erfordert die genaue Wiedergabe des Gedankengangs des vorliegenden Artikels. Dabei sollten einzelne Aspekte strukturiert, in* ***eigenen Worten*** *zusammengefasst und in ihrer logischen Verknüpfung wiedergegeben werden. Die einzelnen Gesichtspunkte sind* ***formal durch Absätze*** *voneinander zu trennen.*
- *Bei dem zweiten Block handelt es sich um einen* ***eigenständig verfassten Kommentar****, in dem* ***subjektiv und meinungsbildend*** *zu einer aktuellen Problematik Stellung genommen wird, verschiedene Aspekte – manchmal auch pointiert – zueinander in Beziehung gesetzt werden und der Leser möglichst dazu gebracht wird, sich der aufgezeigten Meinung anzuschließen.* ***Sprachlich*** *bietet sich dafür im Besonderen die Verwendung wertender Nomen und Adjektive sowie der Einsatz rhetorischer Mittel, wie der rhetorischen Frage, an. Zu berücksichtigen ist die Wortbegrenzung von 600 bis 800 Wörtern, die während des Schreibprozesses beachtet werden sollte. Um das Wörterzählen zu erleichtern, hilft es, sich einen Überblick darüber zu verschaffen, wie viele Wörter man im Durchschnitt pro Zeile schreibt.*
- ***Inhaltlich*** *ist die Einbindung der gestellten Materialien, zumindest in Teilen, erfordert. So könnten Sie im vorliegenden Beispiel auf die Beziehung der einerseits sinkenden DVD-Preise und der andererseits steigenden Kinopreise eingehen. Ebenfalls berücksichtigen könnten Sie die dargestellte Alters- und Geschlechterverteilung der Kinobesucher. Die Auswahl bestimmter Aspekte bedingt allerdings stets eine zuvor geleistete gedankliche Auseinandersetzung mit der Aussage, die der jeweilige Kommentar verfolgen soll. Überlegen Sie sich also zunächst, welchen* ***Leitgedanken*** *Sie Ihrem Kommentar zugrunde legen, und unterfüttern Sie Ihre eigenen Gedanken dann mit entsprechenden Gesichtspunkten aus dem Zusatzmaterial.*
- *Ein* ***Schlussgedanke****, wie er einer klassischen Gliederung entspricht, ist hier nicht zwangsläufig gefordert, dient allerdings sehr wohl einer* ***Abrundung*** *der gesamten Arbeit. Dabei bietet es sich an, entweder den Einleitungsgedanken aufzugreifen oder einen sich dem Kommentar sinnvoll anschließenden Ausblick in die Zukunft zu geben.*

Gliederung

1 Überlegungen zur Lage des Kinos

2 Verfassen einer strukturierten Inhaltsangabe und Erstellen eines Kommentars

2.1 Zusammenfassung des Artikels „Prosecco statt Popcorn“ von Julia Bonstein
2.1.1 Umsatzrückgang in deutschen Kinos
2.1.2 Erklärungsversuche der Branche
2.1.3 Errichtung kommerzialisierter Hightechsäle
2.1.4 Verlust der Kernzielgruppe
2.1.5 Reaktion der Kinobetreiber

2.2 Kommentar „Made in Hollywood: von der Traumfabrik zur Albtraumfabrik“
2.2.1 Das Scheitern der Traumfabrik
2.2.2 Multimediales Überangebot
2.2.3 Die DVD als größte Konkurrenz
2.2.4 Schlechte Verkehrsanbindung
2.2.5 Fehlende Infrastruktur
2.2.6 Kino in Zeiten der Wirtschaftskrise

3 Verzicht der Schauspieler auf überhöhte Gagen

Lösungsvorschlag

Ungeachtet der immer weiter abnehmenden Zuschauerzahlen und der negati- 1
ven Prognosen für das Kino feiern sich jedes Jahr in Cannes die Stars und Sternchen des Filmgeschäfts. Sie trotzen der Krise mit hoch erhobenen Köpfen und geben sich allem Anschein nach hoffnungsfroh und zuversichtlich. Doch die Statistiken, die auf drastische Umsatzeinbußen aufmerksam machen, lassen sich nicht einfach leugnen und so fragt man sich immer häufiger, wohin die Reise des Kinos wohl gehen mag. Auch in Deutschland werden zunehmend Stimmen laut, die Fragen nach der Zukunft des Kinos aufwerfen, sich kritisch über unsere Kinolandschaft äußern oder nach Lösungen suchen.

In dem am 21.11.2005 im „Spiegel“ erschienenen Artikel „Prosecco statt Pop- 2
corn“ von Julia Bonstein äußert sich die Autorin zur momentanen **Lage der** 2.1
deutschen Kinokultur und zeigt Ansätze einer notwendigen **Reformierung** auf.

Um die Situation der deutschen Kinobetreiber zu verdeutlichen, zitiert die Au- 2.1.1
torin Hans-Joachim Flebbe, den Vorstandsvorsitzenden der Cinemaxx AG, welcher sich an frühere Zeiten erinnert, in denen das Kino noch eine Seele hatte und es bei Filmen noch um Inhalte ging. Aufgrund der abnehmenden Besucherzahlen sehen sich deutsche Kinobetreiber mittlerweile in einer Existenzkrise. So hat man in den ersten drei Quartalen des Jahres 2005 einen **Um-**

satzrückgang zwischen 16 und 27 Prozent verzeichnet, der nur durch ausländische Investoren aufgefangen werden konnte. (Z. 1–28)

Die Autorin legt dar, dass man in der Branche die Gründe für die drastischen Einbußen zunächst wenig selbstkritisch beim amerikanischen Filmangebot oder aber auch bei der Konkurrenz durch die DVD sieht. Das Geschäft mit der **DVD** spielt mittlerweile fast doppelt so viel Umsatz ein wie das Kino und aufgrund der immer schnelleren Vermarktung der Filme auf DVD warten viele Menschen darauf, diese kaufen und zuhause anschauen zu können. Darüber hinaus wurden die Einbußen auf die finanzielle Zurückhaltung sowohl der Konsumenten als auch der Werbeträger und schließlich auf die Wetterlage zurückgeführt, bevor man sich nun endlich genauer mit der Problematik auseinandersetzt. (Z. 29–46) 2.1.2

Nachdem man dem amerikanischen Vorbild folgend die Programmkinos seit dem Ende der achtziger Jahre in einem regelrechten Bauboom zu kommerzialisierten Hightechsälen umgewandelt hatte, hat man feststellen müssen, dass die hohen **Besucherzahlen**, wie sie Filmerfolge wie „Jurassic Park" versprachen, bereits nach kurzer Zeit ausgeblieben sind. Die in zu großer Anzahl erbauten Kinosäle, hier bezeichnet als „funktional banale Zweckbauten" (Z. 51 f.) aus Glas und Beton, stünden leer, sagt Cinestar-Chef Heiner Kieft. Ihm zufolge kann man heute davon ausgehen, dass es in Deutschland ungefähr 500 bis 600 Säle zu viel gibt. So berichtet auch Flebbe, dass seine Kinos im ersten Halbjahr des Jahres 2005 nur zu 13,6 Prozent ausgelastet gewesen seien. (Z. 47–70) 2.1.3

Weiterhin wird aufgezeigt, dass die von der Branche am meisten beworbene **Kernzielgruppe** der 13- bis 25-jährigen Männer den Kinosälen zunehmend fernbleibt, da sie zum einen die anfängliche Begeisterung für Spezialeffekte verloren und sich ihr Interesse zum anderen auf diverse weitere multimediale Beschäftigungen verlagert hat. (Z. 71–85) 2.1.4

Dagegen verzeichnen laut Bonstein vor allem die Programmkinos heutzutage wieder einen größeren Zuspruch bei einem älteren und anspruchsvolleren Publikum, das besonders an deutschen Produktionen interessiert ist. Wegen dieses sich abzeichnenden Trends sind die Kinobetreiber zum Umdenken gezwungen. Aufgrund der Bindung an langfristige Mietverträge bemühen sie sich nun, in ihren Kinokomplexen das Ambiente vergangener **Art-House-Kinos** aufleben zulassen. So versucht man, durch Umgestaltung der Foyers eine gediegene Atmosphäre zu erzeugen, möchte Themenabende zum Beispiel für Frauen anbieten und den ein oder anderen Saal in ein Restaurant verwandeln, was das Publikum schlussendlich wieder zum Kinobesuch anregen soll. (Z. 86–123) 2.1.5

Made in Hollywood: von der Traumfabrik zur Albtraumfabrik 2.2

Sie jammern und klagen, die Kinobetreiber. Sie trauern vergangenen Zeiten hinterher, in denen das Kino noch eine Seele hatte und man sich unter Kuppeldächern und auf knarzenden Stühlen in eine andere Welt träumte. Sie sind aufgewacht aus einem Traum made in Hollywood, der ihnen Millionenumsätze vorgaukelte und dazu führte, dass sich eben jene kleinen Altstadtkinos mit Ambiente nicht mehr gegen die Übermacht der Multiplexcenter großer Kinoketten wehren konnten und in einem nach dem anderen der Vorhang für immer fiel. Nun beschweren sie sich über die Massenproduktionen der US-Traumfabrik, der sie doch bisher so brav hinterhergelaufen sind. Doch können diese der einzige Grund sein, der die Krise des Kinos erklärt? Und wäre dem Kino mit anspruchsvolleren Filmen Marke ‚ArtHouse' tatsächlich geholfen, um aus dem Albtraum wieder einen Traum zu machen? 2.2.1

Es ist unbestritten, dass die Spezialeffekte der großen Hollywood-Blockbuster nach und nach ihren Reiz verloren haben, gerade bei der einstigen Kernzielgruppe der Männer zwischen 13 und 25 Jahren. Die Jugend von heute wächst in einer Zeit des **multimedialen Überangebots** auf und verbringt einen Großteil ihrer Freizeit vor dem Computer, an der Spielekonsole oder mit dem Handy. Diese Medien locken mittlerweile mit immer neuen Effekten und realistischen Animationen – da entringt man den Teens und Twens selbst für die bombastischsten Produktionen oder gar für den neuesten Trend der 3-D-Filme nur ein müdes Lächeln. Zumal man diese ja meist bereits vor dem offiziellen Kinostart auf die Festplatte rippen kann, oder, für die wenigen, die den illegalen Weg scheuen, bereits kurz nach Filmstart in den Kinos kostengünstig auf DVD erwerben kann. Willkommen im multimedialen Zeitalter! 2.2.2

Überhaupt scheint die **DVD** eine der größten Konkurrenten für die Kinos zu sein. Laut der Statistik der Filmförderungsanstalt wird sie – im Gegensatz zu den mittlerweile gesalzenen Kinopreisen – nicht nur immer günstiger, sondern kommt bereits nach immer kürzerer Zeit auf den Markt, lockt mit immer mehr Bonusmaterial und wird überdies in immer besser werdender Qualität, mittlerweile sogar in Blue Ray, angeboten. Daneben gehören Dolby-Surround-Anlagen und extragroße Flatscreen-Fernseher inzwischen zur Standardeinrichtung eines jeden gut ausgestatteten Wohnzimmers. Warum also den unbequemen Weg Richtung Kino auf sich nehmen? 2.2.3

Durch die **Auslagerung der Kinokomplexe aus der Innenstadt** muss man sich nun in Rand- oder Gewerbegebiete begeben. Dort wird zwar mit Parkplätzen in Hülle und Fülle geworben, doch greift dies nur für den motorisierten Teil des Kinopublikums. Diejenigen, die nicht über den Luxus eines eigenen Autos verfügen – oder schlichtweg noch zu jung sind, um einen Führerschein zu besitzen –, müssen sich umständlich um Fahrgemeinschaften bemühen oder auf das meist schlecht ausgebaute öffentliche Nahverkehrssystem zurückgreifen, welches einen darüber hinaus oft noch eine Weile wartend im Dunkeln 2.2.4

und im Regen stehen lässt. Wenn man bedenkt, dass ein nicht zu vernachlässigender Teil des Zielpublikums unter 18 Jahre alt ist, erscheint die Standortwahl vieler Kinopaläste eher fragwürdig.

Zudem fehlt in einer solchen Randlage die **Infrastruktur**, die sich gerade das 2.2.5
ältere und anspruchsvollere Publikum wünscht, das einen Kinobesuch gerne auch mal mit einem Restaurantbesuch oder einem anschließenden Getränk in einer gemütlichen Bar verbindet. Die Kinobetreiber sehen zwar die Notwendigkeit, ebensolche Möglichkeiten zu schaffen, doch ist es mehr als fraglich, ob man die Atmosphäre einer gewachsenen Kneipen- und Restaurantkultur, wie man sie in jeder Altstadt vorfindet, künstlich einem von Beton und Stahlrohr dominierten Kinokomplex einhauchen kann. Zu dumm, dass man sich Anfang der neunziger Jahre in einem Anfall von Euphorie auf langfristig bindende Mietverträge eingelassen hat. Nun stehen sie da, die Kinokönige, in ihren leeren Palästen!

Doch trotz all dieser schlechten Prognosen wird das Kino – in welcher Form 2.2.6
auch immer – sicherlich überleben. Menschen genießen das gemeinsame Erlebnis, das sie mit einer anonymen Masse verbindet, in der sie sich als Teil eines Ganzen empfinden können. Und selbst wenn es paradox klingt, so profitiert der eigentlich überteuerte Kinospaß doch gerade von der **Wirtschaftskrise**, denn die 90-minütige Auszeit ist nach wie vor ein ab und an erschwinglicher Luxus, den man sich nun ganz bewusst einmal gönnt. Aber die Zeiten, in denen man auch aufgrund mangelnder Alternativen mehrfach in ein und denselben Film gegangen ist, sind vorüber. Da hilft kein Jammern und kein Klagen! Und vielleicht sollten sich die Kinomogule schlichtweg an den Gedanken gewöhnen, dass der Traum à la Hollywood geplatzt ist und man mit kommerzialisiertem Kino niemals das Herz des wahren Cineasten von einst erreichen wird, der noch voller Vorfreude in seinem plüschigen Sessel darauf wartete, dass sich der Samtvorhang öffnet. (717 Wörter)

Abschließend sollte man jedoch auch Überlegungen anstellen, inwiefern die **3**
Kinoriesen wirklich alleine schuld an der Misere sind oder ob nicht auch Hollywood einen entscheidenden Beitrag dazu leistet. Denn könnten aus den USA günstigere, aber dennoch qualitativ wertvolle Produktionen gekauft werden, müssten die Leihgebühren für Filme vielleicht nicht in gigantische Höhen klettern und die einzelne Kinokarte wäre wieder erschwinglich. Doch wäre es dafür von Nöten, dass auch die sich mit Vorliebe selbst feiernden Stars und Sternchen des Filmgeschäfts bereit wären, auf **astronomische Gagen** zu verzichten, und somit zwar einige Millionen weniger verdienen würden, aber dafür eventuell auch in der Zukunft einen Job hätten.

Übungsaufgabe 6:
Erörterndes Erschließen pragmatischer Texte

Aufgaben:

1. Analysieren Sie den Text. Zeigen Sie dabei die Einstellung des Autors zur Übernahme von Anglizismen auf und analysieren Sie die wesentlichen sprachlichen Mittel, mit denen er sie zum Ausdruck bringt.
2. Erörtern Sie ausgehend von Ihren Ergebnissen, ob Anglizismen in der deutschen Sprache bekämpft werden sollten.

Jens Jessen
Die verkaufte Sprache

Aus dem Kreis der Weltsprachen ist das Deutsche schon verschwunden. Nun wird es auch in seiner Heimat zum Sanierungsfall.

Es gibt einen Typus des übellaunigen, heimattümelnden Sprachschützers, dem man nicht im Dunklen begegnen möchte. Aber es gibt auch Gründe, im hellen Mittagslicht der aufgeklärten Vernunft Sorge um den Bestand der deutschen Sprache zu empfinden. Warum ist auf Bahnhöfen kein Schalter für Auskünfte, sondern ein *Service Point?* Was hat der englische Genitiv-Apostroph in *Susi's Häkelstudio* zu suchen? Welcher Teufel trieb eine deutsche Wissenschaftsministerin zu einer Kampagne mit dem Motto *„Brain up"*, was weder auf Deutsch noch auf Englisch Sinn ergibt?

Die Überflutung mit englischen Wendungen ist nur ein, wahrscheinlich der kleinste Teil des Problems. Der größere Teil besteht in ihrer kenntnislosen Aneignung zu dekorativen Zwecken. Viel spricht dafür, den Geist einer aufschneiderischen Werbung dabei am Werk zu sehen. Die deutsche Bahn will sich nicht nur technisch modernisieren; sie will auch modern wirken. Dass ihre sprachliche Modernisierung ein *fake* ist (um ein gutes englisches Wort zu verwenden), scheint ihr egal zu sein. Ähnliches gilt für ihre Neigung, jede Neuigkeit à tout prix[1] *kommunizieren* zu müssen, anstatt sie einfach mitzuteilen.

Der Ausdruck *à tout prix* ist übrigens aus einer älteren Epoche überkommen. Den Import von französischen Wendungen des 18. Jahrhunderts hat das Deutsche allerdings gut überstanden. Die meisten Ausdrücke sind wieder verschwunden; die übrigen haben sich bis zur Unkenntlichkeit in den Wurzelbestand des Deutschen eingemoost. Von der erfolgreichen Anverwandlung zeugt sogar die Wortbildung: Die Endung *-ieren,* die ursprünglich dazu diente, französische Verben einzudeutschen *(parlieren),* wurde bald auch zu Neubildungen mit deutschen Wortstämmen benutzt *(spintisieren, verlustieren).*

Um sprachschützerische Einfalt von berechtigter Sorge zu trennen, muss man sich klarmachen, dass Deutsch seit Langem eine Hybridsprache ist, die nicht nur Fluten fremder Wörter aufgenommen hat, sondern auch in ihrer Grammatik mehrfach überformt wurde. Den Anfang machten Mönche des Mittelalters, die zahllose Lehnbildungen nach lateinischem Vorbild prägten – berühmtes Beispiel ist die Neubildung *Gewissen* nach lateinisch *conscientia*. Den zweiten Schub besorgten Humanismus und Reformation, als die Syntax dem Lateinischen anverwandelt wurde. Man vergleiche die einfachen Satzmuster des Mittelhochdeutschen mit dem Frühneuhochdeutschen, erst recht aber mit dem barocken Deutsch, in dem die Hypotaxen, die Partizipialkonstruktionen und Verschachtelungen geradezu explodieren. Die Sprache eines Kleist oder Hegel wäre ohne diese syntaktische Überfremdung nicht denkbar.

Daraus folgt freilich keine Entwarnung für die Gegenwart. Denn die früheren Übernahmen haben das Deutsche komplexer, reicher, intellektueller und expressiver, philosophischer und dichterischer, auch wissenschaftsfähiger gemacht. Unter dem Einfluss des globalisierten Englisch aber vollzieht sich eine geradezu atemberaubende Simplifizierung. Die englischen oder pseudoenglischen Ausdrücke kommen nämlich nicht einfach hinzu, sie ersetzen auch nicht nur deutsche Wörter, was schlimmstenfalls überflüssig wäre. Sie verdrängen vielmehr die natürliche Wortbildung des Deutschen, die keinerlei Schwierigkeiten mit Neologismen hätte, weil sie mit ihrer Leichtigkeit der Wortzusammensetzung sonst nur im Altgriechischen einen Vergleich hat.

Es scheint aber, dass die Eigenarten des Deutschen inzwischen selbst zum Ärgernis geworden sind, vielleicht schon als Standortrisiko gelten. Das Hauptärgernis lässt sich freilich nur schlecht leugnen. Es gibt, mit Schweiz, Österreich und Südtirol, kaum 100 Millionen Sprecher des Deutschen. Das Englische, jedenfalls in seiner globalisiert heruntergekommenen Spielart, wird dagegen auf der ganzen Welt verstanden. Es hat daher seine Logik, wenn sich der Gebrauch des Deutschen aus der Wissenschaft zurückzieht, die auf weltweiten Austausch angewiesen ist. Aber muss deshalb neu gegründeten Universitäten in Deutschland gleich das Englische als Unterrichtssprache aufgezwungen werden? Manches spricht dafür, dass hier nicht internationale Konkurrenz, sondern ein Zeitgeistopportunismus am Werk ist, der das Deutsche wie eine überholte Technologie ablegen will. Denn es sind ja nicht Amerikaner, die uns ihre Wörter aufzwingen. Es sind Deutsche, die in ihrer Bewunderung für alles Amerikanische mit der transatlantischen Praxis zugleich die Begriffe dafür mitbringen – wie Geschenke, die glitzernd verpackt werden müssen, damit ihrem dürftigen Inhalt Respekt gezollt werde.

Es lohnt sich, bei der Psychologie des Sprachimporteurs zu verweilen. Es ist nicht deutscher Selbsthass, der ihn antreibt, wie manche Sprachschützer meinen. Der Sprachimporteur ist vor allem ein Marketingexperte in eigener Sache. Er will angeben mit der frisch erworbenen Kenntnis, er kehrt ins verschnarchte Dorf seines Ursprungs zurück und brilliert dort im Glanze seiner Glasperlen, die er den zurückgebliebenen Landsleuten andrehen will. Die Undeutlichkeit und die Euphemismen des Business-Englisch sind kein Mangel, sie sind die Voraussetzung des betrügerischen Tuns. So werden dem *Trainee* (deutsch: Lehrling) die *Karriere-Optionen eröffnet* (deutsch: Hoffnungen gemacht), zum *Asset Manager* (deutsch: Kaffeekocher) aufzusteigen. Unvergessen ist der Bertelsmann-Chef Thomas Middelhoff, dessen Lieblingsmotto *„Speed, speed, speed"* lautete und der selbst im internen Schriftverkehr seine leitenden Angestellten anwies, englisch zu schreiben.

Es ist nicht so, dass überpersönliche Mächte für den Unfug verantwortlich wären. Es sind identifizierbare Sprecher, die der Sprache Gewalt antun, und nur selten unterläuft es ihnen. In den allermeisten Fällen ist, was uns ärgert, auch beabsichtigt. Der Business-Schwafler will uns ein X für ein U vormachen. Der Vergleich mit den Glasperlen ist nicht zufällig gewählt. Der Sprachimporteur handelt mit Waren, die in ihrem Herkunftsland bereits als wertlos gelten. Über die Ausdrucksweise der PowerPoint-Präsentationen wird in den USA längst gespottet.

Der Geist eines ridikülen Marketings, der in der Managersprache steckt, will Exklusivität, die elitäre Anmutung eines arkanen Wissensvorsprungs. Den Zweck der Ausschließung teilt sie mit der Jugendsprache, der es seit alters darum geht, sich von der Erwachsenenwelt abzuschotten. Töricht wäre es, sich über Kürzel aufzuregen, die von den Eltern nicht verstanden werden – denn das ist ihr Sinn. Es fragt sich allerdings, was von Geschäftsleuten zu halten ist, die sich wie Kinder gebärden, die Erwachsene verblüffen und ärgern wollen.

Es liegt bei uns, die Antwort zu formulieren. Es liegt in der Macht jeden einzelnen Sprechers, die Zukunft des Deutschen zu gestalten. Das unterscheidet marodes Deutsch etwa von einem maroden Kernkraftwerk, das nur Experten reparieren können. Das Deutsche wird nicht sterben, es sei denn, die Deutschen wollen es. Es sei denn, sie kapitulieren vor der Werbung, vor der Geschäftssprache, vor dem kollektiven Hass auf alles Komplizierte, den die Medien nähren. Aber selbst wenn das Deutsche stürbe – es würde als tote Sprache weiterleben, als eine Art Griechisch oder Latein der Neuzeit. Die Zahl kanonischer Autoren, von Philosophen wie Dichtern, wird den Gelehrten das Deutsche immer attraktiv erhalten. Das ist vielleicht kein Trost – aber ein Gedankenspiel, das uns Heutigen Respekt vor der achtlos malträtierten Umgangssprache einflößen sollte.

Aus: Jessen, Jens: Die verkaufte Sprache, in: DIE ZEIT vom 26. 07. 2007.

Worterläuterung
1 à tout prix: *franz.:* um jeden Preis

Hinweise und Tipps

- *Bemühen Sie sich, in Ihrer* ***Einleitung*** *den Kerninhalt des Artikels möglichst prägnant in eigene Worte zu fassen. Wenn Sie danach* ***Inhalt und Struktur*** *des Artikels nachzeichnen, sollten Sie die zentralen Argumentationslinien von Jens Jessen herausarbeiten. So kommen Sie unweigerlich auch auf die* ***Intention des Autors*** *zu sprechen, nämlich seinen Wunsch, dass jeder Einzelne bewusster mit der Sprache umgeht. Achten Sie darauf, die wesentlichen Thesen mit eigenen Worten wiederzugeben. Dadurch beweisen Sie, dass Sie den Text gedanklich durchdrungen haben.*
- *Jessen macht aus seiner* ***Haltung gegenüber dem Vordringen der Anglizismen*** *kein Geheimnis. Sie müssen zeigen, wie er diese mithilfe der von ihm eingesetzten rhetorischen Mittel verdeutlicht. Ihre* ***stilistische Analyse*** *sollte seine abwertenden Wendungen für das globalisierte Englisch ebenso berücksichtigen wie auch seine*

positive Darstellung anderer Fremdsprachen (Latein, Französisch), die ebenfalls das Deutsche beeinflusst haben. Zeigen Sie an konkreten Beispielen, wie die formale Gestaltung im Dienst der Aussageabsicht steht, was Jessen mit welchem Stilmittel erreichen will. Verlieren Sie sich nicht in Detailbefunden, sondern behalten Sie stets die Stoßrichtung des Textes im Auge.

- *In Ihrer* ***abschließenden Erörterung*** *sollten Sie möglichst differenziert vorgehen und nicht einseitig die Bekämpfung von Anglizismen befürworten oder ablehnen. Jens Jessens Artikel demonstriert die Wichtigkeit guter und treffender Beispiele für die Argumentation. Sammeln Sie daher Anglizismen, die Ihnen aus dem Alltag wie der Werbung vertraut sind, und nutzen Sie sie als Belege für Ihre Beweisführung. Wägen Sie kritisch ab, ob es Sinn macht, englische Lehnwörter zurückzudrängen, und wenn ja, welche. In Ihrem Fazit können Sie auch darüber nachdenken, wie eine solche Beeinflussung der Sprache aussehen würde.*

Gliederung

1 Einleitung: Der Untergang der deutschen Sprache?

2 Textanalyse
2.1 Inhalt und Aufbau des Artikels
2.2 Autorenintention und sprachliche Gestaltung
2.2.1 Positive Einflüsse: Latein, Französisch
2.2.2 Negative Einflüsse: Globalisiertes Englisch
2.3 Zwischenfazit: Zusammenspiel von Sprache und Intention

3 Erörterung: Sollten Anglizismen bekämpft werden?
3.1 Bereiche, in denen ein Kampf gegen Anglizismen nicht sinnvoll ist
3.1.1 Anglizismen als Ergänzung des Deutschen
3.1.2 Veränderungen als natürlicher Wandlungsprozess
3.2 Bereiche, in denen ein Kampf gegen Anglizismen sinnvoll ist
3.2.1 Scheinanglizismen
3.2.2 Verdrängung deutscher Wortfelder durch englische
3.2.3 Ausgrenzung von Personen mit geringen Englischkenntnissen

4 Abschließendes Fazit: Ideen zum Umgang mit Anglizismen

Lösungsvorschlag

In regelmäßigen Abständen prophezeien Linguisten, Politiker und Journalis- 1
ten den Untergang des Deutschen – und diese Bedenken scheinen nicht unbegründet angesichts der allgegenwärtigen Anglizismen, die unsere Sprache sowohl im beruflichen als auch im privaten Bereich immer stärker prägen. In seinem Artikel „Die verkaufte Sprache“, der in der „Zeit“ vom 26. Juli 2007 erschien, beschreibt Jens Jessen die sukzessive Verdrängung des Deutschen durch das globalisierte Englisch und will zu einer Rückbesinnung auf den Reichtum der deutschen Sprache anregen.

Auch wenn sich Jessen gleich zu Beginn von einem negativen Typus des 2
Sprachschützers abgrenzt (vgl. Z. 1 f.), verfolgt er doch ein ähnliches Ziel: Er 2.1
hinterfragt die unreflektierten Wortübernahmen aus dem Englischen und stellt sie als sprachliche Anbiederungen bloß, die in ihrer veränderten Form teilweise selbst in ihrer Herkunftssprache keinen Sinn mehr ergeben. Jessen umreißt anhand einiger **Beispiele** das Problem.
Die Menge der sich ausbreitenden Anglizismen ist für Jessen dabei nur ein untergeordneter Aspekt, weit gravierender sei die Motivation für solch fremdsprachliche Übernahmen. Der Rückgriff auf englische Vokabeln verfolge vornehmlich den Zweck, den Sprecher als modern und innovativ erscheinen zu lassen (vgl. Z. 11 f.). Als Beispiel für eine derartig fragwürdige Sprachpraxis nennt Jessen die deutsche Bahn.
In einem **Exkurs** rekapituliert der Autor dann die **Entwicklung des Deutschen unter dem Einfluss anderer Sprachen**. Dabei nutzt er die Wendung „à tout prix“ (Z. 14) als Einstieg, um die befruchtende Wirkung darzustellen, die das Französisch des 18. Jahrhunderts hatte; allerdings seien die meisten französischstämmigen Begriffe längst nicht mehr gebräuchlich oder ganz dem Deutschen anverwandelt. Jessen betont, dass keine sprachliche Reinform existiere, das Deutsche vielmehr eine zusammengesetzte „Hybridsprache“ (Z. 25) sei, die unterschiedliche Faktoren geprägt hätten. Vom Mittelalter über den Humanismus bis zum Barock habe gerade der Kontakt mit dem Latein der Gelehrten die Sprache bereichert, vielfältiger und bedeutungsreicher werden lassen. Dieser Zugewinn an Tiefe sei die Basis, auf der später Dichter wie Kleist oder Philosophen wie Hegel aufbauten. Jedoch gelte die Aufwertung, die das Deutsche in der Vergangenheit durch den Einfluss anderer Sprachen erfahren habe, nicht mehr für die Gegenwart. Stattdessen sei das Gegenteil der Fall: Das **globalisierte Englisch** verdränge die Wortbildung der deutschen Sprache und **bewirke** so eine **Vereinfachung** und Verarmung (vgl. Z. 37–43).
Sprache sei zu einem wesentlichen **ökonomischen Faktor** geworden. Es gebe zu wenig deutsche Muttersprachler, als dass sich Deutsch gegen Englisch behaupten könne. In logischer Konsequenz dominiere Letzteres auch in der Wissenschaft. Für eine fragwürdige und opportunistische Anpassung an den

Zeitgeist hält es Jessen allerdings, dass neue Universitäten das Englische sogar zur Unterrichtssprache machen (vgl. Z. 44–58).
In der Folge entwirft er das **Profil des „Sprachimporteurs“** (Z. 59), der sich durch den Einsatz von Anglizismen hervortun und andere blenden wolle. Dass die Begrifflichkeiten des Business-Englisch oft vieldeutig und wenig konkret bleiben, komme der Absicht entgegen, andere damit zu täuschen. Diese Sprachimporteure handelten ganz bewusst und ließen sich auch eindeutig identifizieren (vgl. Z. 72f.). Hinter der Managersprache stecke das Bemühen, den Eindruck von Exklusivität zu erwecken und sich nach außen abzuschotten – eine Tendenz, die auch bei der Jugendsprache zu finden sei. Allerdings erscheint es dem Autor kritikwürdig, dass Manager sich wie pubertierende Jugendliche verhielten (vgl. Z. 78–84).
Nachdem Jens Jessen mit zahlreichen Beispielen die Problemlage skizziert und die Gefährdung des Deutschen dargestellt hat, beendet er seinen Artikel mit einem indirekten, aber unverhohlenen **Appell:** Jeder Einzelne könne zum Erhalt der deutschen Sprache seinen Teil beitragen. Eine Zukunftsvision soll noch einmal ihren Stellenwert und ihre Bedeutung illustrieren. Deutsch werde nur sterben, wenn die Deutschen dies wollten, wenn sie sich der Sprache der Werbung und Manager beugten und den Reichtum des Deutschen gegen die oberflächliche Beliebigkeit des globalisierten Englisch eintauschten. Und selbst als tote Sprache würde Deutsch seine Strahlkraft behalten dank seiner Dichter und Gelehrten (vgl. Z. 85–93).

Jens Jessen nimmt gegenüber der zunehmenden Dominanz von Anglizismen 2.2
somit eine **kritische und ablehnende Haltung** ein, wie bereits der Titel seines Artikels „Die verkaufte Sprache“ verrät. In diesem wird vorweggenommen, dass es vorwiegend wirtschaftlich-materielle Strategien sind, die die deutsche Sprache als „Standortrisiko“ (Z. 45) abstempeln und daher zurückdrängen. Während Jessen die Qualität des Deutschen verteidigt, hinterfragt er die beliebige Übernahme englischer oder pseudo-englischer Wendungen. Mit bissigen rhetorischen Fragen legt er die aktuellen sprachlichen Missstände bloß (vgl. Z. 6f.). Dabei macht er deutlich, dass er kein „heimattümelnde[r] Sprachschützer[ ]“ (Z. 1) sei, sondern durchaus differenziert denke.
So weiß er um den Gewinn, den die deutsche Sprache in der Vergangenheit 2.2.1
dem Kontakt mit dem Lateinischen oder Französischen zu verdanken hat. Gezielt streut er in seinem Text immer wieder diesen Sprachen entstammende **Lehnworte** ein, um zu demonstrieren, dass eine Wechselwirkung zwischen Sprachen durchaus befruchtend und bereichernd wirken kann. Das Marketing, das sein Heil im Englisch sucht, nennt er „ridikül[ ]“ (Z. 78), also lächerlich; es diene dazu, einen „arkanen Wissensvorsprung[ ]“ (Z. 79) zu suggerieren. Das Wort „arkan“ ist aus dem Lateinischen übernommen und bedeutet soviel wie „geheim“. Und wenn er die besorgniserregende Entwicklung der deutschen Sprache eine „Simplifizierung“ (Z. 39) nennt, verwendet er ebenfalls einen Begriff, der lateinische Wurzeln hat. Die Wendungen „marode“ und „malträtiert“ (vgl. Z. 86, 95) sind dagegen Relikte aus dem 18. Jahrhundert,

als Französisch als Sprache des Hofes und der Bildung galt. Durch den eleganten Einsatz solcher Begriffe zeigt Jessen seine eigene Bildung und führt vor Augen, wie das **Deutsche durch fremdsprachige Einflüsse um Bedeutungsnuancen bereichert** worden ist. Sprache scheint er als etwas Lebendiges zu verstehen, wenn er ausführt, dass die meisten französischen Ausdrücke „sich bis zur Unkenntlichkeit in den Wurzelbestand des Deutschen eingemoost" (Z. 19 f.) hätten. Er greift auf Metaphern aus dem vegetativen Bereich zurück, um die gesunde Entwicklung zu veranschaulichen.

Für das globalisierte Englisch gälten dagegen andere Regeln, da hier die deut- 2.2.2
sche Sprache mit ihren Möglichkeiten zu Wortneuschöpfungen bedroht sei (vgl. Z. 41 f.). Jessen benutzt **abwertende Formulierungen**, um das globalisierte Englisch als dem Deutschen nicht ebenbürtig darzustellen (vgl. Z. 47 f.). So vergleicht er die Anglizismen mit „Glasperlen" (Z. 63), „Geschenke[n], die glitzernd verpackt werden müssen, damit ihrem dürftigen Inhalt Respekt gezollt werde" (Z. 57 f.). Damit spielt Jessen auf die Entdecker Amerikas an, die die Ureinwohner mit glänzenden, doch wertlosen Gaben beeindruckten und ihnen dann ihre Herrschaft aufzwangen. Die englischen Lehnwörter böten also eine attraktive Hülle – sie klängen modern und fortschrittlich –, transportierten aber keinen wirklichen Inhalt. Verantwortlich für die Zunahme von Anglizismen sei der „Sprachimporteur" (Z. 75), der „Business-Schwafler" (Z. 74), womit Jessen zwei **Neologismen** einführt, die die Infiltrierung der deutschen Sprache erneut an die Ökonomie anknüpfen. Zugleich zeigt er Möglichkeiten deutscher Wortneuschöpfungen auf und greift hierbei auf fremdsprachige Wörter zurück.

Jessens **Spott** über die Sprachpraxis der Wirtschaftsvertreter spiegelt sich unverhohlen in seinen entlarvenden „Übersetzungen" wider, mit denen er die vollmundigen, im Berufsleben gängigen englischen Begrifflichkeiten ins Deutsche überführt (vgl. Z. 66–68). Und auch der **Vergleich des Manager-Englisch mit der Jugendsprache**, die dazu diene, sich gegen die Umwelt abzugrenzen und diese zu täuschen (vgl. Z. 78–84), illustriert noch einmal seine Geringschätzung für die wahllose Übernahme von Anglizismen.

Jessens inhaltliche Aussage korrespondiert deutlich mit den von ihm einge- 2.3
setzten rhetorischen Mitteln. Während er mit seinem **elaborierten, niveauvollen Stil** die Güte des Deutschen vorführt und durch den bewussten Gebrauch fremdsprachiger Lehnwörter auch die positiven Auswirkungen anerkennt, die das Lateinische und das Französische auf die deutsche Sprache hatten, würdigt er das globalisierte Englisch konsequent herab. Mit **abwertenden Vergleichen und Metaphern** macht er die Manager und ihre vermeintlich exklusive Sprache lächerlich und demaskiert ironisch ihre Englisch-Begeisterung als Teil eines Täuschungsmanövers. Dabei attackiert er nicht die englische Sprache an sich, sondern vor allem deren unter Managern gebräuchliche, vereinfachte und verflachte Spielart. Die sprachliche Gestaltung des Artikels steht im Dienst eines Ziels: Respekt vor der deutschen Sprache zu wecken und für die Gefahren der Anglizismen-Mode zu sensibilisieren.

In unserer globalisierten Gesellschaft lässt sich eine wechselseitige Beeinflus- 3
sung von Sprachen nicht vermeiden. Englisch hat sich als führende Weltsprache etabliert und ist nötig, um internationale Geschäfte abzuschließen, um den weltweiten Wissenstransfer zu erleichtern, um politische Fragen zu verhandeln. Da ist es nur eine logische Konsequenz, dass immer mehr Spuren des Englischen auch ins Deutsche eindringen. Doch wann und wo sind die englischen Einflüsse zu viel für die deutsche Sprache? Sollten Anglizismen, wie es vor allem einige selbsternannte „Sprachschützer" fordern, vielleicht sogar regelrecht „bekämpft" werden?

Meiner Meinung nach gibt es durchaus Fälle, in denen Anglizismen sinnvoll 3.1
erscheinen. So ist eine Übernahme von Fremdwörtern dann gerechtfertigt, wenn 3.1.1
im Deutschen kein adäquater Begriff existiert und das neue Wort eine Lücke füllt, wie dies bei *Clown* oder *Interview* der Fall ist. Hier wirkt die **englische Sprache ergänzend**. In vergangenen Jahrhunderten hatten Felder wie die Philosophie oder die Religion großen Einfluss auf die Gelehrten des Landes. So kamen lateinische und griechische Begriffe – bereichernd! – zur deutschen Sprache hinzu, da Latein und Griechisch die dominierenden Sprachen dieser Disziplinen waren. Im 18. Jahrhundert gewann dann die französische Sprache Einfluss auf das Deutsche – ohne langfristige negative Folgen, denn die französischen Wörter sind, sofern sie nicht wieder verschwunden sind, heute gänzlich mit der deutschen Sprache verschmolzen. Inzwischen stehen häufig technische Innovationen im Mittelpunkt des Interesses. Nachdem diese Entwicklungen oft aus dem amerikanischen Raum kommen, verwundert es nicht, dass auf diesem Feld zahlreiche Anglizismen Einzug gehalten haben. Die Begriffe *Computer, Internet* und *Laptop* sind durch keinen gleichwertigen deutschen Begriff auszutauschen. Bestrebungen, englische Begriffe durch neue deutsche Entsprechungen zu ersetzen, etwa *Airbag* durch *Prallkissen,* erscheinen kaum Erfolg versprechend. Gegen die Verbreitung solcher Anglizismen anzugehen, halte ich für wenig aussichtsreich.
Auch muss man festhalten, dass Sprache einem steten, natürlichen **Wand-** 3.1.2
lungsprozess unterliegt. Heute noch fremde und nicht jedem verständliche Wörter können morgen schon unangezweifelter Bestandteil des Deutschen sein. Wie der Journalist Jens Jessen konstatiert, ist naturgemäß gerade die Ökonomie empfänglich für Wortübernahmen. Die hier schon vor etlichen Jahren übernommenen Begriffe wie *Manager* oder *Marketing* sind längst deutsches Gemeingut und allgemein verständlich. Auch scheint eine nur mehr in gebildeten Schichten kultivierte tote Sprache, die Jessen offenbar für möglich hält (vgl. Z. 90–92), in weiter Ferne zu sein. Zwar nehmen die Anglizismen tatsächlich immer weiter zu, aber wenn man auf die Wörter blickt, die jedes Jahr neu in den Duden aufgenommen werden, so findet man dort eben nicht nur die *Bad Bank* oder das *It-Girl.* Auch deutsch-englische Mischformen wie der *Nacktscanner* werden erfunden, und es gibt sogar gänzlich deutsche Neologismen wie das *Dosenpfand* oder die *Raucherkneipe.* Anglizismen bedeuten also längst nicht das Ende deutscher Wortneuschöpfungen.

Aber auch wenn es nach wie vor zu neuen deutschen Wortbildungen kommt 3.2
und englische Begriffe mit der Zeit immer geläufiger werden, stellt sich doch 3.2.1
die Frage nach dem Sinn von Anglizismen. Denn nicht immer stellen diese ergänzende, bereichernde Wortneuschöpfungen dar. Anders als bei den oben genannten Begriffen (wie z. B. *Computer*) verhält es sich mit den sogenannten **Fantasie-Anglizismen**, pseudo-englischen Begrifflichkeiten, die es im Englischen gar nicht gibt und die oft technische und kulturelle Innovationen bezeichnen, wie z. B. *Handy, Beamer* oder *Beauty Farm.* Hier sollte der englische Klang bei der Bezeichnung neuer Entwicklungen offenbar mehr Fortschrittlichkeit suggerieren als mögliche deutsche Begriffe. Dass aktuelle Trends oft mit Scheinanglizismen benannt werden, illustriert das sogenannte *Public Viewing,* die öffentliche Übertragung sportlicher oder kultureller Großereignisse auf Leinwand. Im Englischen ist der Begriff kurioserweise für die Aufbahrung von Leichen gebräuchlich, korrekt würde eine solche Übertragung *outdoor screening* heißen.

Daneben gibt es Übernahmen, die bereits bestehende **deutsche Wortfelder** 3.2.2
verdrängen und die vornehmlich in den Medien und der Werbung Anwendung finden. Hier ist die von Jessen kritisierte Konstruktion von Modewörtern zu beobachten, die angeblich dem Zeitgeist entsprechen. Worte wie *Powerbrot* oder *Backshop* sind solch fragwürdige Ergebnisse. Diese Wortersetzungen sind dabei ebenso wie die (pseudo-)englische Bezeichnung neuer Phänomene keine zufälligen Prozesse, sondern gezielte ökonomische Strategien, die Fortschrittlichkeit und Modernität suggerieren sollen. Jessen macht zu Recht darauf aufmerksam, dass die Verwendung des Wortes *Service Point* statt des deutschen *Auskunftschalters* durch die Bahn ein Beispiel gänzlich überflüssiger Anglizismen ist – ebenso kritisiert er übrigens die Verwendung des Wortes *kommunizieren* aufseiten der Bahn, die damit wohl ihre *Mitteilungen* auf eine höhere Ebene zu heben versucht. Kritikpunkt sollte daher nicht die Verwendung englischer Wörter sein, sondern der Einsatz von (fremdsprachlichen) Begriffen mit der Absicht, die Menschen zu täuschen und zu blenden, um selbst (wirtschaftlichen) Nutzen daraus zu ziehen.

Auch darf man nicht vergessen, dass überhandnehmende Anglizismen gerade 3.2.3
älteren Personen bzw. Menschen mit geringen Englischkenntnissen das Leben erschweren. Sie könnten sich ausgeschlossen fühlen und das Gefühl haben, nicht mehr mit der Mehrheit der Gesellschaft mithalten zu können – obwohl nur ein Übersetzungsproblem vorliegt. Und von diesen Verständnisschwierigkeiten sind mehr Personen betroffen, als man annehmen mag: Werbesprüche wie *Come in and find out* sollten die beworbenen Produkte attraktiver und interessanter erscheinen lassen. Allerdings haben Studien gezeigt, dass zahlreiche Verbraucher die Wendungen nicht richtig übersetzen konnten und etwas völlig Falsches verstanden. In der Werbung ist daher auch wieder ein Gegentrend zu für die Mehrheit verständlichen deutschen Formulierungen feststellbar. Und jüngst hat die Deutsche Bahn beschlossen, aus dem *Service Point* eine *DB Information,* aus dem *Counter* wieder einen *Schalter* zu machen.

Ich lehne Anglizismen daher ab, wenn sie dazu eingesetzt werden, Menschen 4
zu manipulieren und zu täuschen (wie etwa bei den Wörtern *outsourcen* oder *Trainee*) bzw. einfach nur überflüssige bis sinnlose Modewörter sind (wie z. B. *chillen* oder *Handy*). Man sollte allerdings die Einflüsse der englischen Sprache nicht generell ablehnen und sich bewusst machen, dass Deutsch seit jeher eine – um es mit Jens Jessen zu sagen – „Hybridsprache“ (Z. 25) ist. Auch Englisch kann bereichernde und ergänzende Begriffe zur deutschen Sprache beisteuern, gerade im Bereich der Technik.

Wie kann und soll man nun im alltäglichen Sprachgebrauch mit Anglizismen umgehen? Jessen formuliert in seinem Artikel ein klares Fazit: „Es liegt in der Macht jeden einzelnen Sprechers, die Zukunft des Deutschen zu gestalten“ (Z. 85 f.). Offen bleibt, wie eine solche Einflussnahme aussehen soll. Der Verein Deutsche Sprache (VDS) etwa hat es sich zur Aufgabe gemacht, das „Denglisch“ zu bekämpfen, jene Vermischung aus englischer und deutscher Sprache, die meist im Englischen gar keinen Sinn macht. Eine durchgreifende und effektive Zurückdrängung von Anglizismen könnte zwar durch staatliche Regelungen versucht werden, doch hat eine Sprache ihre eigenen Gesetze und widersetzt sich bürokratischen Reglementierungen. Ich denke, dass der **Deutschunterricht** die besten Möglichkeiten hat, die Heranwachsenden für den Reichtum der deutschen Sprache zu begeistern und auf die Folgen einer unüberlegten Übernahme von Anglizismen hinzuweisen. Und Jessens Artikel ist ein gutes Beispiel dafür, wie die **Presse** auf die Öffentlichkeit einwirken kann. Ob man dann bewusster mit Sprache umgeht, bleibt zuletzt jedem Einzelnen überlassen. Das Beispiel der Deutschen Bahn zeigt jedoch auf alle Fälle, dass sich eine bewusste Rückbesinnung auf die deutsche Sprache durchaus gegen ökonomische Trends und Werbestrategien durchsetzen kann.

Übungsaufgabe 7:
Erörterndes Erschließen pragmatischer Texte

Aufgaben:

1. Analysieren Sie den vorliegenden Text. Gehen Sie dabei vor allem auf die Argumentationsstruktur, die sprachliche Gestaltung und die Position des Autors ein.
2. Diskutieren Sie, ausgehend von Ihren Ergebnissen und unter Berücksichtigung eigener Leseerfahrungen, ob Literatur durch den Leser beeinflusst werden kann.

Christopher Schmidt
Das papierlose Buch der Zukunft hat viele Autoren:
Wie E-Book und Schwarm-Kreativität die Literatur verändern

Das Aufeinandertreffen von Autor und Leser war einmal Stoff für einen Horrorroman. In Stephen Kings „Misery" aus dem Jahr 1987 musste eine enttäuschte Leserin ihrem Lieblingsschriftsteller noch mit der Axt den Fuß abhacken, um ihn dazu zu bringen, nicht das Buch zu verfassen, das *er* schreiben, sondern dasjenige, das *sie* lesen will.

Und heute? Heute stünden Kings so heimlicher wie unheimlicher Verehrerin andere Waffen zu Gebote für ein scharfes Redigat. Sie könnte zum Beispiel einen Shitstorm entfesseln und im Verbund mit der Netzgemeinde sozialen Druck auf den unbotmäßigen Autor ausüben. Sie könnte einen Internet-Account für die Serienheldin anlegen, die ihr Schöpfer sterben ließ, und dieser dadurch zu einem avatarhaften Weiterleben zwischen Realität und Fiktion verhelfen. Sie könnte aber auch anfangen, selbst einen Blog zu schreiben, in dem die literarische Figur neue Abenteuer erlebt, so wie es E. L. James vorgemacht hat. Deren Welterfolg „Fifty Shades of Grey" war ursprünglich als Fan-Fiction entstanden; im Netz hatte James das Schicksal zweier Charaktere aus Stephenie Meyers „Twilight"-Romanen weitergesponnen.

Doch wer heute fiktionale Literatur schreiben möchte, muss dabei gar nicht mal nur auf die eigene Imagination vertrauen. Warum nicht das Ganze als Fortsetzungsroman im Netz anlegen und die Leser wählen lassen, welcher Handlungsstrang weiterentwickelt wird? Auch andere Parameter lassen sich vom Online-Voting abhängig machen, zum Beispiel in welchem Verhältnis Spannung und Erotik dosiert werden sollen. Fortlaufend alles bereits Entstandene in eine Rückkopplungsschleife einzuspeisen, nimmt dem Autor viele Entscheidungen ab. Dieses „open feedback publishing" garantiert zugleich, dass man nicht am Publikum vorbeischreibt. Am besten legt man den Plot ohnehin multidimensional an, sodass sich der Leser wie in einem Computerspiel zwischen mehreren Optionen entscheiden kann. „Gamification" lautet hierfür der Fachbegriff in der Branche.

Eine weitere Möglichkeit besteht darin, eine Vorlage oder einen eigenen Text von vornherein nicht allein fortzuschreiben, sondern sich mit anderen zu vernetzen und ein offenes Autorenprojekt auf den Weg bringen. Wer jedoch weder Lust auf die zeitraubenden Prozeduren der Konsensbildung hat, noch dazu, zum Marktforscher in eigener Sache zu werden, kann sich auf die Anbieter der digitalen Lesegeräte verlassen. Denn diese arbeiten auf eine immer genauere Auswertung der Lesegewohnheiten ihrer Kunden hin.

Zu wissen, welche Seiten überblättert, welche Textstellen unterstrichen wurden, liefert nicht nur eine breitere empirische Basis, um Zielgruppen anzusprechen, sondern auch Anregungen, welche Passagen der Autor für die nächste Auflage noch einmal überarbeiten oder welche Publikumswünsche er beim nächsten Buch tunlichst berücksichtigen sollte. Auch hier schreibt der Leser also mit, wenngleich als Anonymus. Er interpretiert eben nicht nur, er interveniert. Beeinflusst er bislang noch die Buchproduktion allein durch seine Kaufentscheidung, so könnte es bald schon sein konkretes Leseverhalten sein, das bereits in Planung und Lektorat eingeht und den Autor zur Selbstoptimierung zwingt. All das wird möglich, wenn das Buch aus der Steckdose kommt. Nur dass ein professionelles Lektorat im klassischen Sinne sowieso entbehrlich zu sein scheint in Zeiten von E-Book und Self-Publishing.

Angesichts dieser Umbrüche liest sich Stephen Kings „Misery“ rückblickend wie ein prophetischer Abgesang auf die Autonomieästhetik, eine grausige Vorwegnahme des grundstürzenden Wandels im Verhältnis zwischen Autor und Leser, den die digitale Revolution mit sich gebracht hat. Nicht mehr ein Gott gibt dem Dichter zu sagen, wie er leidet – so lautet die berühmte Formel aus Goethes „Tasso“, die das Selbstverständnis der Genie-Epoche und damit die Vorstellung vom Künstler als einzig seiner Inspiration verpflichteten Schöpfergott bis in unsere Tage bestimmt. Mehr und mehr sind es die Leser, die dem Autor zu sagen geben, was er schreiben soll. Aber sind sie dann überhaupt noch Leser und nicht vielmehr Koautoren und Kuratoren, Kollegen und „Kollaborateure“?

[…]

Der in sich geschlossene Mikrokosmos eines Buches löst sich auf, diffundiert, dynamisiert sich, wird Teil einer allgemeinen Verflüssigung, in der jede Materialisierung nur eine vorübergehende Verfestigung darstellt, eine Textform auf Widerruf. Die gegenseitige Durchdringung der Medien macht dem alten, statischen Modell einseitiger Kommunikation – hier der Sender, dort der Empfänger – den Garaus. Die einst fest verteilten Rollen von Autor und Leser geraten in Bewegung, verschwimmen, werden dialogisch entgrenzt und partizipativ. Und der vormalige Konsument entwächst seiner passiven Rolle und gewinnt Teilhabe, während der Autor sich neu definiert als Moderator und Diskurs-Jockey, der sampelt und remixt, er ist die Leitstelle, die Impulse aufnimmt und einarbeitet.

Lesen und Schreiben sind vor allem durch die sozialen Medien mehr denn je zu einem offenen Wechselprozess geworden, was sich ihrem Doppelstatus verdankt, zugleich Kommunikations- und Ausdrucksmittel zu sein – wo der Tweet endet und das Buch beginnt, ist da prinzipiell offen.

Crowdart – Schwarmkunst – hat als Leitbild die *splendid isolation* heroischer Schreibtischeinsamkeit abgelöst, die neue Literatur entsteht auf dem Affenfelsen einer gemeinschaftlichen Öffentlichkeit und in einem Prozess palimpsestartiger Fort- und Überschreibungen. Das Buch wird zum Gestaltwandler, quecksilbrig und temporär. Und mit diesem Paradigmenwechsel verbinden sich große emanzipatorische Hoffnungen. Denn in die Euphorie ob der technischen Befreiung von den Fesseln der analogen Welt mengt sich eine Institutionenfeindlichkeit, die suggeriert, klassische Verlage und etablierte Autoren seien ein finsteres Machtkartell, das Innovationen eher verhindert als ermöglicht.

[…]

Dieser Affekt aber beruht auf einer falschen Analogie zwischen Literatur und Prozessen der demokratischen Willensbildung in der Politik. Ist wirklich erst eine Entmachtung nötig, um den mündigen Leser hervorzubringen? Fühlt sich überhaupt jemand bevormundet und gegängelt durch die Imagination eines Cervantes oder Balzac? Ist es nicht vielmehr eine Illusion und das Missverständnis der Debatte, es gäbe so etwas wie eine unabgeleitete Phantasie? Vielmehr zeigt doch gerade das Phänomen der Fan-Fiction, dass Einbildungskraft eine Begabung ist, die Vorgaben braucht, um sich daran zu entzünden. Die Werke der Weltliteratur schaffen Prägungen der kollektiven Phantasie, die keiner hintergehen kann, selbst wer diese Bücher nie gelesen hat. Sie bleiben der Referenzrahmen.

[…]

Aus: Christopher Schmidt, Süddeutsche Zeitung, 20./21. April 2013

Hinweise und Tipps

- *Die vorliegende Aufgabe verlangt in einem ersten Schritt, die zentrale These des Zeitungsartikels zu erfassen, um daran anschließend eine eigene Meinung zum Thema zu entwickeln. Eine Hilfe bietet die* ***Überschrift****, die das Thema des Textes und auch die Blickrichtung des Autors andeutet: Er möchte sich mit Veränderungen in der Literatur beschäftigen, die sich aus der Digitalisierung von Büchern ergeben.*
- ***Aufgabe 1*** *gibt drei Aspekte an, die Sie genauer untersuchen sollen. Zunächst ist die* ***Argumentationsstruktur*** *herauszuarbeiten. Es geht hier nicht darum, jedes inhaltliche Detail wiederzugeben, sondern die Entwicklung der Argumentation nachzuvollziehen. Eine Rolle spielen dabei die Darstellung des Problems, konkrete Beispiele, die Engführung auf eine Grundposition und die abschließende Bewertung. Im nächsten Schritt nehmen Sie dann die* ***Position des Autors*** *und die* ***sprachliche Gestaltung*** *genauer unter die Lupe. Eine integrierende Darstellung wäre zwar möglich, weil aber im vorliegenden Text viele sprachliche Besonderheiten auffallen, erscheint es sinnvoll, einen eigenen Punkt dafür auszuarbeiten.*
- *In* ***Aufgabe 2*** *sollen Sie die Aussagen des Zeitungstextes aufgreifen und* ***eigene Argumente zum Thema entwickeln****. Es geht also darum, Schlussfolgerungen aus der Analyse des Ausgangstextes zu ziehen, eine eigene Haltung dazu zu entwickeln und die Ergebnisse in kohärenter Weise darzustellen. Hilfreich ist dabei, wenn Sie die Prämissen, die der Autor für seine Argumentation setzt, reflektieren. Die Aufgabe fordert dazu auf, die* ***eigenen Leseerfahrungen*** *miteinzubeziehen. Dabei sind Sie nicht an bestimmte literarische Werke gebunden, sondern in Ihrer Wahl ganz frei.*

Gliederung

1 Schreiben und Medium

2 Analyse des Essays „Das papierlose Buch“ von Christopher Schmidt
2.1 Inhalt und Aufbau
2.1.1 Problemaufriss: Autor und Leser
2.1.2 Beeinflussung des Autors durch den Leser
2.1.3 Folgen: Ende des Geniegedankens und neuer Textbegriff
2.1.4 Die Rolle der sozialen Medien
2.1.5 Verteidigung der autonomen Literatur
2.2 Die Intention des Verfassers: Gegen die Abschaffung des Autors
2.3 Sprachlich-stilistische Mittel: Kritisches Hinterfragen der Entwicklungen

3 Digitalisierung, Literatur und kulturelle Bildung
3.1 Genieliteratur oder „Fan-Fiction“
3.2 Literatur als Basis kollektiver Fantasie

4 Fazit: Das Buch als Kunstwerk – das Buch als Konsumartikel

Lösungsvorschlag

Wer über Bedeutung und Wirkung von Literatur nachdenkt, tut gut daran, 1
einen Blick in die Geschichte zu werfen. Was uns heute ganz selbstverständlich erscheint, dass nämlich interessierte Leser in die Buchhandlung gehen oder in eine gut sortierte Bibliothek, um sich dort mit Lesestoff in Form von Büchern einzudecken, ist Ergebnis einer Jahrhunderterfindung der frühen Neuzeit. Erst mit Gutenbergs Druckerpresse war es möglich, **Bücher als Massenware** herzustellen. Dies war eine Grundvoraussetzung für die Entstehung des literarischen Marktes, so wie wir ihn kennen. Natürlich gab es auch vorher Literatur, literarische Werke und auch Bücher. Sie wurden mit der Hand geschrieben, auf Papyrus seit der Zeit der ägyptischen Großreiche oder auf wertvolle Pergamente im Mittelalter. Bis zum Buchdruck war Literatur aber vor allem eine mündliche Kunst – und das hatte Auswirkungen auf die Form. Sänger, die von Hof zu Hof zogen, um ihre Geschichten vorzutragen, griffen gerne auf Epen zurück, die in Reimform und streng metrisch gebaut waren. Solche Texte konnte man sich leichter einprägen.
Der **Einfluss des Mediums auf die Gestaltung des Textes** lässt sich in allen Epochen nachweisen. Mit der Verbreitung der Schreibmaschine wurde das Schreiben mit der Hand zunehmend zurückgedrängt. Auch das blieb nicht ohne Auswirkungen auf die Inhalte der Werke. Heutzutage ist es der Computer, der das Schreiben beeinflusst. Wenn man Texte so leicht umstellen, löschen und kopieren kann, dann verändert sich auch die Gestalt des Textes.

Mit dem **Einfluss neuer Medien auf die Literatur** beschäftigt sich auch Christopher Schmidt in einem Artikel in der Süddeutschen Zeitung vom 20./21. April 2013. Der Titel „Das papierlose Buch der Zukunft hat viele Autoren: Wie E-Book und Schwarm-Kreativität die Literatur verändern" macht die Richtung seiner Ausführungen bereits deutlich: Er untersucht das Verhältnis von Autor und Leser im Zeitalter der digitalen Medien.

Schmidt beginnt seine Überlegungen mit einem Rückblick in die späten **2.1**
1980er-Jahre, als der Erfolgsautor Stephen King in einem seiner Romane das 2.1.1
prekäre Verhältnis zwischen Autor und Leser thematisiert (Z. 1–5). In der Fiktion des Romans „Misery" zwingt eine Leserin einen Schriftsteller unter Anwendung von Gewalt dazu, eine Geschichte nach ihren Vorstellungen zu schreiben. Was 1987 noch als Romanhandlung zum Erfolg führte, ist mit den modernen technischen Mitteln der digitalen Welt nach der Meinung des SZ-Journalisten leicht zu überbieten (Z. 6–15). Um die eigenen Leseinteressen durchzusetzen, stünden den Rezipienten heute verschiedene Einflussmöglichkeiten zur Verfügung. Schmidt nennt zum Beispiel den sogenannten „Shitstorm", also die massenhafte Entrüstung von Kommunikationsteilnehmern im Internet, oder die bereits etablierte Praxis, dass auf einer Internetplattform Geschichten eines Autors einfach von den Lesern weitergeschrieben werden. Auf diese „Fan-Fiction" soll später noch explizit eingegangen werden.
Mit den einleitenden Beispielen weist Christopher Schmidt auf ein Problem hin, das die Literatur grundlegend betrifft: **Wie verhalten sich Autor und Leser zueinander?** In welchem Verhältnis steht der Schöpfer einer Geschichte zu demjenigen, der diese Geschichte liest?

Im zweiten Argumentationsblock (Z. 16–44) führt der Autor dann genauer 2.1.2
aus, wie durch die **neuen Medien** der Kontakt zwischen Schreiber und Leser auf eine radikal geänderte Grundlage gestellt wird und damit eine ganz andere Haltung bei den Autoren erforderlich ist. Weil ein Schriftsteller schon während des Schaffensprozesses die Rückmeldung der Leserschaft einholen könnte, wäre es auch möglich, die eigenen kreativen Ideen immer wieder den Wünschen und Anforderungen des Publikums anzupassen. Dies könne z. B. bei Fortsetzungsgeschichten, die im Internet veröffentlicht werden, geschehen oder durch Geschichten, die von vornherein von mehreren Autoren entworfen werden. Hinzukommt laut Verfasser die Möglichkeit, Reaktionen derjenigen Leser auszuwerten, die ihre Bücher an digitalen Geräten konsumieren. Weil dabei offensichtlich Lesegewohnheiten gespeichert werden, könne sich, so Schmidt, der Autor jederzeit darüber informieren, welche Erzählidee oder welche Figurencharakterisierung erfolgreich war und welcher seiner Einfälle für gut befunden worden ist.
Letztlich läuft die Entwicklung nach der Meinung des Journalisten darauf hinaus, dass das **Feedback des Rezipienten** zunehmend **Einfluss auf die Produktion von Literatur** nimmt.

Christopher Schmidt wertet diese Veränderungen, die sich im erwähnten Roman von King als Antiutopie andeuteten und heute in der konkreten literarischen Wirklichkeit stattfinden, als Epochenwende. Während lange Zeit der Dichter als autonomes Subjekt ein eigenständiges Kunstwerk schuf, werden zunehmend die **Leser** zu **Mitautoren**, die über Form und Inhalt der literarischen Werke bestimmen. 2.1.3
Das wiederum führe zu einem **ganz neuen Textbegriff** (Z. 56–65). Ein einmal geschriebener Text ist keine in sich geschlossene Einheit mehr, sondern ständig in Bewegung. Er verändert sich, weil im Austausch zwischen Produzent und Rezipient fortwährend Erweiterungen oder Umschreibungen stattfinden können. Schmidt definiert in diesem Zusammenhang den Autor als „Moderator" (Z. 64), also quasi als Leiter einer Diskussion, deren Ergebnisse jeweils dem Diskussionsstand angepasst werden.

Den Grund für diese revolutionäre Verschiebung sieht Schmidt in der **Rolle der sozialen Medien**, die gleichzeitig aktiv und passiv sind: In ihnen wird parallel gelesen und geschrieben, sodass eine Unterscheidung zwischen Autor und Leser gar nicht mehr möglich ist (Z. 66–69). Daraus ergibt sich nach Meinung des Journalisten eine komplett neue Kunstform, die als „**Crowdart**" (Z. 70) bezeichnet werden könne. Nicht mehr ein einsamer Schreiber ist Schöpfer eines Romans, sondern die Masse der Internetnutzer. Mit diesem fundamentalen Wandel verbinden nicht wenige die Hoffnung, dass die Kunst, wie auch die Politik, befreit werden könne aus der Allmacht von einzelnen Autoren und der traditionellen Vermarktung dieser Autoren durch mächtige Verlage (Z. 70–78). 2.1.4

Zuletzt weist Christopher Schmidt diesen Neuansatz mit Entschiedenheit zurück (Z. 80–89). Leser, so der Kritiker, bräuchten nämlich diese angebliche Befreiung gar nicht, weil sie durch autonome Schriftsteller, v. a. aber durch deren Werke gar nicht beeinträchtigt werden. Ohne diese Vorlagen würde die eigene Phantasie nicht funktionieren. Schmidt dreht den Spieß also um: Nicht das Schreiben, sondern das **Lesen** wird als **Akt der Befreiung** definiert. Literarische Kunstwerke sind dann eine Fundgrube an Ideen und Geschichten, die notwendig sind, um überhaupt das eigene Denken in Gang zu bringen. 2.1.5

Christopher Schmidt bezieht zur dargestellten Entwicklung also eine eindeutige Position. Sein Artikel ist ein **klares Plädoyer für die „Autonomieästhetik"** (Z. 46) und für den **Autor „als einzig seiner Inspiration verpflichteten Schöpfergott"** (Z. 50 f.), wie er im 18. Jahrhundert definiert worden ist. Damit greift der Journalist auf ein Konzept zurück, das vom Sturm und Drang und der Klassik bis zur Postmoderne das Selbstverständnis des Schriftstellers geprägt hat. Zwei Argumentationsstrategien lassen sich im vorliegenden Text leicht ausmachen: Zum einen verweist Schmidt auf eine **Vielzahl an technischen Innovationen der digitalen Welt**, die auf allen Ebenen gegen den Geniegedanken arbeiten. Dass der Abstand zwischen Autor und Leser aufgehoben wird, liegt demnach vor allem daran, dass Texte jederzeit schnell um- 2.2

und fortgeschrieben oder geändert werden können. Dies geschieht in Internetforen, Blogs, Tweets und anderen Orten des weltumspannenden, also tendenziell grenzenlosen Mediums. Die Digitalisierung ist dann auch der Grund dafür, dass selbst fertige Bücher in das Netz eingespeist und sozusagen zur Veränderung freigegeben werden. Damit kann sich nun der Journalist gar nicht anfreunden. Er findet – das ist die zweite Zielrichtung seiner Ausführungen –, dass letztlich die **kreative Grundlage der Kultur** darunter leide, wenn nicht mehr identifizierbare einzelne Autoren für ein Werk verantwortlich zeichnen, sondern nur noch eine unbestimmbare Masse. Schon das fiktive, aber sicher abschreckende Beispiel der Einleitung macht deutlich, dass Schmidt nichts davon hält, wenn Autoren von Lesern gezwungen werden, nur noch das zu schreiben, was diese selbst lesen wollen.

Blickt man auf die **sprachlichen Besonderheiten des Textes**, dann wird 2.3
Schmidts Einstellung zum Thema noch deutlicher. Auf der Syntaxebene fallen die vielen **Fragesätze** auf, die zum einen die mögliche Entwicklung auf die Spitze treiben (vgl. z. B. Z. 17 ff.), zum anderen als rhetorische Fragen den Leser davon überzeugen möchten, dass die Diskussion in eine falsche Richtung läuft (vgl. Z. 81–85). Die Antworten auf die hier gestellten rhetorischen Fragen lauten: Nein, der Autor muss nicht entmachtet werden (vgl. Z. 82 f.). Nein, niemand muss sich durch den autonomen Autor „bevormundet" fühlen (Z. 83). Nein, Phantasie kann nicht aus dem Nichts entstehen (vgl. Z. 84 f.). Der Text wirkt hier sehr appellativ, er möchte den Leser fast schon dazu zwingen, kritisch über die beklagte Situation nachzudenken.
Das Ende des eigenständigen, souveränen Autors kleidet Schmidt in die **Alliteration** vom „Abgesang … (der) Autonomieästhetik" (Z. 46), ebenso alliterierend ist die Aufzählung der neuen Funktion der mitschreibenden Leser. Sie sind für ihn „Koautoren und Kuratoren, Kollegen und ‚Kollaborateure'" (Z. 53 f.). Damit wird die Entwicklung in griffigen **Schlagworten** zusammengefasst, die gerade in der zuletzt zitierten Reihung auch eine **negative Steigerung** aufweisen: Aus dem vermutlich noch akzeptierten Mitschreiber wird am Ende ein Bösewicht, der mit dem Feind zusammenarbeitet.
Das kritisierte Neue wird im Zeitungsartikel mit einer Fülle von **Fachtermini** erfasst. Da ist – um nur zwei Beispiele unter vielen zu nennen – die Rede von „Online-Voting" (Z. 19) und „open feedback publishing" (Z. 22), wenn die Prozesse der Interaktion zwischen Autor und Leser beschrieben werden. Schmidt weist sich damit nicht nur als Fachmann aus, der das, was er kritisch bewertet, auch wirklich zu kennen scheint. Die Anwendung abstrakter technischer Begriffe auf so etwas Emotionales, das Literatur ja eigentlich auch sein muss, macht die Gefahr deutlich, die die angesprochene Entwicklung darstellt. Besonders betont wird mit dem Begriff der „Gamification" (Z. 25) eine weitere Verbindung zweier Bereiche, die auf den ersten Blick gar nichts miteinander zu tun haben: Die Welt der Computerspiele (Games), die im Feuilleton keinen guten Ruf hat, und die Welt der Literatur, der „fiction", die sich bisher dadurch auszeichnete, dass eben von außen keine „Spieler" eingreifen

konnten. Wenn etwas so Ernstes und Erhabenes wie Literatur aber zu einem bloßen Spiel verkommt, dann ist wohl ein neues Zeitalter angebrochen. Schmidt **verbindet** also **die alte Kunst der Literatur** geschickt **mit dem technisch Neuen**, sodass die Vereinnahmung auch sprachlich greifbar wird. Negative Auswirkungen dieser Entwicklung werden im Text gerne als **asyndetische Reihungen** formuliert. Das Buch, wie wir es kennen, „löst sich auf, diffundiert, dynamisiert sich, wird Teil einer allgemeinen Verflüssigung" (Z. 56 f.). Der Verfasser greift hier wieder zum Mittel der Alliteration („diffundiert, dynamisiert"), gleichsam als ringe er nach den richtigen Worten, um die Beschleunigung der Veränderungen darzustellen. Gleichzeitig kreiert er ein **starkes Bild** für den Prozess: Das traditionell griffig und unveränderlich in der Hand liegende Kulturprodukt „Buch" wird wie in einem Science-Fiction-Film zu einer flüssigen Masse, die ganz anderen Gesetzen gehorcht und vermutlich gar keine große Freude mehr bereiten kann.

Christopher Schmidt deckt in seinem Artikel einen Zusammenhang auf, der 3
im Moment eine große Rolle spielt. Die **Digitalisierung von Literatur**, die in Form von elektronischen Büchern auf dem Kindle-Reader oder dem iPad zu einer ernst zu nehmenden Alternative zum gedruckten Buch geführt hat und gleichzeitig die Rückkoppelungsmechanismen zwischen Autor und Leser im Netz beschleunigt, hat mit Sicherheit **Einfluss auf die Art und Weise, wie Literatur entsteht**. Ob damit auch qualitative Aussagen getroffen werden können, soll abschließend untersucht werden. Ausgangspunkt dieser Überlegungen ist dabei zunächst der Unterschied zwischen Genieansatz und Fanfiction, den der Autor des Zeitungsartikels beschreibt. Anschließend wird geprüft, ob die Behauptung zutrifft, dass es die Werke der Weltliteratur sind, die „Prägungen der kollektiven Phantasie" (Z. 87 f.) schaffen, und welche Rolle der Autor im Zeitalter der sozialen Medien spielt.

Wie bereits erwähnt, greift Schmidt in seiner Argumentation auf einen Be- 3.1
griff zurück, der im 18. Jahrhundert geprägt wurde, den Begriff der **Genieästhetik**. Seit dem Sturm und Drang und der Klassik galt der Autor als autonom gegenüber allen Vorgaben, ob sie nun von potenziellen Auftraggebern kamen oder vom Publikum. Die Leser, so sagen die Schöpfer großer Literatur, beeinflussen natürlich den Schaffensprozess nicht. Seit dieser Zeit wird allerdings auch über den **absolut gesetzten Autorbegriff** diskutiert. Ein schönes Beispiel dafür liefert das Vorspiel auf dem Theater, das Goethes Faust-Drama einleitet. Hier tritt der Dichter als Vertreter der Genieästhetik auf. Er will einzig seiner inneren Stimme gehorchen und so wahre Kunst schaffen. Demgegenüber stehen der Direktor des Theaters und die lustige Person. Beide vertreten deutlich die Position, dass ein Schriftsteller sehr wohl auf die Belange und Wünsche des Publikums Rücksicht nehmen müsse. Schließlich will der Direktor mit der Kunst Geld verdienen und die lustige Person dafür sorgen, dass auch die Zuschauer etwas von der Kunst haben, die ihre Welt wiedergeben soll. Die von Schmidt so kritisch herausgestellte „**Rückkopplungsschleife**"

(Z. 21) gab es also immer schon. In der vordigitalen Zeit war das eher eine Abstimmung mit den Füßen, heute werden diese Publikumsbewertungen eher mit der Maustaste erledigt, aber tendenziell kann man beide Verhaltensweisen vergleichen. Es ist deshalb auch gar nicht zu bestreiten, dass Literaten immer wieder versucht haben, auf die Interessen ihrer Leser zu reagieren.
Neu dagegen mag tatsächlich die „**Fan-Fiction**" (Z. 14) sein, die Schmidt beschreibt, also die Tatsache, dass Leser die von ihnen bewunderte Literatur fortschreiben. Allerdings widerlegt Schmidt seine These vom Ende des Autors durch die Fanfiction gleich selbst. Denn Bücher wie der genannte Bestseller von E. L. James haben ja einen eindeutig identifizierbaren Autor, der sich zwar auf ein Vorgängerwerk beziehen mag, aber dann doch als eigenständiges Werk einer Schriftstellerin in den Buchhandel geht. Literatur, die in der Nachfolge eines erfolgreichen Musterromans entstanden ist, gab es ja auch schon immer. Man denke nur an die zahlreichen historischen Kriminalromane, die Umberto Ecos Meisterwerk „Der Name der Rose" nach sich gezogen hat. Um zu wissen, was sich gerade gut verkauft, braucht man kein Online-Voting, sondern nur den Blick auf die veröffentlichten Verkaufslisten. Sieht man von der Schullektüre ab, so kann man diese Trends jederzeit bei der eigenen Privatlektüre nachvollziehen. Als die auch von Schmidt erwähnte Stephenie Meyer so erfolgreich mit Vampirromanen war, gab es in diesem Genre kein Halten mehr. Auch ich habe, weil ich die Geschichte um Bella und Edward wirklich spannend gefunden habe, dann Romane von Deborah Harkness („Wo die Nacht beginnt") und Richelle Mead („Vampire Academy") gelesen. Sogar Bram Stokers Klassiker über Graf Dracula liegt auf meinem Nachttisch.

Und damit bin ich bei meinem letzten Punkt. Schmidt stellt die These auf, dass die „**Werke der Weltliteratur … Prägungen der kollektiven Phantasie (schaffen), die keiner hintergehen kann**" (Z. 87 f.). Damit stellt er nochmals die Bedeutung des genialen Einzeltäters heraus, der unabhängig von allen äußeren Einflüssen große Kunstwerke gestaltet, die eine ganze Gesellschaft beeinflussen können. Übrigens, so Schmidt, braucht man diese Werke dann gar nicht gelesen zu haben. Sie wirken trotzdem! Mit dieser Einschätzung liegt der Journalist zunächst sicher richtig. Jede Nation hat ihre Klassiker, die aus der kulturellen Bildung gar nicht wegzudenken sind. Shakespeare gehört zu den Engländern wie Goethe zu den Deutschen und Dostojewski zu den Russen. Trotzdem muss auch bei diesen Beispielen festgehalten werden, dass ihre Kunst nie im luftleeren Raum stattgefunden hat. Gerade bei Shakespeare wissen wir, dass er ein erfolgreicher Theaterdirektor war, der das Interesse des Publikums sehr genau im Fokus hatte. Viele Szenen belegen, dass es ihm darum ging, die Menschen ins Theater zu locken und zu unterhalten. Und mit dem Beispiel Shakespeare kann man gegenüber Schmidts Argumentation noch einen Schritt weitergehen: Nicht nur heute, im Zeitalter der Digitalisierung, ist es zumindest denkbar, dass mehrere Autoren an einem Werk schreiben. „Crowdart" (Z. 70) nennt Schmidt das. Gerade im Fall des englischen Klassikers liegt der Verdacht nahe, dass er nicht alleine der Verfasser der zahlrei- 3.2

chen Dramen war, sondern viele daran mitgeschrieben haben. Vielleicht gab es gar keinen Shakespeare, der Schriftsteller gewesen ist. Auch diese Frage wird hartnäckig diskutiert. Eine eindeutige Antwort darauf, wer nun letztlich hinter diesem Riesenwerk steckt, lässt sich nicht geben. Wird dadurch aber der Wert des Werkes vermindert?

Literatur hatte immer schon die beiden Seiten: Auf der einen ist ein Roman, 4
ein Drama, ein Gedicht zumindest in den meisten Fällen ein **autonomes Kunstwerk**, das **aus der Feder eines konkreten Schreibers** stammt. Auf der anderen Seite gab und gibt es Faktoren, die auf dieses Kunstwerk einen mehr oder weniger großen Einfluss haben. Dass das wiederum zeitlich bedingt sein kann, ist unbestreitbar. Goethe musste damit zurechtkommen, dass er in einem kleinen Herzogtum lebte und arbeitete. Und er musste mit den kritischen Anmerkungen seines Freundes Schiller und vieler anderer Leser umgehen. Büchner musste aus seiner Heimat fliehen, weil seine Leser auch Staatsbehörden waren, die mit dem Inhalt des Hessischen Landboten gar nicht zufrieden sein konnten. Und heute ist eben die digitale Welt eine Herausforderung, der sich Autoren stellen müssen. Sie sind aufgefordert, auf die von Schmidt umfangreich beschriebenen „Rückkoppelungen" zu reagieren, die durch die neue Technik qualitativ und quantitativ eine neue Dimension erreicht haben. Im Grundsatz aber ist der **Austausch zwischen Autor und Leser** nichts Neues, sondern ein Aspekt der Literatur, der **notwendig** zu dieser gehört.

Übungsaufgabe 8:
Erörterndes Erschließen pragmatischer Texte

Aufgaben:

1. Analysieren Sie den folgenden Textabschnitt. Berücksichtigen Sie dabei vor allem die Gedankenführung sowie die sprachliche Gestaltung und erarbeiten Sie die Position des Autors.
2. Nehmen Sie, ausgehend von Ihren Ergebnissen und unter Berücksichtigung eigener Erfahrungen, Stellung zur Frage, welche Bedeutung das Lesen für die Bildung des Menschen hat.

Hermann Hesse (1877–1962):
Eine Bibliothek der Weltliteratur (1929) [Auszug]

Echte Bildung ist nicht Bildung zu irgendeinem Zwecke, sondern sie hat, wie jedes Streben nach dem Vollkommenen, ihren Sinn in sich selbst. So wie das Streben nach körperlicher Kraft, Gewandtheit und Schönheit nicht irgendeinen Endzweck hat, etwa den, uns reich, berühmt und mächtig zu machen, sondern seinen Lohn in sich selbst trägt, indem es unser Lebensgefühl und unser Selbstvertrauen steigert, indem es uns froher und glücklicher macht und uns ein höheres Gefühl von Sicherheit und Gesundheit gibt, ebenso ist auch das Streben nach „Bildung“, das heißt nach geistiger und seelischer Vervollkommnung, nicht ein mühsamer Weg zu irgendwelchen begrenzten Zielen, sondern ein beglückendes und stärkendes Erweitern unsres Bewußtseins, eine Bereicherung unsrer Lebens- und Glücksmöglichkeiten. Darum ist echte Bildung, ebenso wie echte Körperkultur, Erfüllung und Antrieb zugleich, ist überall am Ziele und bleibt doch nirgends rasten; ist ein Unterwegssein im Unendlichen, ein Mitschwingen im Universum, ein Mitschwingen im Zeitlosen. Ihr Ziel ist nicht Steigerung einzelner Fähigkeiten und Leistungen, sondern sie hilft uns, unsrem Leben einen Sinn zu geben, die Vergangenheit zu deuten, der Zukunft in furchtloser Bereitschaft offenzustehen.

Von den Wegen, die zu solcher Bildung führen, ist einer der wichtigsten das Studium der Weltliteratur, das allmähliche Sichvertrautmachen mit dem ungeheuren Schatz von Gedanken, Erfahrungen, Symbolen, Phantasien und Wunschbildern, den die Vergangenheit uns in den Werken der Dichter und Denker vieler Völker hinterlassen hat. Dieser Weg ist endlos, niemand kann ihn jemals zu Ende gehen, niemand könnte jemals die gesamte Literatur auch nur eines einzigen großen Kulturvolkes völlig durchstudieren und kennenlernen, geschweige denn die der ganzen Menschheit. Dafür ist aber jedes verstehende Eindringen in ein Denker- oder Dichterwerk von hohem Rang eine Erfüllung, ein beglückendes Erlebnis – nicht an totem Wissen, sondern an lebendigem Bewußtsein und Verständnis. Nicht darauf soll es uns ankommen, möglichst viel gelesen zu haben und zu kennen, sondern in einer freien, persönlichen Auswahl von Meisterwerken, denen wir uns in Feierstunden ganz hingeben, eine Ahnung zu bekommen von der Weite und Fülle des von Menschen Gedachten und Erstrebten, und zur Gesamtheit selbst, zum Leben und Herzschlag der Menschheit, in ein belebendes, mitschwingendes Verhältnis zu kommen. Dies ist schließlich der Sinn alles Lebens, soweit es nicht bloß der nackten Notdurft dient. Keineswegs etwa „zerstreuen" soll uns das Lesen, sondern vielmehr sammeln, nicht über ein sinnloses Leben uns wegtäuschen und mit einem Scheintroste betäuben, sondern unserm Leben im Gegenteil einen immer höhern, immer volleren Sinn geben helfen.

Die Auswahl nun, in der wir die Weltliteratur kennenlernen, wird für jeden einzelnen eine andere sein; sie hängt nicht nur davon ab, wieviel Zeit und Geld ein Leser diesem edlen Bedürfnis zu opfern hat, sondern noch von vielen anderen Umständen. Dem einen wird etwa Platon der verehrte Weise, Homer der geliebteste Dichter sein, und stets werden sie für ihn der Mittelpunkt aller Literatur sein, von welchem aus er alles andre ordnet und beurteilt; einem andern werden andre Namen diese Stellung ausfüllen. Der eine wird zum Genuß edler Versgebilde, zum Miterleben geistvoller Phantasiespiele und schwingender Sprachmusik fähig sein, der andre mehr beim streng Verständigen bleiben; der eine wird stets den Werken seiner Muttersprache den Vorzug geben, ja gar keine anderen lesen mögen, ein anderer wieder wird etwa eine besondere Vorliebe für die Franzosen, für die Griechen, für die Russen haben. Dazu kommt noch, daß auch der denkbar Gelehrteste immer nur einige wenige Sprachen kennt und daß nicht nur nicht alle bedeutenden Werke anderer Zeiten und Völker ins Deutsche übersetzt sind, sondern daß sehr viele Dichtungen überhaupt unübersetzbar sind. Echte Lyrik zum Beispiel, welche nicht nur in angenehm gebauten Versen hübsche Inhalte häuft, sondern in welcher Wort und Vers selbst zum Inhalte, in welcher die Musik einer schöpferischen Sprache schwingendes Symbol der Welt und der Lebensvorgänge wird – solche Lyrik bleibt stets an die einmalige Sprache des Dichters, an seine Muttersprache nicht nur, sondern an seine persönliche, nur ihm allein mögliche Dichtersprache gebunden und ist also unübersetzbar. Einige der edelsten und kostbarsten Dichtungen – es sei etwa an die provenzalischen Troubadour-Gedichte erinnert – sind nur für sehr wenige Menschen überhaupt noch erreichbar und genießbar, denn ihre Sprache ist zusammen mit der Kulturgemeinschaft, aus welcher sie stammen, untergegangen und nur auf gelehrtem Wege in liebevollem Studium wieder zum Tönen zu bringen. Immerhin haben wir Deutsche das Glück, über einen außerordentlich reichen Schatz an guten Übersetzungen aus fremden und toten Sprachen zu verfügen.

Wichtig für ein lebendiges Verhältnis des Lesers zur Weltliteratur ist vor allem, daß er sich selbst und damit die Werke, die auf ihn besonders wirken, kennenlerne und nicht irgendeinem Schema oder Bildungsprogramm folge! Er muß den Weg der Liebe gehen, nicht den der Pflicht. Sich zum Lesen irgendeines Meisterwerkes zu zwingen, nur weil es so berühmt ist und weil man sich schämt, es noch nicht zu kennen, wäre sehr verkehrt. Statt dessen muß jeder mit dem Lesen, Kennen und Lieben dort beginnen, wo es ihm natürlich ist. Einer wird schon in frühen Schuljahren die Liebe zu schönen Versen in sich entdecken, ein andrer die Liebe zur Geschichte oder den Sagen seiner Heimat, ein andrer vielleicht die Freude an Volksliedern, und wieder ein andrer wird das Lesen dort als reizend und beglückend empfinden, wo er Gefühle unsres Herzens genau untersucht und von einem überlegenen Verstande gedeutet findet. Der Wege sind tausend. Vom Schullesebuch, vom Kalender kann man ausgehen und kann bei Shakespeare, Goethe oder Konfuzius enden. Ein Werk, das uns gerühmt wird, das wir zu lesen versuchen und das uns nicht gefällt, das uns Widerstände entgegensetzt und uns nicht in sich einlassen will, sollen wir nicht mit Gewalt noch mit Geduld bezwingen wollen, sondern es wieder weglegen. Darum soll man auch Kinder und ganz junge Menschen nie allzu sehr zu einer bestimmten Lektüre ermuntern und anhalten; man kann jungen Menschen dadurch die schönsten Werke, ja das echte Lesen überhaupt, fürs ganze Leben entleiden. Jeder knüpfe dort an, wo eine Dichtung, ein Lied, ein Bericht, eine Betrachtung ihm gefallen hat, er suche von dort aus nach Ähnlichem weiter.

Aus: Hermann Hesse, Eine Bibliothek der Weltliteratur. Stuttgart: Reclam, 1929.

Hinweise und Tipps

- *Die Aufgabe verlangt die Erörterung eines Textes zum Thema „Bildung und Lesen". Die beiden untergeordneten Teilaufgaben erfordern dabei eine genaue Untersuchung der inhaltlichen Aspekte des Textes. Eine* ***Auseinandersetzung mit argumentativen Texten*** *haben Sie in den vier Kurshalbjahren der Qualifikationsphase intensiv geübt: Analysieren Sie den Text, beschreiben Sie die Argumentationsform und setzen Sie sich sinnvoll mit den Argumenten des Autors auseinander.*
- *Bei der* ***ersten Teilaufgabe*** *gilt es, nicht einfach eine Inhaltswiedergabe des Textes zu verfassen, sondern Hesses Intention und Argumentationsstrategie sowie die sprachlichen Gestaltungsmittel zu analysieren. Gehen Sie dabei auf textspezifische Besonderheiten ein. Achten Sie z. B. auf Syntax, Wortwahl und sprachliche Bilder, die dem Text einen geradezu poetischen Charakter verleihen.*
- *Bei der* ***zweiten Teilaufgabe*** *wird von Ihnen erwartet, eigene Leseerfahrungen als Grundlage für die Auseinandersetzung mit dem Verhältnis von Literaturrezeption und Bildungserwerb einzubringen. Sie sollen dabei schlüssig argumentieren. Verfassen Sie Ihren Aufsatz nach den Kriterien, die Ihnen aus dem Unterricht bekannt sind. Entscheiden Sie, ob Sie Ihre Erörterung linear, dialektisch oder antithetisch aufbauen wollen, halten Sie diese Argumentationsweise durch und achten Sie auf eine klare Strukturierung Ihres Textes.*

Gliederung

1 Einleitung: Lesen als Sinnstiftung

2 Textanalyse
2.1 Argumentationsgang
2.2 Sprachliche Gestaltung und Autorenintention

3 Erörterung: Welche Bedeutung hat das Lesen für die Bildung des Menschen?
3.1 Definition des Begriffes „Bildung“
3.2 Lesen als Mittel des Wissenserwerbs und der Meinungsbildung
3.3 Lesen zur Verbesserung des Ausdrucksvermögens
3.4 Lesen zur Erweiterung des Horizontes
3.5 Lesen als sinnstiftendes Element
3.6 Lesen zur Förderung der Kreativität
3.7 Grundvoraussetzung: Spaß am Lesen
3.8 Abschließende Ideen zur Vermittlung von Lesefreude

4 Schluss: Hesses Text als Anregung

Lösungsvorschlag

Der vorliegende Text stammt aus der Feder eines der bedeutendsten und **1**
erfolgreichsten Autoren der deutschen Literaturgeschichte. Hermann Hesse kennzeichnet in seinem in Syntax, Wortwahl und sprachlichen Bildern fast poetischen Text aus dem Jahre 1929 **das Wesen und die Wirkung von Bildung**. Der Rezeption von Weltliteratur spricht er eine zentrale Rolle beim Bildungserwerb zu. Am Ende seiner mit zahlreichen Beispielen gestützten, linearen Argumentation legt er seinen Leserinnen und Lesern die zwanglose Lektüre von Literatur ans Herz, denn diese kann in seinem Verständnis dem menschlichen Leben Sinn vermitteln.

Hesses **Argumentationsgang** ist dabei – auch optisch – klar in drei Schritte **2**
gegliedert: Zunächst macht er die Bedeutung von Bildung als sinnstiftendes **2.1**
Element deutlich (vgl. erster Absatz, Z. 1–16), dann erklärt er, Lesen sei einer der wichtigsten Wege zu dieser Bildung (vgl. zweiter Absatz, Z. 17–36), um anschließend auf die näheren Auswahlkriterien für Lektüren einzugehen (vgl. dritter und vierter Absatz, Z. 37–84).
Hesse beginnt seine Argumentation mit der **Bestimmung seines Bildungsverständnisses:** Bildung dient für ihn nicht einem bestimmten, außerhalb liegenden Zweck, wie z. B. gesteigerten Fähigkeiten bzw. der Leistungsfähigkeit, sondern ist losgelöst von solchen Effekten sinngebend. Das Streben nach Bildung bedeute Streben nach geistiger und seelischer Vollkommenheit (vgl. Z. 7 f.). Der Weg zur Bildung soll nach Hesse von einem Wohlgefühl geleitet

sein, den Menschen bei der Sinngebung unterstützen und die Deutung der Vergangenheit sowie die Offenheit für die Zukunft fördern (vgl. Z. 14–16).
Dabei vertritt er die Auffassung, dass ein wichtiger Weg zu solch einer Bildung die **Rezeption von Weltliteratur** darstellt. Denn das Eintauchen in die Welt der Dichter und Denker erfülle den Menschen und mache ihn glücklich (Z. 24 f.). Jeder Mensch müsse dabei eine individuelle Auswahl treffen, denn niemand werde es bewältigen, alles zu lesen (vgl. Z. 21 f.). Es komme bei der Lektüreauswahl nicht darauf an, bestimmten gesellschaftlichen Konventionen zu folgen und große Werke auszuwählen, nur um sie gelesen zu haben. Vielmehr sei es ratsam, frei und individuell darüber zu entscheiden, was man lesen wolle, um die Fülle an bereits Gedachtem zu erfassen (vgl. Z. 26–31). Literatur darf für Hesse deshalb nicht der Zerstreuung (vgl. Z. 33) dienen, sondern sie soll dem Leser die **Sinnhaftigkeit des Daseins** verdeutlichen.
Im Anschluss geht Hesse näher auf die Auswahl der zu lesenden Weltliteratur ein. Dabei gesteht er jedem Leser eine ganz **individuelle Auswahl** zu, da sie von vielen Kriterien abhänge. Mit verschiedenen Beispielen legt er dar, wie vielfältig die Motivationen für die Entscheidung für bestimmte Literatur sind (vgl. Z. 37–45). In diesem Zusammenhang spricht Hesse das Problem der **Übersetzung** von Literatur anderssprachiger Autoren an. Denn eine Begrenzung der Auswahl liegt für den Verfasser schon darin, dass manche fremdsprachige Werke nicht übersetzt oder sogar nicht angemessen zu übersetzen sind. Insbesondere die Lyrik könne nur in der Sprache des Dichters die volle Wirkung erzielen (vgl. Z. 51–61). Allerdings ist Hesse der Überzeugung, dass die Deutschen bereits außerordentlich viele gute Übersetzungen besitzen (vgl. Z. 62 f.).
Ausgehend von der Auffassung, dass der Rezipient von sich aus den Umgang mit der Weltliteratur pflegen solle (Z. 64–67), entwickelt Hesse eine Kritik daran, dass vor allem junge Menschen zur Lektüre von bestimmten dichterischen Werken gezwungen werden. Das ist nach seiner Auffassung der falsche Weg. Damit der Leser sich selbst und damit die literarischen Werke kennenlernen kann, muss er – so formuliert Hesse prägnant – „**den Weg der Liebe gehen, nicht den der Pflicht**“ (Z. 66 f.). Den Zwang, ein Werk zu rezipieren, hält Hesse für den verkehrten Ansatz, da es nicht den gewünschten Effekt habe und das Lesen dadurch negativ besetzt werden könnte. Offenbar ist Hesse davon überzeugt, dass früher oder später jeder Mensch von sich aus die Liebe zur Literatur entdecken wird. Abschließend appelliert der Autor an jeden Leser, an der Lektüre anzuknüpfen, die ihm gefallen habe (vgl. Z. 82 f.). Von dort aus solle man nach Ähnlichem suchen, um seinem Ziel, dem Streben nach Vervollkommnung, näher zu kommen.

Der **appellierende Charakter** ist nicht nur diesem Schluss anzumerken, son- 2.2
dern im gesamten Text spürbar: Hesse formuliert sehr emphatisch und bedient sich einer bildlichen Sprache, die fast **poetisch** ist, wie z. B. die Wendung „zum Leben und Herzschlag der Menschheit“ (Z. 30 f.) zeigt. Auffällig ist

auch die ausgefeilte Syntax, die für Hesse typisch ist. Seinen von Hypotaxen geprägten Stil nutzt er häufig dazu, **Satzspannung** aufzubauen (vgl. Z. 2–10 oder die antithetisch aufgebauten Sätze in Z. 24–36). Dabei stellt Hesse immer wieder eine **Verbindung zum Leser** her: Zu Beginn vergleicht er Bildung mit einem den Lesern wohl vertrauten Bereich, der Körperkultur, also dem Streben nach Kraft und Schönheit (vgl. Z. 2 ff.). Auch verwendet Hesse zahlreiche Beispiele für Lektürepräferenzen (vgl. z. B. Z. 40–47, Z. 70–76), durch die sich Rezipienten mit den unterschiedlichsten Vorlieben und Bildungsniveaus angesprochen fühlen können. Deutlich wird der Versuch, den Leser einzubeziehen, auch in der Verwendung der Personalpronomen „wir" bzw. „uns", besonders gehäuft im letzten Abschnitt (vgl. Z. 74–78). Nach der Herstellung einer Einheit von Lesern und Autor geht Hesse schließlich zu einem verallgemeinernden „man" (Z. 79) über, das seiner Aussage generelle Gültigkeit verleihen soll. Abschließend regt er im Imperativ „Jeder knüpfe dort an, wo eine Dichtung [...] ihm gefallen hat, er suche von dort aus nach Ähnlichem weiter" (Z. 82 f.) den Leser zur fortgesetzten Lektüre nach persönlichen Vorlieben an. Hier ruft ein wahrer **Meister des Wortes und Kenner der Literatur** zum bewussten und sinnstiftenden Umgang mit Literatur auf.

Für Hermann Hesse ist also das Lesen einer der wichtigsten Wege, die zur **3**
Bildung des Menschen führen. Doch kann man auch heute, rund 85 Jahre nach Entstehen des Textes, in einer komplexen, globalisierten Welt voller neuer, elektronischer Medien davon sprechen, dass das Lesen entscheidend ist für die Bildung?

Will man dieser Frage nachgehen, so stellt sich zunächst ein **Definitions-** 3.1
problem: Denn was ist Bildung überhaupt? Hesses Formulierung, Bildung habe keinen „Endzweck" (Z. 3) und solle zur „geistige[n] und seelische[n] Vervollkommnung" (Z. 7) dienen, erscheint uns heute vielleicht etwas angestaubt oder hochtrabend. Anders sieht es hingegen aus, wenn man auf seine Aussagen blickt, Bildung sei eine „Bereicherung unsrer Lebens- und Glücksmöglichkeiten" (Z. 10), deren Ziel es sei, „unsrem Leben einen Sinn zu geben, die Vergangenheit zu deuten, der Zukunft in furchtloser Bereitschaft offenzustehen" (Z. 14–16). Bildung ist demnach ein Weg, Orientierung zu erlangen, Bewertungsmaßstäbe zu finden, im Leben mehr Chancen ergreifen zu können und offener für das zu sein, was man „Glück" nennen will. Doch was bedeutet es konkret, wenn **Bildung Sinn stiftet** und das Lesen dorthin führen soll? Wie äußert sich dieser Sinn und wie kann die Lektüre von Texten den Menschen beeinflussen?

Ein Kernbestandteil von Bildung ist sicherlich der **Wissenserwerb**, unter 3.2
einem gebildeten Menschen stellen wir uns jemanden vor, der sich nicht nur, aber auch durch ein breites Wissen auszeichnet. Die Wege, sich Kenntnisse anzueignen, sind dabei zahlreich: Von der Erzählung anderer über den Unterricht in Schulen oder Vorträgen in Universitäten und Volkshochschulen bis hin zu den audiovisuellen Medien wie dem Fernsehen erreicht uns Wissen auf

vielfältige Weise. Am häufigsten aber gelangen wir gerade in einer vom Internet geprägten Welt über das Lesen an Wissen: Seien es Artikel auf Wikipedia, die neuesten Meldungen bei Spiegel Online oder der Austausch von Erfahrungen über Foren – im Internet wird gelesen. Natürlich ist es fraglich, ob Hermann Hesse das Überfliegen von Wikipedia-Artikeln als Lesen bezeichnet hätte, aber ich habe schon so manch eine gute Anregung für Referate durch das Internet bekommen. Und auch der „klassische" Weg, in gedruckten Nachschlagewerken oder Sachbüchern nach Informationen zu suchen, geht über das Lesen und überwiegt wohl den Wissenstransfer durch mündliche Kommunikation bei Weitem. **Meinungsbildung** findet durch die Lektüre von Zeitungen und Zeitschriften sicherlich ebenso statt wie durch die Medien Radio oder Fernsehen (bzw. seine Online-Versionen).

Zur Bildung gehört aber nicht nur das Wissen um die Dinge, sondern auch die 3.3
Fähigkeit, dieses Wissen zu kommunizieren. Um diese **Sprachfähigkeit** zu verbessern und zu trainieren, könnte man nun freilich wiederum auf Mündlichkeit zurückgreifen und durch das Hören zu besserem Sprechen gelangen. Weit einflussreicher dürfte aber in den meisten Fällen die Schriftlichkeit sein. Denn es sind wie soeben dargelegt Aufsätze, Essays, Zeitungsartikel, die unser Meinungsbild beeinflussen, also schriftliche Formen der Kommunikation, und auch gute Referate bzw. Vorträge basieren auf schriftlich niedergelegten Konzepten. Durch das Lesen verbessert sich das Gespür für sprachliche Konstruktionen, für grammatikalische Besonderheiten, der Wortschatz erweitert sich, was sich wiederum auf die eigene Ausdrucksfähigkeit positiv auswirkt. Das gilt auch für einen Spezialfall: das Erlernen von Fremdsprachen, das durch entsprechende Lektüre deutlich schneller und intensiver funktioniert.

Ganz generell **erweitert Lesen den Horizont**. Bezieht man sich nun nicht 3.4
mehr nur auf die Suche nach konkreten Informationen in Lexika, sondern blickt man eher auf Romane, Novellen, Gedichte, aber auch auf Sachbücher, so eröffnet das Lesen einen Zugang zu bisher fremden (Gedanken-)Welten. Unbekannte Denkweisen und Lebensphilosophien, andere Kulturen und Erfahrungswelten stehen uns plötzlich offen und prägen so unsere eigene Entwicklung, ohne dass wir die Erfahrungen selbst gemacht, die fremden Länder selbst bereist oder den wissenschaftlichen Versuch selbst durchgeführt haben. Seit ich zum Beispiel das Buch „Ich denke, also bin ich verwirrt" vom Kabarettisten Christoph Süß gelesen habe, habe ich einen anderen Blick auf die Welt bzw. unsere Einstellung zum Leben bekommen und jede Menge spannender Fakten über die Philosophen und die Weltanschauungen vergangener Jahrhunderte kennengelernt – so weiß ich seither, dass man bereits in der Antike vermutet hat, dass die Welt rund und nicht flach sei! Selbst grundlegende Erkenntnisse können also nicht nur korrigiert, sondern auch wieder vergessen werden. Diese Einsicht hat mich kritischer gegenüber vermeintlichen Tatsachen gemacht.

An dieser Stelle sei noch einmal ein Blick auf Hermann Hesse geworfen: Für ihn war das Lesen der Weg zur Bildung und diese wiederum der Schlüssel dazu, im Leben einen Sinn und Orientierung zu finden. Davon, dass die sogenannten Printmedien eine bedeutende Rolle bei der Meinungsbildung spielen, war bereits die Rede. Ich denke aber darüber hinaus, dass gerade auch die angesprochene Erweiterung des eigenen Horizontes, das Kennenlernen anderer Wertevorstellungen, das hierdurch ausgelöste Nachdenken über die eigene Welt und das eigene Handeln, einen wichtigen Beitrag dazu leisten kann, jenseits der manchmal erdrückenden Übermacht von wirtschaftlichen Interessen und einer Fixierung auf rein ökonomische Fortschritte **einen tieferen Sinn im Leben zu erkennen**. Dabei können uns die unterschiedlichsten Werke beeinflussen: Das empathische Mitfühlen mit Charakteren in Romanen kann beispielsweise das Gefühl vermitteln, nicht allein zu sein mit eigenen Problemen (z. B. Liebeskummer, den es zu allen Zeiten in allen Gesellschaftsschichten gab). Die Lektüre eines absurden Theaterstückes wie Samuel Becketts „Waiting for Godot“ kann uns zu einem reflektierteren Umgang mit Lebensentwürfen anregen. Oder wir erkennen durch das Lesen eines Buches über das Dritte Reich, wie wichtig kritisches Hinterfragen und Engagement sind, wie glücklich wir darüber sein sollten, in Frieden und Freiheit leben zu können. 3.5

Zuletzt sei auch noch der Einfluss des Lesens auf die eigene **Kreativität** 3.6 angesprochen, denn auch diese gehört zu einer umfassenden Bildung. Zwar sind Musik oder Kunst auf den ersten Blick relevanter für die Kreativität, doch beflügelt das Lesen unsere Fantasie und kann uns für Neues öffnen. Die erzählten Geschichten können motivieren, anregen, nachdenklich machen und so Ausgangspunkt werden für eigene, neue Gedanken. Oder die Art, wie ein Gedicht geschrieben ist, spricht einen so sehr an, dass man selbst aktiv werden möchte – Ernst Jandls Gedicht „otto mops“ hat mich beispielsweise so amüsiert, dass ich mich an ein eigenes Gedicht gewagt habe, und ich war erstaunt über die vielen verschiedenen Interpretationsmöglichkeiten des Jandl-Textes, als ich genauer recherchiert habe.

Dies alles zeigt, dass zur Bildung zwar sicherlich mehr gehört als nur das 3.7 Lesen, sondern auch das Zuhören, der mündliche Austausch mit anderen, Kunst oder Musik. Doch nimmt das Lesen auch heute noch eine dominante Stellung ein, wenn es darum geht, sich selbst zu entwickeln und zu Wissen wie auch sprachlichen und kreativen Kompetenzen zu gelangen. Wichtig ist dabei ein Faktor, auf den schon Hermann Hesse hingewiesen hat: **das Vergnügen**. Durch die Vielfältigkeit von Texten ist es möglich, jeden Menschen zu erreichen, denn Lesen kann sich auf die knappe Information in (Online-)Nachschlagewerken, auf den reinen Wissenserwerb in Sachbüchern oder auf die Reise zu fremden Orten und Kulturen durch die belletristische Lektüre beziehen. Der Zwang, etwas zu lesen, führt jedoch nicht zum gewünschten Effekt und kann gerade Kindern und Jugendlichen die Lektüre eher verleiden. An diesem Punkt stößt man bei Hesse allerdings auf eine Einstellung, die sich von meiner eigenen unterscheidet: Zwar betont Hesse, dass man nicht

„irgendeinem Schema oder Bildungsprogramm“ (Z. 66) folgen solle und die Rezeption von „Volksliedern“ (Z. 72), dem „Schullesebuch“ (Z. 75) und kleinen Geschichten, Gedichten bzw. Anekdoten aus dem „Kalender“ (Z. 75) ein durchaus legitimer Weg zum Lesen sei. Doch vermittelt Hesse in seinen Ausführungen immer wieder das Gefühl, dass das, was er als „das echte Lesen“ (Z. 82) bezeichnet, sehr wohl einem bestimmten Kanon unterliegt. So spricht er explizit vom Gewinn, den der Mensch aus der Lektüre eines „Denker- oder Dichterwerk[s] von hohem Rang“ (Z. 24 f.) ziehen kann. Er räumt ein, dass nicht jeder „zum Genuß edler Versgebilde [...] fähig“ (Z. 43 f.) sei, was impliziert, dass die Lektüre von hoher Lyrik über der Lektüre einfacher Geschichten steht. Und er stellt in seiner Formulierung „Vom Schulbesuch, vom Kalender kann man ausgehen und kann bei Shakespeare, Goethe oder Konfuzius enden“ (Z. 75 f.) die drei Autoren als eine Art Klimax dar, deren Erreichen einen Höhepunkt im Lesen bedeutet. Diese große Bedeutung, die Hesse einem bestimmten **Kanon an Literatur** beimisst, kann ich nicht teilen. Sicherlich zählt beispielsweise der genannte Christoph Süß nicht zur Weltspitze der Autoren, ist keineswegs zu vergleichen mit einem für die Literaturgeschichte überaus bedeutenden Johann Wolfgang Goethe, der seit mehreren Jahrhunderten die Menschen in seinen Bann zieht. Der Text von Süß ist unterhaltsam, es ist das Buch eines Kabarettisten. Und doch kann es dem einen oder anderen Leser vielleicht mehr vermitteln als Goethes „Faust“. Daher sehe ich in der **Freiheit, seine Lektüre selbst zu wählen**, nicht nur den Grundstein dafür, später einmal zu den „Meisterwerken“ (Z. 28) der Literaturgeschichte zu gelangen. Ich denke, Lesen kann nur dann in seiner ganzen Bandbreite auf die Bildung wirken, wenn es davon losgelöst ist, irgendwann die Lust auf vermeintlich „höhere“ Literatur wecken zu müssen.

Zum Schluss möchte ich noch einen kurzen Blick darauf werfen, wie es 3.8
möglich ist, die **Freude am Lesen** und somit die Lust an Bildung zu fördern. Einen wichtigen Beitrag zu einer literarischen Bildung kann die **Schule** leisten. Der Lesekanon sollte dabei so gestaltet werden, dass Kindern und Jugendlichen ein unbedarfter und freudvoller Zugang zu den Werken möglich ist. Nur so fördern Texte das Streben nach Bildung. Daher ist es zwar sinnvoll, wenn Lehrer konkrete Vorschläge machen, da Schüler viele Bücher (noch) nicht kennen. Sie sollten aber offen sein für Schülerideen und die Klassen in einem vorgegebenen Rahmen selbst eine Lektüreauswahl treffen lassen.
Große Verantwortung trägt aber auch das **Elternhaus**. Indem Kinder bereits im frühen Alter den Umgang mit dem geschriebenen Wort pflegen können, erhalten sie eine gute Basis für das spätere Lesen. Das beginnt beim Vorlesen der Gute-Nacht-Geschichte und findet seine Fortsetzung in der Vorbildhaftigkeit der Erwachsenen. Menschen, die bereits in der Kindheit das Buch als Mittel der Bildung kennen, werden auch im Erwachsenenalter zum Buch greifen, weil sie wissen: Lesen bildet. Sie werden ihr Verhältnis zur Bildung ohne Zwang auf die nachfolgende Generation übertragen.

Das heutige Verständnis vom Zusammenhang zwischen Bildung und Lesen 4
unterscheidet sich somit gar nicht so sehr von Hermann Hesses Ausführungen, auch wenn natürlich audiovisuelle Medien inzwischen einen großen Stellenwert eingenommen haben. Doch gerade das Internet macht das Lesen wieder bedeutender. Hesse trägt seine Positionen in klarer und linearer Argumentation vor. Seine Hauptintention ist es, die **immense Bedeutung der Literatur für ein sinnhaftes Leben** und die Erweiterung des menschlichen Bewusstseins herauszustellen. Seine Auffassungen werden nicht für jeden nachvollziehbar sein, und es ist fraglich, ob es sich bei der persönlichen Lektüre tatsächlich um „Weltliteratur“ und „Meisterwerke“ handeln muss, wie Hesse meint. Es gibt mit Sicherheit Menschen, die Bildung anders definieren und der Weltliteratur nicht diesen hohen Stellenwert einräumen. Nach der Lektüre des vorliegenden Textes sollten allerdings auch die Skeptiker zumindest nachdenklich werden.

Deutsch (Bayern G8) – Abiturprüfung 2012:
Aufgabe 1: Erschließen eines poetischen Textes

a) Erschließen und interpretieren Sie das Gedicht „Am Walde“ (Text A) von Eduard Mörike!

b) Untersuchen Sie, inwieweit sich die Verbundenheit des modernen Dichters Hermann Lenz mit Eduard Mörike in den vorliegenden Texten B und C niederschlägt!

Text A

Eduard Mörike (1804–1875)
Am Walde

Am Waldsaum kann ich lange Nachmittage,
Dem Kukuk horchend, in dem Grase liegen;
Er scheint das Tal gemächlich einzuwiegen
Im friedevollen Gleichklang seiner Klage.

Da ist mir wohl, und meine schlimmste Plage,
Den Fratzen der Gesellschaft mich zu fügen,
Hier wird sie mich doch endlich nicht bekriegen,
Wo ich auf eigne Weise mich behage.

Und wenn die feinen Leute nur erst dächten,
Wie schön Poeten ihre Zeit verschwenden,
Sie würden mich zuletzt noch gar beneiden.

Denn des Sonetts gedrängte Kränze flechten
Sich wie von selber unter meinen Händen,
Indes die Augen in der Ferne weiden.

Entstehung 1830; Erstdruck 1832; Orthographie und Interpunktion entsprechend der Werkausgabe von 1981

Text B

Hermann Lenz (1913–1998)
Leben und Schreiben. Frankfurter Vorlesungen

[…] Mich erfreuten zunächst[1] die Gedichte. Die saugten mich sozusagen an, und bald las ich nur Mörike. […] Seine Briefe las ich, als wären sie an mich geschrieben worden, und ich meine […], es lohne sich, einmal nur Mörikes Briefe zu lesen, in denen das Persönliche und Private ebenso lebendig wird wie das Allgemeine. Und es kommt mir – Sie werden lächeln – wenig verschieden von allem Heutigen vor. Immerhin, wenn Sie das Technische weglassen, die Errungenschaften der Industrie vergessen zugunsten eines Wintermorgens vor Sonnenaufgang und wie der auf Sie wirkt,[2] dann kommen Sie zu sich selbst.

Dies nur als Beispiel. Wobei ich mir anzumerken erlaube, daß die Empfindungen und Gefühle immer noch aktuell sind wie das Gras und das Bachwasser, das uns, des sauren Regens zum Trotz,[3] hoffentlich überleben wird. Am Waldrand zu liegen, den Rucksack im Nacken, das lohnt sich immer noch. Und Sie wiederholen bei sich die Strophen: „Am Waldsaum kann ich lange Nachmittage / Dem Kuckuck horchend, in dem Grase liegen."

Und so weiter. Die Welt reinigt sich in Mörikes Versen auch heute noch wie damals, als ich sechzehn Jahre jung war und für „ein bißchen g'spässig", also für seltsam, galt. Ja, das stimmte schon, ich ließ mir Zeit und wartete ab als ein junger Mann, der sich etwas vorstellt, das es nicht gibt. […]

Aus: Lenz, Hermann: Leben und Schreiben. Frankfurter Vorlesungen, Frankfurt/M.: Suhrkamp 1986

Worterläuterungen:
1 Hermann Lenz hatte zur Konfirmation eine Ausgabe mit den Werken Mörikes geschenkt bekommen.
2 Anspielung auf Mörikes Gedicht *An einem Wintermorgen, vor Sonnenaufgang*
3 Seit Mitte der 1980er-Jahre ist „saurer Regen", ein umweltschädlicher Regen mit sehr niedrigem pH-Wert, ein wichtiger Begriff in der Auseinandersetzung um Gefahren durch Luftverschmutzung, insbesondere für die Wälder.

Text C

Hermann Lenz (1913–1998)
Nebendraußen

Du erlaubst dir,
Den Wald zu preisen,
Der Grasmücke[1] zuzuhören
An einem hellen Tage im Juni,
Unbekümmert, während du
Luft spürst an nackter Haut,
Dazu einen Ameisenbiß.

Blaue Wälder und Höhenzüge,
Die weithin gelagert sind.
Hinter Stämmen schimmern die Blätter.

Froh, nicht alles wissen zu müssen,
Keine Ahnung zu haben von …
Aber den Wald zu hören.

Aus: Lenz, Hermann: Vielleicht lebst du weiter im Stein,
Frankfurt/Main: Suhrkamp 2003

Worterläuterung:
1 *Grasmücke:* ein Singvogel

Hinweise und Tipps

- *Die Aufgabe ist in einen Erschließungs- und Interpretationsauftrag (a) und einen Vergleichsauftrag (b) gegliedert. Zunächst muss das Gedicht von Eduard Mörike bearbeitet werden. Kriterien für die Erschließung können Sie dabei selbst wählen.*
- *Unter der* ***Erschließung*** *eines Textes versteht man, dass seine Aussage in inhaltlicher, in formaler und in sprachlich-stilistischer Hinsicht herausgearbeitet wird. Gerade bei kurzen Texten bietet es sich an, die* ***Untersuchungsschwerpunkte*** *nacheinander abzuhandeln, also erst Aufbau und Inhalt darzustellen und anschließend die Besonderheiten der sprachlich-stilistischen Gestaltung in den Blick zu nehmen. Lediglich die formale Gestaltung integriert man besser in andere Gliederungspunkte, um einer bloßen Aufzählung zu entgehen.*
- *Die* ***Interpretationsschwerpunkte*** *werden Ihnen in der vorliegenden Aufgabenstellung nicht vorgegeben. Nachdem im Gedicht ein lyrisches Ich auftritt, das sich selbst als Dichter ausweist, wird ein Deutungsaspekt das* ***poetische Selbstverständnis*** *gerade im Verhältnis zur Gesellschaft sein. Darüber hinaus spielt die* ***Natur*** *eine große Rolle. Diese Aspekte werden zusammen mit der Analyse der sprachlich-stilistischen Besonderheiten herausgearbeitet, denn das „Wie" der lyrischen Rede führt direkt zum „Was" oder „Worüber" des Inhalts und der Intention des Gedichts.*
- ***Einleitung*** *und* ***Schluss*** *können Merkmale der Literatur um 1830 behandeln. Eine literaturgeschichtliche Einordnung Eduard Mörikes wird aber nicht verlangt.*
- *Für den* ***zweiten Aufgabenteil*** *müssen Sie zunächst die beiden Texte von Hermann Lenz aspektorientiert untersuchen. In dem Auszug aus der Frankfurter Vorlesung erklärt er seine Verbundenheit mit Mörike biografisch und poetologisch. Das Gedicht „Nebendraußen" überführt diese Verbundenheit dann in ein eigenständiges Kunstwerk. Es ist empfehlenswert, auf die unterschiedlichen* ***Textsorten*** *– hier ein Sachtext, dort ein Gedicht – hinzuweisen und den Vergleich entsprechend aufzubauen.*

Gliederung

A Biedermeier

B Erschließung und Interpretation des Gedichts *Am Walde* von Eduard Mörike und Rezeption Mörikes in der modernen Dichtung (Hermann Lenz)

I. Aufbau: Natur versus Gesellschaft

II. Inhalt
1. Ruhe und Geborgenheit in der Natur (Quartett 1)
2. Distanzierung von den Anforderungen der Gesellschaft (Quartett 2)
3. Natur und Kunst (Terzett 1 und 2)

III. Kunst, Natur und Gesellschaft: Mörikes poetologisches Programm (formale und sprachlich-stilistische Gestaltung, inhaltliche Deutung)
    1. Sonett: These – Antithese – Synthese
    2. Naturbeschreibungen
    3. Gesellschaftskritik
    4. Poesie
    5. Zwischen Klassik und Romantik

IV. Mörike als Vorbild: Hermann Lenz
    1. Frankfurter Poetikvorlesungen: Mörike als Hilfe in der Adoleszenz
    2. *Nebendraußen*: Zurückhaltende Modernität

C Natur als Gegenbild

Lösungsvorschlag

Als Eduard Mörike 1830 sein Gedicht *Im Walde* schreibt, ist das gesellschaftlich-politische Leben in Europa von der sogenannten Restauration geprägt. Nachdem die europäischen Fürsten auf dem Wiener Kongress ihre durch die Wirren der Revolutionskriege gefährdete Vormachtstellung wieder absichert haben, geht es für die Staaten Europas nun darum, die nationalen und liberalen Bewegungen durch Unterdrückung und Zensur unter Kontrolle zu halten. In dieser Situation zeigen sich bei den Künstlern zwei grundverschiedene Verhaltensmuster. Während die einen sich mit ihrer Arbeit für soziale und demokratische Rechte der Bürger einsetzen, kann bei anderen der Rückzug ins Private und die Abwendung vom politischen Geschehen beobachtet werden. Für die letztgenannte Handlung hat sich der Begriff des **Biedermeier** eingeprägt, der oft gleichgesetzt wird mit der verklärenden Darstellung der Wirklichkeit, der **Hinwendung zu Heimat, Natur, Familie** und zur sprichwörtlichen biedermeierlichen **Beschaulichkeit** eines Carl Spitzweg. Die Künstler berufen sich dabei auf die Konzepte von Klassik und Romantik, wollen in Einklang mit der Schöpfung leben und dies auch zum Inhalt ihrer Kunst machen. Die Werke des Biedermeier sind jedoch nicht grundsätzlich als unpolitisch zu bezeichnen: Eduard Mörikes Gedicht *Am Walde* zeugt deutlich von einer **kritischen Grundeinstellung** gegenüber der Gesellschaft. Genau an diesen Aspekt knüpft im 20. Jahrhundert der Schriftsteller Hermann Lenz an, der die Natur als Rückzugsort im Sinne Mörikes empfindet und sich gleichzeitig politisch äußert, indem er die Gefährdung durch die fortschreitende Industrialisierung nicht verschweigt. A

Im Folgenden soll zunächst Mörikes Gedicht aus dem Jahr 1830 genauer erschlossen und interpretiert werden. Im Anschluss daran wird aufgezeigt, inwiefern der Dichter des 19. Jahrhunderts für Hermann Lenz zum Vorbild werden konnte und wo sich dabei Unterschiede ergeben. B

In den vier Strophen des vorliegenden Sonetts wird ein **klarer Gegensatz** zwischen dem Sprecher, der ein Lob auf die Ruhe und Harmonie der freien **Natur** singt, und der **Gesellschaft**, die sehr kritisch betrachtet wird, offenbar. Dabei gibt sich das lyrische Ich als Dichter zu erkennen, dessen Kunst mit absichtsloser Naturbetrachtung verbunden ist. Das Metrum der vierzehn Verszeilen ist der fünfhebige Jambus mit jeweils weiblicher Kadenz. Der **Gattung Sonett** entsprechend wählt Mörike den umarmenden Reim, der in den beiden Quartetten dem Schema abba und in den beiden Terzetten dem Schema cde cde folgt und so das im Gedicht aufgegriffene Bild des Kränzeflechtens widerspiegelt. Diese enge Verflechtung innerhalb des Gedichts wird noch unterstützt durch das Wiederaufgreifen der Reime in jeweils zwei Strophen und auch durch das Enjambement in den Versen 12 und 13. Damit ist der Text ein Beispiel für eine sehr formstrenge Dichtung, die so das Selbstverständnis des Künstlers als Handwerker zum Ausdruck bringt. Darauf wird im Folgenden noch genauer eingegangen; zunächst soll aber der Inhalt der vier Strophen erfasst werden. I.

In der ersten Strophe denkt sich der lyrische Sprecher in die Ruhe und Abgeschiedenheit einer **menschenfernen Naturidylle**, die einzig durch die Vogellaute eines Kuckucks belebt wird. Dessen Ruf ist geeignet, die ganze Landschaft gleichsam in den Schlaf zu singen. Die Tätigkeit des Sprechers besteht einzig darin, dem Vogelton nachzuhören, zwischen Wald und freiem Feld dazuliegen und die friedliche Geborgenheit der Situation zu genießen. Der lyrische Sprecher befindet sich nicht selbst in der Natur, sondern erklärt nur, dass er sich stets besonders wohlfühlt, wenn er die Gelegenheit hat, am Waldrand auszuruhen. II. 1.

Dass der Sprecher hier einen romantisch-idealen Ort evoziert, wird besonders deutlich, wenn er in der zweiten Strophe diesen Naturraum von der Gesellschaft abgrenzt, von deren Erwartungen er sich verfolgt fühlt. Die **Ansprüche der Alltagswelt** in all ihren Erscheinungsformen – Familie, Beruf, Politik, Wirtschaft, gesellschaftliches Leben – quälen den lyrischen Sprecher, weil sie ihn offensichtlich dazu drängen, sich ihnen und ihren Vorstellungen anzupassen. Von diesen Anforderungen der Gesellschaft wird er in der freien Natur verschont, weil er hier ganz auf sich allein gestellt ist und nur seinen eigenen Gesetzen gehorchen muss. 2.

Im ersten Terzett kann eine Zuspitzung des Gedankengangs festgestellt werden: Wüsste der Teil der Gesellschaft, der der Oberschicht zugeordnet werden muss, was ihn, den Dichter, so beglückt, empfände er wohl Neid. Das Gedankenspiel an dieser Stelle zeigt sehr deutlich, wie der Sprecher die Weltanschauung der Gesellschaft kritisch hinterfragt. Der Grund für diese Einstellung ist im zweiten, abschließenden Terzett erkennbar. Der Prozess des Dichtens, die Erschaffung seiner **Kunst**, gelingt dem lyrischen Sprecher in der **Natur** offenkundig mühelos. Diese privilegierte Stellung genießt er unausgesprochen gegenüber den Anstrengungen der Arbeit in der Gesellschaft. 3.

Wie bereits bei der Zusammenfassung des gedanklichen Aufbaus erwähnt, III.
handelt es sich beim vorliegenden Gedicht um ein **klassisches Sonett**, das den 1.
oben aufgezeigten strengen Formregeln gehorcht. Zu den inhaltlichen Merkmalen dieser Gedichtform gehört, dass die beiden ersten Strophen, also die Quartette, **These** und **Antithese** zu einem Thema aufstellen: Die Gegenüberstellung von (guter) Natur und (schlechter) Gesellschaft wird bei Mörike klar formuliert. Nach der klassischen Lehre des Sonetts wird dann in den beiden Terzetten eine **Synthese**, also eine Aufhebung der Gegensätze, vollzogen. Im Gedicht *Am Walde* steht am Ende die Kunst, genauer: das Kunstschaffen, im Mittelpunkt. Das Bild der harmonischen, in sich ruhenden Natur und das Gegenbild einer entfremdeten Gesellschaftswelt werden hier reflektiert und erscheinen im poetischen Schaffensprozess aufgehoben. Die beiden Bereiche kommen jedoch allenfalls im Dichter selbst zur Deckung, denn die Mitglieder der Gesellschaft haben, so legt der Text nahe, keine Ahnung davon, wie der Künstler und wie seine Kunst funktionieren. Die Dichotomie wird also in Wirklichkeit nicht überwunden. In jedem Fall dient die Sonettform dazu, über ein Thema, nämlich die Wirkung und die Bedeutung von Kunst im Spannungsfeld von Natur und Gesellschaft, nachzudenken.

Die **Natur** wird im vorliegenden Gedicht **als Idylle gezeichnet**, die vor allem 2.
über die akustischen Signale des Kuckucks wahrgenommen wird. Unterstützt wird dieser Klangraum durch die **Assonanzen**, die vor allem die erste Strophe – der dunkle „a“-Vokal verbindet fließend den „Waldsaum“, „lange Nachmittage“, das „Gras[]“, das „Tal“ und schließlich den „Gleichklang [der] Klage“ (V. 1 ff) miteinander – und die letzte Strophe („ä“-Umlaut) prägen und dem Text eine sonore, ruhige Atmosphäre verleihen. Die beruhigende Wirkung des Vogelgesangs in Strophe 1 spiegelt sich deutlich im „Gleichklang“ der Sprache. In diesem Kontext muss wohl auch die „Klage“ (V. 4) verstanden werden: als Ausdruck eines wehmütigen Liedes in der Abenddämmerung, nicht als Hinweis auf eine depressive Grundeinstellung.
Neben dem akustischen Sinn spielt aber auch das Sehen für den Sprecher eine Rolle. Seine Arbeit als Poet verrichtet er, während seine „Augen in der Ferne weiden“ (V. 14). Die metaphorische Verknüpfung des menschlichen Sinnesorgans mit der geruhsamen Nahrungsaufnahme von Tieren ist ein treffendes Bild für die Natürlichkeit des poetischen Produktionsprozesses und für die Einheit, die zwischen Ich und Natur herrscht. So ist es auch nicht verwunderlich, dass sich die Kunstprodukte, in diesem Fall ein Sonett, „wie von selber“ (V. 13) herstellen. Und auch die fertigen Sonette sind nichts anderes als „gedrängte Kränze“ (V. 12), also Produkte, die der Mensch aus der Natur schöpft. Die **Metapher des Kränzeflechtens** ist ein fester Topos zur Darstellung der Sonettproduktion, da die Reimformen des Sonetts, wie bereits erwähnt, als geflochtener Kranz beschrieben werden können.

Im Gegensatz zum Freiraum der Natur, die in einem ganzheitlichen Erleben 3.
wahrgenommen wird und zwanglos zur Kunst führt, steht die Sphäre der **Gesellschaft**, die **als feindlich empfunden** wird. In der zweiten Strophe wird

sie als „schlimmste Plage“ (V. 5) bezeichnet und antithetisch dem „Behagen“ (vgl. V. 8) gegenübergestellt, das der Sprecher in der Natur empfindet. Schlüsselbegriff für die Gesellschaft sind die „Fratzen“ (V. 6), also die verzerrten Gesichter, die für eine ganz andere Form des Lebens und Arbeitens stehen. Fratzen sind auch Masken, die nicht nur verzerren, sondern auch eine Wahrheit verbergen können. Der Dichter will sich diesen gesellschaftlichen Anforderungen nicht „fügen“ (V. 6) und man darf annehmen, dass er damit die Anpassung an gesellschaftliche Arbeitszwänge meint. Mit dem abwertend zu verstehenden Hinweis auf die „feinen Leute“ (V. 9) gibt er zudem zu erkennen, dass er von der führenden Gesellschaftsschicht nichts hält. Zwischen Natur und Gesellschaft besteht also ein gewaltiger Gegensatz. Mörike hat zur Darstellung dieser Dissonanz noch ein sehr subtiles sprachliches Mittel eingesetzt: Die beiden Mittelreime in Strophe 1 und 2 sind nicht ganz rein aufeinander bezogen, denn das Sich-Fügen im sechsten Vers wehrt sich hörbar gegen das Liegen (V. 2), das Einwiegen (V. 3) und das Bekriegen (V. 7).

Der dichtende Sprecher setzt der Gesellschaft, die ihn zwingen will – er spricht 4.
sogar von „bekriegen“ (V. 7), also einer kämpferischen Auseinandersetzung –, den Müßiggang des „Poeten“ (V. 10) entgegen, der mit offenen Sinnen die Natur betrachtet und in einem fast traumartigen Zustand seine Kunst schafft. Diese „Zeitverschwendung“ (vgl. V. 10), vermutlich ein grundsätzlicher Vorwurf der Gesellschaft gegenüber dem Dichten, bezeichnet der Sprecher als „schön“ und bewertet sie aus der Sicht des Künstlers neu. Die Verwandlung von Natur zu Kunst ergibt für ihn eine **künstlerische Befriedigung**, eine Erfüllung, die, wenn sie es nur wüssten, die Menschen aller Gesellschaftsschichten glücklich machen würden. Das komplexe Konditionalgefüge im Irrealis lässt einen Sprecher erahnen, der sich im Innersten sehr darüber freut, dass er in dieser für ihn privilegierten Situation ist (vgl. V. 9 ff).

Mörikes Gedicht *Am Waldrand* knüpft mit seiner Form und seiner Aussage an 5.
die **Ideale der Klassik und Romantik** an. Die schöne, autonome und selbstverständliche Kunst ist eine Idee der Klassik, während die Verknüpfung von Kunst und Natur sehr stark an die Romantik und die auch in dieser Epoche gepflegte Ablehnung der bürgerlichen Zwänge erinnert: Mensch, Kunst, Natur und Leben sollten zu einer Einheit verschmelzen. Das Biedermeierliche liegt bei Mörike in der Hinwendung zur Natur sowie in der deutlichen Ironie und der Einstellung gegenüber dem Bürgertum. Nirgends im Gedicht wird der Weltschmerz oder die romantische Sehnsucht nach einer besseren Welt greifbar. Vielmehr scheint der Sprecher recht zufrieden mit seiner Rolle zu sein: Er hat sich behaglich eingerichtet. Man kann aber aus dem Gedicht auch einen scharfen Angriff auf das Bürgertum des 19. Jahrhunderts herauslesen, dem es in erster Linie darum ging, wirtschaftlich erfolgreich zu sein und das deshalb keine „Zeit verschwenden“ (V. 10) wollte. Nur harte Arbeit zählte für den Erfolg, Müßiggang war verpönt.

Die Literaturgeschichte ist voll von biografisch begründeten oder in den Texten deutlich nachvollziehbaren Querverbindungen zwischen einzelnen Epochen. Auch in Hermann Lenz' 1986 veröffentlichten Frankfurter Poetikvorlesungen findet sich eine solche Verbindung: Seine **Begeisterung für Eduard Mörike** wird Zeile für Zeile belegt. Schon als junger Konfirmant hat er dessen Werke als Geschenk erhalten und sich ab dieser Zeit Mitte der 1920er-Jahre intensiv mit den Gedichten des Biedermeier-Lyrikers beschäftigt. Daneben sind es offenbar die Briefe gewesen, die ihn als Leser begeistern konnten (vgl. Text B, Z. 1–5). Im Mittelpunkt seines Interesses steht nach seinen Ausführungen Mörikes Naturverständnis. Dabei behauptet Lenz, dass die Naturdarstellungen in den Gedichten des Lyrikers dem Leser nicht nur alltägliche Erscheinungen und Beobachtungen der Außenwelt nahebringen, sondern auch die Selbsterkenntnis anstoßen können (vgl. Z. 5–8). Voraussetzung für diese Haltung ist nach Lenz die Suche nach Ruhe und Einsamkeit in der Natur, die zu einer Entschleunigung des Lebens führen kann. Wörtlich zitiert er an dieser Stelle das Bild des Dichters, der am „Waldsaum" liegt und dem Kuckuck zuhört (vgl. Z. 9–14). Ganz ähnlich wie Mörikes Gedicht gibt Lenz hier noch eine Erklärung für die Kraft, die aus dem Ruheraum Natur erwächst. Sie hilft nämlich nicht nur dem Dichter, zu sich selbst zu kommen, sondern auch dem **Heranwachsenden**, der noch nicht weiß, welchen Platz er in der Welt einnehmen soll (vgl. Z. 15–18). Lenz war offensichtlich in seiner Jugend ein Suchender, wohl auch ein Außenseiter, der in der Literatur Erkenntnisse und Klarheit gesucht und gefunden hat. IV. 1.

Als er dann selbst zum Dichter geworden ist, zeigen sich auch in seinen Texten Anklänge an sein Vorbild Mörike. Mit dem 1991 veröffentlichten Gedicht *Nebendraußen* knüpft er sehr deutlich an *Am Walde* an. Zunächst ist die Ausgangssituation die gleiche: Ein Sprecher preist den Rückzugsraum der unbehelligten Natur. Wie bei Mörike gibt es in *Nebendraußen* einen Wald, ein Vogel – hier ist es die Grasmücke – singt, nicht einmal ein Ameisenbiss stört die Idylle an einem Junitag. Der Blick des Sprecher schweift wie im Vorbild in die Ferne und entdeckt „[b]laue Wälder und Höhenzüge" (V. 8) und schimmernde „Blätter" (V. 10). 2.

Mörike hatte eine klare und deutliche Abgrenzung zwischen dem dichtenden Ich und der Gesellschaft konstatiert. Soweit geht Lenz in seinem Gedicht nicht. Der Titel *Nebendraußen*, ein **Neologismus**, lässt zwar darauf schließen, dass sich die Naturempfindung von der Alltagswelt abgrenzen lässt, also eine willkommene Abwechslung zur Gesellschaft darstellt, aber eine explizite Ablehnung oder Gegenüberstellung findet sich nicht. In der letzten Strophe wird nur darauf hingewiesen, dass es von Vorteil sein könne, wenn man – zumindest partiell – „[k]eine Ahnung" (V. 12) habe. Allerdings wird der konkrete Bezug dieser vom Ich genossenen Ahnungslosigkeit durch drei Auslassungspunkte völlig offen gelassen. Der Ausdruck ‚keine Ahnung haben' ist darüber hinaus aber doppeldeutig: Er verweist nicht nur auf konkretes Nicht-Wissen, sondern auch auf die Abwesenheit von Zukunftsvorstellungen. Das Ich genießt den

naiven Zugang zur Welt; ganz in der **Tradition der Romantik** nutzt es alle seine Sinne – es hört, fühlt und sieht – und empfindet Freude darüber, dass es für diesen Moment seiner Umwelt nicht rational-analysierend gegenübertreten muss.
Nimmt man die Poetikvorlesung als Referenztext dazu, dann könnte man die Vermutung anstellen, dass der moderne Dichter die **Natur trotz der Umweltbelastungen als Genussmöglichkeit** sieht, auch wenn dies nur für die kurze Zeit des „Nebendraußens" zu akzeptieren ist. Für einen Dichter des ausgehenden 20. Jahrhunderts wäre es wohl ein Zeichen von Ignoranz, wenn er die Natur so unbekümmert hochleben lassen würde, wie dies Eduard Mörike im ersten Drittel des 19. Jahrhunderts möglich war. Lenz weiß von den technischen Entwicklungen und den „Errungenschaften der Industrie" (Text B, Z. 6), er weiß auch, dass der durch Abgase erzeugte saure Regen (vgl. ebd. Z. 11) die Wälder konkret gefährdet, er hält aber noch an einer erbaulichen Naturpoesie fest.
Blickt man auf die Form des Gedichts, dann erkennt man, dass es im Vergleich zu Mörike deutlich zurückhaltender gestaltet ist. Während der Dichter des 19. Jahrhunderts noch an der strengen Form festhielt und darüber hinaus die Selbstverständlichkeit der Herstellung dieser Form für sich proklamiert, so tritt Lenz sehr bescheiden auf. Äußerlich weist das Lenz-Gedicht kaum eine Regelmäßigkeit auf. Die drei Strophen lassen keine Metrik erkennen, nur die Doppelung der Dreizeiligkeit mag als Kunst-Wollen angeführt werden. Die Sätze sind einfach reihend konstruiert. Die elliptische Bauweise (in der zweiten und dritten Strophe fehlen die Satzprädikate) erinnert eher an eine spontane Reflexion, nicht an eine programmatische Aussage, wie sie Mörikes Text prägt. Diese **Bescheidenheit** ist ein Grundzug von Hermann Lenz und durchzieht auch seine Aussagen zur Verbundenheit mit seinem großen Vorbild Eduard Mörike.

In der Literatur ist die Vorstellung eines **Naturraumes**, der **als Gegenbild zu gesellschaftlichen Zwängen** konzipiert wird, ein fester Topos. Wenn Goethes Faust, um nur ein Beispiel zu nennen, mit seinem Schüler Wagner den Osterspaziergang macht, ruft er begeistert aus: „Hier bin ich Mensch, hier darf ich's sein!" und bezeichnet damit die Freiheit und Selbstbestimmung, die die Natur ihm gewährt. In den Szenen davor war er in der Enge seiner Studierstube gefangen und verzweifelte aus unerfülltem Wissensdrang am Leben. Nicht immer aber ruft die Natur nur positive Assoziationen hervor. Max Frisch hat beispielsweise in Walter Faber eine Figur geschaffen, für die Natur zunächst ein Zustand der Unberechenbarkeit und der mystischen Unklarheit ist. Er ist ein Mann der Technik, dem es darum geht, die Gesellschaft von der unberechenbaren Natur zu befreien. Aber auch Faber muss schließlich einsehen, dass er seine eigene Natur nicht beherrschen kann. **c**

Deutsch (Bayern G8) – Abiturprüfung 2012: Aufgabe 2: Erschließen eines poetischen Textes

a) Erschließen und interpretieren Sie den folgenden Szenenausschnitt unter besonderer Berücksichtigung satirischer Gestaltungsmittel!

b) Zeigen Sie ausgehend von Ihren Ergebnissen vergleichend auf, wie das Thema „Schuld“ in einem anderen literarischen Werk gestaltet wird!

Vorbemerkung

„Freispruch“ ist eines von sieben Dramoletten* Thomas Bernhards, die zusammen ein Schlaglicht auf die deutsche Gesellschaft der Nachkriegszeit werfen. Eine Anklage gegen den Gerichtspräsidenten Sütterlin wegen seiner NS-Verbrechen ist auf Betreiben seines Stellvertreters Hueber fallen gelassen worden. Im Personenverzeichnis des Stücks werden Sütterlin, Hueber und Gerichtsrat Mühlfenzl gleichwohl mit dem Titel „Massenmörder“ mitgeführt. Zusammen mit ihren Ehefrauen, der Schulrätin Sütterlin, der Lehrerin Hueber und der Stadträtin Mühlfenzl, feiern die drei Herren nun im Haus Sütterlin am Rhein in gelöster Stimmung die Einstellung des Verfahrens als Freispruch.

* *Dramolett:* kurze, in sich geschlossene Szene

Thomas Bernhard (1931–1989)
Der deutsche Mittagstisch. Dramolette

Freispruch

[…]
HERR HUEBER Wann sank denn die Tirpitz[1]
HERR SÜTTERLIN Ja wann sank denn die Tirpitz
HERR HUEBER So Ende vierundvierzig denke ich
HERR SÜTTERLIN Ende vierundvierzig
HERR HUEBER Kann sein
HERR SÜTTERLIN Die Tirpitz sank Ende vierundvierzig
wenn nicht schon früher
wenn nicht schon früher
HERR MÜHLFENZL Die sank vielleicht schon Anfang vierundvierzig
HERR HUEBER Vielleicht sank sie schon dreiundvierzig
HERR SÜTTERLIN Dreiundvierzig bestimmt nicht
HERR MÜHLFENZL Oder erst fünfundvierzig
möglicherweise sank sie erst fünfundvierzig
FRAU HUEBER So ein stolzes Schiff

HERR SÜTTERLIN Ich sehe sie noch auslaufen
Da stand ich in Wilhelmshaven an Land
als die Tirpitz auslief
tolles Schiff
da stand ich lange und sah ihr nach
FRAU MÜHLFENZL Wo sank die denn
HERR MÜHLFENZL Am Skagerrak[2] nicht wahr
HERR HUEBER Ich dachte am Kattegatt
am Kattegatt dachte ich
FRAU HUEBER In der Ostsee nicht wahr
HERR SÜTTERLIN Sank sie in der Ostsee
oder sank sie in der Nordsee
oder im Atlantik
Nun ja
merkwürdig daß ich nicht weiß
sank sie in der Ostsee
oder in der Nordsee
FRAU HUEBER Jetzt ist die Tirpitz gesunken
jetzt geht es bergab
sagte mein Mann
natürlich dachten wir nicht an Niederlage
aber irgendwie ging es von da an
als die Tirpitz sank
bergab
HERR SÜTTERLIN Bergab
wie es sich anhört bergab bergab
nun ja
Ich denke jetzt geht es doch wieder
bergauf
habe ich nicht recht
bergauf
bergauf
bergauf
FRAU SÜTTERLIN Diese schönen deutschen Schlachtschiffe
wie die alle sanken
ich sehe das noch in der Wochenschau
und dazu Liszt[3]
wie schrecklich
In der Wochenschau sah man
Deutschland sinken
und immer Liszt dazu
wie schrecklich
läutet dem Hausmädchen

Das Tragische waren die hohen Militärs
auf die sich der Führer nicht verlassen konnte
auf den Adel nicht
auf niemanden
Das Mädchen tritt auf
FRAU SÜTTERLIN *zu ihm*
Ach bringen Sie uns doch noch etwas Sahne
Fräulein Nora
und dann servieren Sie im Salon den Kaffee
Das Mädchen geht hinaus
FRAU SÜTTERLIN Die Generäle selbst
haben den Führer verraten
Die Militärs waren die Verräter
Wo stünden wir heute
wenn wir tapfere und treue Generäle gehabt hätten
zu Herrn Mühlfenzl
Herr Gerichtsrat Mühlfenzl
sagen Sie selbst
es gab doch nicht einen einzigen
wirklich führertreuen General
nicht einen einzigen
Die Katastrophe mußte kommen
denken Sie nur an die Leute wie Brauchitsch[4]
wie von Rundstedt
ganz zu schweigen von Paulus
ich schäme mich
diesen Namen überhaupt in den Mund zu nehmen
Überhaupt die Männer
waren nie so treue Deutsche wie die Frauen
Die Männer sind Deutschland immer
in den Rücken gefallen
Mit ein paar Ausnahmen
blickt sich in der Runde um
zu ihrem Mann
Du zum Beispiel
zu Mühlfenzl
und Du unser lieber Gerichtsrat
und zu Hueber
und Du unser stellvertretender Gerichtspräsident
Ich sage zu meinem Mann immer
wenn dich der Schlag trifft
wird Hueber dein Nachfolger
das hört er nicht gern

zu ihrem Mann, Herrn Sütterlin
Nicht wahr
damit erschrecke ich dich
Aber wie ich dich kenne
überlebst du uns alle
Sie steht auf und geht zu einem Plattenspieler und legt eine Platte mit dem Schlußchor aus Beethovens Neunter auf
Nein nicht diese Töne[5]
wir wollen doch heute keinen tragischen Ton aufkommen lassen
Das Mädchen bringt eine Schüssel mit Sahne herein und stellt sie auf den Tisch
FRAU SÜTTERLIN *zum Mädchen*
Machen Sie den Kaffee stark Fräulein Nora
Nun gehen Sie schon
Das Mädchen geht hinaus
FRAU SÜTTERLIN *über das Mädchen*
Wie dumm diese Geschöpfe sind
wie dumm
Jetzt ist sie schon zwei Jahre im Haus
und weiß noch immer nicht
wie Sahne geschlagen wird
Sie setzt sich wieder an den Tisch
Aber wir kommen ohne diese Dummköpfe
nicht aus
plötzlich zu ihrem Mann
Du hast zwölftausend umgebracht
verzeih das harte Wort
blickt auf Hueber
und Hueber hat dich freigebracht
wie Mühlfenzl mich freigebracht hat
schließlich habe ich eigenhändig
achtundzwanzig umgebracht
HERR SÜTTERLIN *mit hocherhobenem Kopf*
Erhängt
FRAU SÜTTERLIN Ja
HERR SÜTTERLIN Neunzehn Französinnen
und neun Russinnen
FRAU SÜTTERLIN Ja so ist es
HERR SÜTTERLIN Aber die Zeit heilt schließlich
alle Wunden
was danken wir nicht alles
der Firma Hueber und Mühlfenzl sage ich immer
FRAU SÜTTERLIN Das sagt er wirklich
manchmal
wenn er in sich geht
Aber wir wollten fröhlich sein nicht wahr

reicht die Sahneschüssel herum
Nehmen Sie sich doch von der Sahne
HERR HUEBER In Buchenwald war es ja nicht so schlimm
nicht wahr
HERR MÜHLFENZL In Ebensee[6] auch nicht
in den kleineren Lagern war es nicht so schlimm
da sind ja auch nicht Millionen umgekommen
FRAU SÜTTERLIN In Buchenwald war es nicht so schlimm
stellt die Sahneschüssel auf den Tisch
Übrigens
in Buchenwald haben mein Mann und ich geheiratet
das war gar nicht leicht
ein weißes Kleid aufzutreiben
HERR MÜHLFENZL Und hatten Sie eine lange Schleppe
FRAU SÜTTERLIN Ja
HERR SÜTTERLIN Die Schleppe meiner Frau war drei Meter lang
französische Seide
direkt aus Paris
die Zeremonie duftete ganz nach dem feinsten französischen Parfum
nach dem allerfeinsten
HERR HUEBER *plötzlich ausrufend*
Am zwölften
Alle hören
FRAU HUEBER Was ist am zwölften
HERR HUEBER *nach einer Pause*
Am zwölften November vierundvierzig
ist die Tirpitz gesunken
[...]

Aus: Bernhard, Thomas: Der deutsche Mittagstisch. Dramolette, Frankfurt/Main: Suhrkamp 1988; Uraufführung 1981

Worterläuterungen:
1 *Tirpitz*: größtes deutsches Schlachtschiff im Zweiten Weltkrieg, am 12. November 1944 bei einem Angriff der Royal Air Force versenkt
2 *Skagerrak, Kattegatt*: Im Zweiten Weltkrieg umkämpfte Meeresgebiete zwischen Dänemark und Schweden
3 *Liszt*: Komponist, mit dessen „Préludes" zur Zeit des Nationalsozialismus die Wochenschau eingeleitet wurde
4 *Brauchitsch, Rundstedt, Paulus*: Oberbefehlshaber der Wehrmacht im Zweiten Weltkrieg
5 *nicht diese Töne*: Zitat aus dem Schlusschor von v. Beethovens Neunter Symphonie
6 *Ebensee*: Außenlager des österreichischen Konzentrationslagers Mauthausen

Hinweise und Tipps

- *Die Abituraufgabe ist in einen* ***Erschließungs- und Interpretationsauftrag*** *(a) und einen* ***Vergleichsauftrag*** *(b) gegliedert. Zunächst muss das Dramolett „Freispruch" von Thomas Bernhard bearbeitet werden.*
- *Kriterien für die Erschließung und auch die Reihenfolge der Analyseinstrumente können Sie selbst wählen. Allerdings werden die üblichen Aspekte wie* ***Inhalt und Aufbau, dramaturgische Gestaltung*** *(Redeanteile der Figuren, Regieanweisungen, Bewegungen im Raum, Requisiten) und* ***sprachlich-stilistische Mittel*** *sowie die* ***Dialoganalyse*** *im Mittelpunkt der Untersuchung stehen müssen. Zu entscheiden ist dabei, ob die sprachlich-stilistischen Beobachtungen in die Interpretation integriert werden. Sie können sowohl aspektorientiert vorgehen als auch integrativ, indem Sie den Dialog nach inhaltlichen Abschnitten gliedern und die verschiedenen Aspekte gemeinsam abhandeln. Wichtig ist dabei, dass, wie in der Aufgabenstellung gefordert, die* ***satirischen Gestaltungsmittel*** *besonders herausgearbeitet werden.*
- *Die* ***Vergleichsaufgabe*** *ist auf ein weiteres literarisches Werk bezogen. Dabei gibt es weder eine Gattungs- noch eine Epochenbegrenzung, d. h., dass neben einem weiteren Drama auch Gedichte und epische Texte verglichen werden dürfen. Achten Sie aber auf die genaue Fragestellung: Sie sollen herausarbeiten, wie das Thema „Schuld" gestaltet ist. Es geht demnach nicht nur um einen inhaltlichen Vergleich, sondern auch um die Frage, mit welchen literarischen Gestaltungsmöglichkeiten in dem Vergleichswerk gearbeitet wird. Das Thema „Schuld" findet sich in zahlreichen literarischen Werken. So bietet sich z. B. ein Vergleich mit Goethes „Faust", Schlinks „Der Vorleser", Fontanes „Effi Briest", Hauptmanns „Bahnwärter Thiel" oder Büchners „Woyzeck" an.*
- ***Einleitung*** *und* ***Schluss*** *können Besonderheiten der Gegenwartsliteratur behandeln. Eine literaturgeschichtliche Einordnung Thomas Bernhards wird aber nicht verlangt. Thematisch bietet sich bei dieser Aufgabenstellung auch die Frage nach der Vergangenheitsbewältigung in der Bundesrepublik nach 1945 an.*

Gliederung

A Vergangenheitsbewältigung im Nachkriegsdeutschland

B „Schuld" in Thomas Bernhards *Freispruch* und im *Woyzeck* von Georg Büchner

I. Erschließung und Interpretation des Dramoletts *Freispruch*

1. Inhaltskern und Aufbau: kreisender Dialog zwischen den Ehepaaren Sütterlin, Hueber und Mühlfenzl nach der fallengelassenen Anklage gegen Gerichtspräsidenten Sütterlin wegen seiner NS-Verbrechen
2. Gesprächssituation: scheinbar ungezwungenes Gespräch über die Vergangenheit (NS-Zeit), gelenkt durch Frau Sütterlin
3. Stilmittel der Satire als Mittel der Gesellschaftskritik
4. Kritik an Nachkriegsgesellschaft

II. Schuld in Georg Büchners *Woyzeck*
   1. Mord an Marie
   2. Gesellschaftliche Umstände als Ursache

C Schuld als Dauerthema in der Literatur

Lösungsvorschlag

Nach Beendigung des Zweiten Weltkriegs und der endgültigen Aufdeckung der Verbrechen, die im Namen des nationalsozialistischen Regimes begangen worden waren, versuchten zunächst die Alliierten in ihren Besatzungszonen, den Deutschen ihre Verantwortung vor Augen zu führen. Filme und Plakate sollten die grausamen Schandtaten dokumentieren und die Auseinandersetzung damit in der Bevölkerung anleiten. Auch wenn die Reaktionen der Deutschen differenziert beurteilt werden müssen, so ist doch festzustellen, dass viele die Folgen des menschenverachtenden Rassenwahns der Nationalsozialisten genauso wenig sehen wollten wie die Kriegsverbrechen, die im Zuge der militärischen Eroberungen in ganz Europa begangen worden war. Diese **Schuldverdrängung** galt auch für diejenigen, die aktiv beteiligt waren am Holocaust, an der Ausbeutung von Kriegsgefangenen und anderen Verbrechen. Von den Konzentrationslagern wollte man meist nichts gewusst haben. Die Alliierten versuchten zwar, in zentralen Prozessen und Befragungen die Verantwortlichen zur Rechenschaft zu ziehen, die Problematik einer Verurteilung wurde aber sehr schnell deutlich. Darüber hinaus war die deutsche Gesellschaft auf eine funktionierende Verwaltung und eine wiederaufbauwillige Wirtschaft angewiesen. Es kam deshalb lange Jahre immer wieder zu vorschnellen **Freisprüchen** in den Kriegsverbrecherprozessen, die durchaus für Aufsehen sorgten. A
So entstand in der **Nachkriegszeit** eine von Schuldfreisprüchen und Schuldverdrängung geprägte Atmosphäre. Diese Verdrängung war ein großes Thema in Kunst und Literatur. Thomas Bernhard hat sich in seinen Dramoletten *Der deutsche Mittagstisch*, die allerdings erst 1988 veröffentlicht wurden, mit einer bestimmten Gesellschaftsschicht auseinandergesetzt, die eine eindeutige Haltung zur Schuldfrage eingenommen hat: Mit den Verbrechen der Nationalsozialisten wollten sie nichts zu tun gehabt haben; ihre eigene Beteiligung am NS-System wurde heruntergespielt oder als völlig legal hingestellt.

Im Dramolett *Freispruch*, einem dieser sieben Dramolette Bernhards, feiern die Ehepaare Sütterlin, Hueber und Mühlfenzl die Einstellung des Verfahrens gegen den Gerichtspräsidenten Sütterlin wegen dessen NS-Verbrechen. B

Zu Beginn des Textauszugs spekulieren die Herren ergebnislos über Ort und Zeit des Untergangs des deutschen Schlachtschiffs Tirpitz (vgl. Z. 1–31). I. 1.
Dieses Ereignis wird im folgenden Gespräch auf die **geschichtliche Entwicklung** übertragen (vgl. Z. 32–57). So deutet Frau Hueber das Sinken des Schif-

fes als Hinweis auf das Ende des „Dritten Reichs". Gleichzeitig hebt Herr Sütterlin aber hervor, dass sich gegenwärtig die Situation wieder verbessert, während seine Frau sich noch einmal das Niedergangsszenario in der Endphase des Zweiten Weltkriegs vergegenwärtigt.
Der dritte Abschnitt dieser Szene wird von Frau Sütterlin dominiert. Sie sucht nach einer Erklärung für die Niederlage Deutschlands im Zweiten Weltkrieg (vgl. Z. 58–109). Ihrer Meinung nach sind daran die militärischen Führungspersönlichkeiten schuld, die den Führer verraten hätten, während die Frauen im Allgemeinen die größere „Führertreue" zeigten. Im Anschluss an diese Reflexion über die Vergangenheit lässt sich die Gastgeberin, als das Dienstmädchen eine Schüssel Sahne hereinbringt, über unzulängliches Dienstpersonal aus (vgl. Z. 110–123).
Übergangslos erinnert sich das Ehepaar Sütterlin an die **Zeit im Konzentrationslager Buchenwald** (vgl. Z. 124–165). Sie heben dabei ihre eigenen dort begangenen Gräueltaten hervor und rühmen sich der von ihnen begangenen Morde. Eingeschoben in diese Ausführungen ist ein Dank Frau Sütterlins an Hueber und Mühlfenzl für deren erfolgreichen juristischen Beistand. Gleichzeitig verharmlosen alle die Situation in den Konzentrationslagern und Frau Sütterlin schwärmt von ihrer Hochzeit im KZ, die trotz der Umstände durchaus prachtvoll gewesen sei. Völlig unvermittelt kehrt das Gespräch zum Abschluss der Szene noch einmal zum Thema der gesunkenen Tirpitz zurück, indem sich Herr Hueber plötzlich wieder an das Datum erinnern kann (vgl. Z. 166–173).

An diesem scheinbar ungezwungenen **Gespräch** beim Mittagstisch sind die 2.
Ehepaare Sütterlin, Hueber und Mühlfenzl beteiligt. Jede Figur nimmt im Nachkriegsdeutschland eine relativ wichtige gesellschaftliche Position ein. Sütterlin als Gerichtspräsident, sein Stellvertreter Hueber und Gerichtsrat Mühlfenzl beeinflussen aufgrund ihrer Posten die Rechtsprechung nicht unerheblich. Auch ihre Frauen, Frau Sütterlin als Schulrätin, Frau Hueber als Lehrerin und Frau Mühlfenzl als Stadträtin, haben kraft ihrer Ämter Einfluss auf die bundesrepublikanische Gesellschaft nach 1945.
Im Tischgespräch konzentrieren sich die Figuren aber auf die Vergangenheit, auf die Zeit während des NS-Regimes. Zu Beginn des Gesprächs, als es um das Datum des Untergangs der Tirpitz geht, fallen häufige und rasche **Sprecherwechsel** auf (vgl. Z. 1–24). Gelenkt wird das Gespräch weitgehend von der Gastgeberin und Hausherrin Frau Sütterlin. Sie hat die meisten **Gesprächsanteile** und gibt die **Gesprächsthemen** vor. In ihrer Rolle bestätigt wird sie durch knappe Erwiderungen ihres Mannes und der Gäste (vgl. Z. 149 ff.). Keinen einzigen Redeanteil hat das Hausmädchen. Es bringt nur die bestellte Sahne, stellt diese auf den Tisch (vgl. Z. 110) und nimmt Befehle entgegen. Dadurch wird die gesellschaftliche Hierarchie besonders herausgestellt.
Frau Sütterlins Ausführungen über ihre Gräueltaten im Konzentrationslager werden mehrfach von ihrem Mann unterbrochen. Dabei handelt es sich jeweils um **Präzisierungen**: So bemerkt sie z. B., sie habe 28 Menschen umgebracht, woraufhin ihr Mann die Todesart einwirft (vgl. Z. 132 ff.). Fast stolz erwähnt

er, dass sie diese „eigenhändig“ (Z. 131) „erhängt“ (Z. 133) habe. Ebenfalls unterbrochen wird das Gespräch auch durch Frau Sütterlins Anweisungen gegenüber dem Hausmädchen, über dessen Dummheit sie sich auslässt, als das Mädchen den Raum verlässt, um Kaffee zu machen (vgl. Z. 116 ff.).
Während des Gesprächs gibt es keine Entwicklung oder neue Einsichten der Figuren, sodass am Ende die Rückkehr zum Ausgangsthema, dem Sinken der Tirpitz (vgl. Z. 167), den Kreis schließt und die Unterhaltung wieder von vorne beginnen könnte.

Die Gesprächssituation wirkt **grotesk verzerrt**, da es Massenmörder sind, die hier feiern und Kaffee trinken. Bernhard verwendet das **Stilmittel der Satire**, das dazu dient, die Figuren – ihr Denken und ihr Verhalten – zu entlarven. Die Satire ist eine literarische Form der Kritik an individuellen, gesellschaftlichen oder allgemeinmenschlichen Schwächen. Hier kritisiert sie die Verdrängung und Bagatellisierung der nationalsozialistischen Verbrechen in der Nachkriegsgesellschaft, indem sie deren Protagonisten ins Lächerliche zieht. Während die Figuren ihre Bäuche mit Sahne vollschlagen, erzählen sie gleichsam nebenbei, dass Herr Sütterlin „zwölftausend umgebracht“ (Z. 125) habe. Dass es dabei um Menschen geht, wird nicht erwähnt. Durch **Wiederholungen** zeigen die Figuren auch ihre Abgestumpftheit. Sie bestärken sich gegenseitig, wenn sie immer wieder betonen, dass „es ja nicht so schlimm“ (Z. 148) war (vgl. auch Z. 151, 153). Gerade durch die Fixierung auf **nebensächliche Details** – das genaue Datum und den Ort des Untergangs der Tirpitz (vgl. Z. 25 ff., 30 f.) – zeigt die Szene fast Züge des absurden Theaters. 3.
Durch abrupt erscheinende Übergänge, assoziative Themenwechsel und eingeschobene Alltagshandlungen wird das **Geschehen satirisch gebrochen** und gleichzeitig die immer noch andauernde nationalsozialistische Grundhaltung der Figuren aufgedeckt. Frau Sütterlin trägt dem Hausmädchen auf, „den Kaffee stark“ (Z. 112) zu machen, lästert im nächsten Satz über die angebliche Dummheit des Personals (vgl. Z. 116 ff.), um dann „plötzlich“ (Z. 124) ihren Mann daran zu erinnern, dass er „zwölftausend umgebracht“ (Z. 125) habe. Sie selbst hat „eigenhändig achtundzwanzig umgebracht“ (Z. 130 f.). Herr Sütterlin differenziert die Opfer dann auch noch: „Neunzehn Französinnen und neun Russinnen“ (Z. 135 f.). Zusammenhangslos erinnert seine Frau die übrigen, „wir wollten fröhlich sein nicht wahr“ (Z. 145), und reicht die „Sahneschüssel herum“ (Regieanweisung, Z. 146). Geradezu grotesk wirkt Huebers Entgegnung, es sei in „Buchenwald [...] ja nicht so schlimm“ (Z. 148) gewesen. Auch Frau Sütterlin bestätigt dies (vgl. Z. 153 f.), um dann übergangslos von ihrer Hochzeit im Konzentrationslager zu berichten und ihren Schwierigkeiten, dort „ein weißes Kleid aufzutreiben“ (Z. 158). Im **Kontrast** zu den Gräuel der Konzentrationslager wirken die Details der Hochzeit, die „lange Schleppe“, „französische Seide“, „französische[s] Parfum“ wie Hohn (Z. 159 ff.).
Noch weiter banalisiert wird der Gesprächsinhalt, als am Ende des Gesprächsausschnitts Herr Hueber völlig unvermittelt zum Ausgangsthema zurückkehrt, indem er „plötzlich ausrufend“ (Z. 166) den „zwölften November vierund-

vierzig" (Z. 171) als Datum bekanntgibt, an dem die Tirpitz gesunken sei. Ein Unrechtsbewusstsein der Figuren wird an keiner Stelle ersichtlich. Gerade durch das **Nebeneinanderstellen von banalen Alltagsaussagen und den mitleidlosen Erinnerungen** an die Gräueltaten, was in der Kombination beinahe komisch wirkt, werden die nationalsozialistischen Eliten entlarvt und ihre Verbrechen angeprangert. Das Mittel der Satire macht die Leser bzw. Zuschauer zu ihren Richtern, und schafft so ein Bewusstsein für die Problematik.

Die Szene soll darstellen, wie unbeirrbar die Verantwortlichen und Entscheidungsträger während und nach der Zeit des Nationalsozialismus waren. Offensichtlich ist ihnen nicht einmal das Ausmaß des Leides bewusst, das sie angerichtet haben: „Die Zeit heilt schließlich alle Wunden" (Z. 138 f.), meint Herr Sütterlin. Die **Massenmörder** des Nationalsozialismus werden hier in ihrer Banalität und **ohne jegliches Unrechtsbewusstsein** gezeigt. Bei der Feier anlässlich der Verfahrenseinstellung des wegen seiner NS-Verbrechen angeklagten Gastgebers tauschen sich die Figuren über Belanglosigkeiten aus: über das „stolze[] Schiff", das „tolle[] Schiff", „die Tirpitz" (Z. 14 ff.). Man knüpft an den Vorredner an und holt sich von ihm eine Bestätigung des eigenen Gesagten (vgl. Z. 44). Ausdruck mangelnden Reflexionsvermögens ist der Rückzug in **Redensarten** wie „die Zeit heilt schließlich alle Wunden" (Z. 138 f.). Diese Alltagsweisheit, die die unvergleichlichen Verbrechen der Zeit nach 1933 auf geschmacklose Weise relativiert, wirkt hier zynisch. 4.
Frau Sütterlin versichert sich des Wahrheitsgehalt ihrer Aussagen immer wieder durch kurze **rhetorische Fragefloskeln** („nicht wahr"; vgl. Z. 102, 145 f.). Dass es den Gesprächsteilnehmern nur um Selbstbestätigung geht, zeigt sich auch an den häufigen **Wiederholungen** auf der Wort- und Satzebene. Mit dem Untergang der Tirpitz ist es „bergab" (Z. 38, Frau Hueber) gegangen, „Bergab […] bergab bergab" (Z. 39 f., Herr Sütterlin). Jetzt aber nach der Verfahrenseinstellung geht es wieder „bergauf bergauf bergauf" (Z. 45 ff.). Die Eindringlichkeit des Sprechens wird dadurch gesteigert, genauso wie durch die **Reihung einzelner Wörter** und die **Variation von Teilsätzen** besonders am Anfang des Textauszugs. Als die Figuren sich über das Sinken der Tirpitz verständigen, wirft Herr Hueber „Ende vierundvierzig denke ich" (Z. 3) ein, Herr Sütterlin bestätigt das – „Ende vierundvierzig" (Z. 4) –, während Herr Mühlfenzl meint: „Die sank vielleicht schon Anfang vierundvierzig" (Z. 9). Auffällig ist dabei auch der Verzicht auf Interpunktion. Insgesamt entsteht so eine **Rhythmisierung**, fast eine Melodisierung des Sprechens, zu der auch die Zeilenumbrüche jeweils am Ende der Teilsätze und bei Aufzählungen (vgl. z. B. Z. 45 ff.) beitragen.
Entlarvend für die Nachkriegselite ist auch die Pervertierung der **Begriffe Schuld, Scham und Treue**. Frau Sütterlin wirft den Generälen Hitlers vor, sie hätten sich nicht loyal und treu verhalten und damit die „Katastrophe" (Z. 79) herbeigeführt. Gemeint sind hier aber nicht die Untaten des NS-Regimes, sondern der Untergang des Hitlerreichs, für den sie sich statt derer schämt (vgl. Z. 83). Auch dass die deutschen Frauen Hitler treuer ergeben waren als viele

Männer, sieht sie positiv (vgl. Z. 85 ff.), während alle, die den Unrechtsstaat kritisiert hätten, „Deutschland [...] in den Rücken gefallen“ (Z. 87 f.) seien. Allein die anwesenden Männer, die alle in der neugegründeten Bundesrepublik wieder eine führende Position innehaben, noch dazu in der Justiz, bildeten eine Ausnahme. Hier wechselt Frau Sütterlin auch von der höflichen Anrede – „Herr Gerichtsrat Mühlfenzel / sagen Sie selbst“ (Z. 74 f.) – zum vertraulichen Du (vgl. Z. 92 ff.) und fraternisiert dadurch mit ihnen. Die Tatsache, dass das Ehepaar Sütterlin trotz seiner Morde ungestraft davon kommt, wird durch das **Wortspiel** „umgebracht“ – „freigebracht“ weiter betont: „Du hast zwölftausend umgebracht / [...] und Hueber hat dich freigebracht / wie Mühlfenzl mich freigebracht hat / schließlich habe ich [...] / achtundzwanzig umgebracht“ (Z. 125–131).

Diese Massenmörder gehören alle einer höheren Gesellschaftsschicht an und verfügen über einen **bürgerlichen Bildungshintergrund**. Frau Sütterlin empfindet es als „schrecklich“, dass in der Wochenschau der deutsche militärische Untergang mit der Musik von Franz Liszt verbunden worden ist (Z. 48 ff.). Gleichzeitig legt sie, während sie das Hausmädchen Sahne auftragen lässt, Beethovens 9. Symphonie mit dem Schlusschor *Ode an die Freude* auf. Durch diese beiden **Symbole** für Freude und Genuss wird die Erzählung der begangenen Morde kontrastiert und damit die Banalität des Bösen deutlich herausgestellt.

Thomas Bernhard kritisiert in seinem Dramolett *Freispruch* den Alibicharakter vieler Kriegsverbrecherprozesse, die vielfach zur Folge hatten, dass die verbrecherischen NS-Eliten rehabilitiert und wieder als Führungsschicht installiert wurden. Die Entnazifizierung der Gesellschaft geschah nur äußerlich, eine wirkliche Aufarbeitung der Schuld fand lange Zeit nicht statt.

Das Thema „Schuld“ wird in zahlreichen literarischen Werken in unterschied- II.
lichster Weise verarbeitet. Während Bernhard in *Freispruch* in satirischer 1.
Weise die Schuldverdrängung der nationalsozialistischen Eliten entlarvt, führt Georg Büchner in seinem Dramenfragment *Woyzeck* die **gesellschaftliche Bedingtheit** der persönlichen Schuld vor.

Das Drama basiert auf dem historischen Fall des Johann Christian Woyzeck, der aus Eifersucht seine Geliebte, Johanna Christiane Woost, umgebrachte. In zwei psychologischen Gutachten wurde die Zurechnungsfähigkeit des arbeitslosen Barbiers festgestellt und dieser 1824 auf dem Marktplatz in Leipzig hingerichtet. Büchner zeigt durch seine Art der Darstellung des Falls, dass die Autonomie des Individuums nicht immer gegeben ist und dass dies die persönliche Schuld des Einzelnen relativiert.

Woyzeck macht sich schuldig, indem er am Ende des Dramas seine Freundin Marie, mit der er ein gemeinsames Kind hat, umbringt. Marie ist bis dahin das einzig Positive, was Woyzeck im Leben hat. Sie hintergeht ihn aber mit dem stattlichen Tambourmajor, woraus sich der Anlass für den **Mord** ergibt.

Die Sympathie des Lesers ist dennoch auf Seiten Woyzecks, da in den vorhergehenden Szenen gezeigt wird, dass dieser von allen nur ausgenutzt wird. Er muss neben seinem Militärdienst in jeder freien Minute zusätzliches Geld für sein Kind und Marie verdienen: So rasiert er den Hauptmann und macht für den Doktor eine Erbsendiät zu wissenschaftlichen Zwecken. Der Hauptmann spottet stets über den Soldaten Woyzeck, er behandelt ihn wie einen unselbstständigen Dummkopf, der nur zu seiner Erheiterung da ist. Allerdings wird bald klar, dass die Verständnisschwierigkeiten auf Seiten des Hauptmanns liegen, der den durchaus sozialkritischen Aussagen Woyzecks nicht folgen kann. Auch der Doktor ist an Woyzeck nur als Versuchsobjekt interessiert, er ist ein „interessanter Casus", den er seinen Studenten zeigen kann, da aufgrund der Mangelernährung dessen Reaktionsfähigkeit nachlässt. Von der Oberschicht wird Woyzeck nicht als Subjekt wahrgenommen und deshalb nur mit dem Personalpronomen „er" angesprochen. Neben dem körperlichen Verfall wird auch der psychische Druck immer größer, sodass Woyzeck Stimmen hört. Da er physisch und psychisch immer mehr abbaut, ist es ihm unmöglich, Maries Bedürfnis nach Sozialprestige und Erotik adäquat zu erfüllen, sodass sie schließlich fremdgeht. Seine Verzweiflung ist letztendlich so groß, dass sie sich gegen das Einzige, was er noch hat, gegen Marie richtet.

Woyzeck wird schuldig, weil ihm die **gesellschaftlichen Verhältnisse** keine 2.
Möglichkeit lassen, seiner Armut zu entfliehen. In einem Brief an seine Eltern schreibt Büchner 1834, dass er niemanden verachtet, „am wenigsten wegen seines Verstandes oder seiner Bildung, weil es in niemands Gewalt liegt, kein Dummkopf oder kein Verbrecher zu werden – weil wir durch gleiche Umstände wohl alle gleich würden und weil die Umstände außer uns liegen." Büchner spricht damit der Gesellschaft einen großen Teil der Schuld für den Mord, den Woyzeck begangen hat, zu – ganz anders als Thomas Bernhard, der die Massenmörder des NS-Regimes in ihrer Uneinsichtigkeit bloßstellt. Während Büchner gegenüber seiner Hauptfigur großes Verständnis entwickelt, klagt Bernhard mit seiner Satire die Verantwortlichen des 3. Reiches an. Die **Schuldfrage** wird aber in beiden Fällen eindeutig beantwortet.

Auch der **Gegenwartsroman** beschäftigt sich mit der **Frage der Schuld**. *Der* C
Vorleser, ein Roman von Bernhard Schlink aus dem Jahr 1995, behandelt etwa die Beziehung des anfangs 15-jährigen Teenagers Michael zur 36-jährigen Hanna. Neben den Folgen und Problemen dieser Beziehung setzt Schlink sich gleichzeitig mit der Judenvernichtung im Dritten Reich auseinander: Hanna hat sich als ehemalige Aufseherin in einem Konzentrationslager schuldig gemacht. Als Michael, mittlerweile Jurastudent, sieben Jahre später zufällig einen Kriegsverbrecherprozess gegen frühere Wärterinnen in Konzentrationslagern besucht, trifft er dort Hanna als Angeklagte wieder. In diesem Zusammenhang reflektiert Michael Hannas Schuld und die Frage nach ihrer Schuldfähigkeit – sie ist Analphabetin. Für ihn selbst stellt sich die Frage, ob er sich durch seine Liebe ebenfalls schuldig gemacht hat. Das Buch ist bis heute Gegenstand einer kontroversen Debatte, da Bernhard Schlink vorgeworfen wurde, er vereinfache in seinem Roman die Geschichte und verharmlose Hannas Schuld.

a) Erschließen und interpretieren Sie den folgenden Romanausschnitt (Text A)! Berücksichtigen Sie bei Ihrer Interpretation insbesondere die Darstellung der Hauptfigur! Ziehen Sie dafür auch Text B heran!

b) Legen Sie ausgehend von Ihren Ergebnissen dar, wie die Phase der Adoleszenz (vgl. Text B) in einem weiteren literarischen Werk dargestellt wird!

Vorbemerkung
Der Roman schildert die Erlebnisse des jungen Törleß, des einzigen Sohns eines Hofrats, in einer elitären Militärerziehungsanstalt im Osten der ehemaligen österreichisch-ungarischen Monarchie. Der folgende Ausschnitt stammt aus dem Anfangsteil des Romans: Zusammen mit weiteren Internatszöglingen hat der 16-jährige Törleß seine Eltern nach deren Kurzbesuch zum Bahnhof der entlegenen Stadt begleitet und dort verabschiedet. Nun macht sich die kleine Gruppe, darunter auch Törleß' Klassenkamerad von Reiting, auf den Rückweg ins Internat.

Text A

Robert Musil (1880–1942)
Die Verwirrungen des Zöglings Törleß (1906)

[…] Die jungen Leute hatten unterdessen den Bahnhof verlassen und gingen in zwei Reihen hintereinander auf den beiden Rändern der Straße – so wenigstens dem dicksten und zähesten Staube ausweichend – der Stadt zu, ohne viel miteinander zu reden.

Es war fünf Uhr vorbei, und über die Felder kam es ernst und kalt, wie ein Vorbote des Abends.

Törleß wurde sehr traurig.

Vielleicht war daran die Abreise seiner Eltern schuld, vielleicht war es jedoch nur die abweisende, stumpfe Melancholie, die jetzt auf der ganzen Natur ringsumher lastete und schon auf wenige Schritte die Formen der Gegenstände mit schweren glanzlosen Farben verwischte.

Dieselbe furchtbare Gleichgültigkeit, die schon den ganzen Nachmittag über allerorts gelegen war, kroch nun über die Ebene heran, und hinter ihr her wie eine schleimige Fährte der Nebel, der über den Sturzäckern und bleigrauen Rübenfeldern klebte.

Törleß sah nicht rechts noch links, aber er fühlte es. Schritt für Schritt trat er in die Spuren, die soeben erst vom Fuße des Vordermanns in dem Staube aufklafften, – und so fühlte er es: als ob es so sein müßte: als einen steinernen Zwang, der sein ganzes Leben in diese Bewegung – Schritt für Schritt – auf dieser einen Linie, auf diesem einen schmalen Streifen, der sich durch den Staub zog, einfing und zusammenpreßte.

Als sie an einer Kreuzung stehen blieben, wo ein zweiter Weg mit dem ihren in einen runden, ausgetretenen Fleck zusammenfloß, und als dort ein morschgewordener Wegweiser schief in die Luft hineinragte, wirkte diese, zu ihrer Umgebung im Widerspruch stehende Linie wie ein verzweifelter Schrei auf Törleß.

Wieder gingen sie weiter. Törleß dachte an seine Eltern, an Bekannte, an das Leben. Um diese Stunde kleidet man sich für eine Gesellschaft an oder beschließt ins Theater zu fahren. Und nachher geht man ins Restaurant, hört eine Kapelle, besucht das Kaffeehaus. Man macht eine interessante Bekanntschaft. Ein galantes Abenteuer hält bis zum Morgen in Erwartung. Das Leben rollt wie ein wunderbares Rad immer Neues, Unerwartetes aus sich heraus …

Törleß seufzte unter diesen Gedanken, und bei jedem Schritte, der ihn der Enge des Institutes nähertrug, schnürte sich etwas immer fester in ihm zusammen.

Jetzt schon klang ihm das Glockenzeichen in den Ohren. Nichts fürchtete er nämlich so sehr wie dieses Glockenzeichen, das unwiderruflich das Ende des Tages bestimmte – wie ein brutaler Messerschnitt.

Er erlebte ja nichts, und sein Leben dämmerte in steter Gleichgültigkeit dahin, aber dieses Glockenzeichen fügte dem auch noch den Hohn hinzu und ließ ihn in ohnmächtiger Wut über sich selbst, über sein Schicksal, über den begrabenen Tag erzittern.

Nun kannst du gar nichts mehr erleben, während zwölf Stunden kannst du nichts mehr erleben, für zwölf Stunden bist du tot …: das war der Sinn dieses Glockenzeichens.

Als die Gesellschaft junger Leute zwischen die ersten niedrigen, hüttenartigen Häuser kam, wich dieses dumpfe Brüten von Törleß. Wie von einem plötzlichen Interesse erfaßt, hob er den Kopf und blickte angestrengt in das dunstige Innere der kleinen, schmutzigen Gebäude, an denen sie vorübergingen.

Vor den Türen der meisten standen die Weiber, in Kitteln und groben Hemden, mit breiten, beschmutzten Füßen und nackten, braunen Armen.

Waren sie jung und drall, so flog ihnen manches derbe slawische Scherzwort zu. Sie stießen sich an und kicherten über die „jungen Herren“; manchmal schrie eine auch auf, wenn im Vorübergehen allzu hart ihre Brüste gestreift wurden, oder erwiderten mit einem lachenden Schimpfwort einen Schlag auf die Schenkel. Manche sah auch bloß mit zornigem Ernste hinter den Eilenden drein; und der Bauer lächelte verlegen, – halb unsicher, halb gutmütig, – wenn er zufällig hinzugekommen war.

Törleß beteiligte sich nicht an dieser übermütigen, frühreifen Männlichkeit seiner Freunde.

Der Grund hierzu lag wohl teilweise in einer gewissen Schüchternheit in geschlechtlichen Sachen, wie sie fast allen einzigen Kindern eigentümlich ist, zum größeren Teile jedoch in der ihm besonderen Art der sinnlichen Veranlagung, welche verborgener, mächtiger und dunkler gefärbt war als die seiner Freunde und sich schwerer äußerte.

Während die anderen mit den Weibern schamlos taten, beinahe mehr um „fesch“ zu sein als aus Begierde, war die Seele des schweigsamen, kleinen Törleß aufgewühlt und von wirklicher Schamlosigkeit gepeitscht.

Er blickte mit so brennenden Augen durch die kleinen Fenster und winkligen, schmalen Torwege in das Innere der Häuser, daß es ihm beständig wie ein feines Netz vor den Augen tanzte.

Fast nackte Kinder wälzten sich in dem Kot der Höfe, da und dort gab der Rock eines arbeitenden Weibes die Kniekehlen frei oder drückte sich eine schwere Brust straff in die Falten der Leinwand. Und als ob all dies sogar unter einer ganz anderen, tierischen, drückenden Atmosphäre sich abspielte, floß aus dem Flur der Häuser eine träge, schwere Luft, die Törleß begierig einatmete.

Er dachte an alte Malereien, die er in Museen gesehen hatte, ohne sie recht zu verstehen. Er wartete auf irgend etwas, so wie er vor diesen Bildern immer auf etwas gewartet hatte, das sich nie ereignete. Worauf ...? ... Auf etwas Überraschendes, noch nie Gesehenes; auf einen ungeheuerlichen Anblick, von dem er sich nicht die geringste Vorstellung machen konnte; auf irgend etwas von fürchterlicher, tierischer Sinnlichkeit; das ihn wie mit Krallen packe und von den Augen aus zerreiße; auf ein Erlebnis, das in irgendeiner noch ganz unklaren Weise mit den schmutzigen Kitteln der Weiber, mit ihren rauhen Händen, mit der Niedrigkeit ihrer Stuben, mit ... mit einer Beschmutzung an dem Kot der Höfe ... zusammenhängen müsse ... Nein, nein; ... er fühlte jetzt nur mehr das feurige Netz vor den Augen; die Worte sagten es nicht; so arg, wie es die Worte machen, ist es gar nicht; es ist etwas ganz Stummes, – ein Würgen in der Kehle, ein kaum merkbarer Gedanke, und nur dann, wenn man es durchaus mit Worten sagen wollte, käme es so heraus; aber dann ist es auch nur mehr entfernt ähnlich, wie in einer riesigen Vergrößerung, wo man nicht nur alles deutlicher sieht, sondern auch Dinge, die gar nicht da sind ... Dennoch war es zum Schämen.

„Hat das Bubi Heimweh?" fragte ihn plötzlich spöttisch der lange und um zwei Jahre ältere v. Reiting, welchem Törleß' Schweigsamkeit und die verdunkelten Augen aufgefallen waren. Törleß lächelte gemacht und verlegen, und ihm war, als hätte der boshafte Reiting die Vorgänge in seinem Innern belauscht.

Er gab keine Antwort. Aber sie waren mittlerweile auf den Kirchplatz des Städtchens gelangt, der die Form eines Quadrates hatte und mit Katzenköpfen[1] gepflastert war, und trennten sich nun voneinander. [...]

Aus: Musil, Robert: Die Verwirrungen des Zöglings Törleß, Reinbek: Rowohlt 1959; Orthographie entsprechend der Ausgabe von 2009

Worterläuterung:
1 *Katzenköpfe:* Kopfsteinpflaster

Text B

Aus einem wissenschaftlichen Aufsatz von Heinrich Kaulen zum Thema „Jugend- und Adoleszenzromane“:

[…] Der Begriff „Adoleszenzroman“ meint also eine spezifische Erscheinungsform oder Subgattung des modernen Jugendromans, und zwar eine solche, die durch folgende Merkmale definiert ist:

Geschildert wird die Adoleszenzphase eines (oder mehrerer) Jugendlichen, früher traditionell meist die eines männlichen Helden, heute verstärkt auch die einer weiblichen Protagonistin im Alter von etwa 11/12 Jahren bis (maximal) Mitte oder Ende zwanzig.

Diese Adoleszenzphase wird als Prozeß einer prekären Identitäts- und Sinnsuche aufgefaßt und findet ihre Binnenstrukturierung in einer Reihe prägender Krisenerfahrungen oder Initiationserlebnisse, die sich auf wenige, genau festliegende Problembereiche beziehen. Zu diesen Problemfeldern zählen in der Hauptsache die Ablösung von der Herkunftsfamilie, die Entwicklung eines eigenen Wertesystems, die ersten sexuellen Erfahrungen mit heterosexuellen oder gleichgeschlechtlichen Partnern, der Aufbau eigenständiger Sozialkontakte in der Peergroup und die Übernahme einer neuen sozialen Rolle. […]

Anders als die meisten problemorientierten realistischen Jugendromane arbeitet der Adoleszenzroman nicht mit typisierten Figuren und exemplarischen Handlungskonstellationen, sondern mit der radikalen Subjektkonzeption des neuzeitlichen Romans, der die Handlungspersonen als je individuelle und unverwechselbare Einzelpersonen auffaßt. Von daher ergibt sich die Fixierung auf die psychische Innenwelt der Hauptfiguren, die in ihren Krisen und Verwicklungen für den Leser als widersprüchliche und komplexe Individuen erfahrbar gemacht werden sollen. […]

Aus: 1 000 und 1 Buch. Magazin für Kinder- und Jugendliteratur, Heft 1/1999

Hinweise und Tipps

- *Die Zweiteilung der Aufgabenstellung erfordert von Ihnen zunächst, dass Sie den Textausschnitt* ***erschließen*** *und* ***interpretieren****. Dazu werden* ***konkrete Leitlinien vorgegeben*** *und Hilfestellungen angeboten. In erster Linie geht es um eine Figurencharakteristik des Protagonisten. Schon der Titel des Romans legt die Vermutung nahe, dass sich dieser Törleß in einer schwierigen Lage befindet. Zusammen mit den Ausführungen der Vorbemerkung ergibt sich so bereits vor der ersten Textbegegnung das Bild eines Internatsschülers, der ohne die Unterstützung seiner Familie in einer entfernten Gegend mit sich und seiner Umgebung fertig werden muss.*
- *Um den Text erfassen zu können, sollten Sie wie immer erst den* ***Inhalt*** *und den* ***Aufbau*** *herausarbeiten.* ***Erzählerische Besonderheiten*** *und die* ***sprachlich-stilistische Gestaltung*** *können* ***integrativ*** *mit der* ***Interpretation*** *der Textstelle verbunden werden, um hier Wiederholungen zu vermeiden. Natürlich ist es kein Fehler, wenn man diese beiden Aspekte in jeweils eigenen Gliederungspunkten behandelt.*
- *Durch den wissenschaftlichen* ***Zusatztext*** *(Text B) werden Ihnen konkrete Hinweise zur* ***Figurencharakteristik*** *gegeben. Der inhaltlich dichte Text muss sicher nicht in allen Einzelheiten rezipiert werden. Herausgearbeitet werden kann vor allem die Tatsache, dass die Gattung des Adoleszenzromans individuelle Biografien aufgreift und die subjektiv empfundenen Schwierigkeiten des Erwachsenwerdens zum Thema hat.*
- *Die zweite Teilaufgabe verlangt von Ihnen, dass Sie die* ***Darstellung der Adoleszenzphase in einem weiteren literarischen Werk*** *untersuchen. Es gibt dabei keinerlei Einschränkungen, weder was die Herkunft des Vergleichswerkes angeht noch in Bezug auf seine literarische Qualität. Deshalb ist in der vorliegenden Ausarbeitung der Versuch unternommen worden, die populäre Harry-Potter-Reihe als Vergleichswerk heranzuziehen.*

Gliederung

A Erwachsenwerden als Thema der Literatur

B *Die Verwirrungen des Zöglings Törleß:* Die Unsicherheiten der Pubertät

I. Inhalt und Aufbau: Unbestimmte Gefühle und Ängste des Protagonisten

II. Sprachliche und erzählerische Mittel
1. Bedrückende Atmosphäre auf dem Rückweg vom Bahnhof
2. Konfrontation mit der Sinnlichkeit des Lebens im Dorf
3. Von Neckerei begleitete Auflösung der Schülergruppe auf dem Kirchplatz

III. Das Problem der Adoleszenz
1. Adoleszenzromane nach der Definition Heinrich Kaulens
2. Der junge Törleß – Figurencharakteristik

IV. Adoleszenz als zentrales Thema der *Harry-Potter*-Romane von Joanne K. Rowling
   1. Die Gesamtkonzeption des Werks
   2. Harry Potter
   3. Hermine Granger

C Die Schwierigkeit, erwachsen zu werden

Lösungsvorschlag

Zu den großen Themen, die die Literatur von ihrem Beginn an durchdekliniert – Familie, Liebe, Verrat –, gehört ohne Zweifel auch das **Problem des Erwachsenwerdens**. Zum einen wird thematisiert, dass eine Figur in ihrer Jugend die Familie verlassen und ihre Rolle in der Gesellschaft finden muss: Dies ist der Fall bei Theodor Fontanes Effi Briest, die viel zu früh verheiratet wird, sich in der Welt ihres Mannes, des Karrierebeamten von Innstetten, nicht zurechtfindet und deshalb scheitern muss. Zum anderen werden Geschichten erzählt, die die psychologischen Schwierigkeiten, die sich für jeden Heranwachsenden in der Phase der Pubertät ergeben, in den Mittelpunkt stellen. Auffällig ist, dass bei dieser Variante häufig die Schule eine wichtige Rolle spielt. Hermann Hesses Roman *Unterm Rad* gehört ebenso zu dieser Variante des sogenannten Adoleszenzromans wie der Roman *Die Verwirrungen des Zöglings Törleß* von Robert Musil. In allen diesen Romanen sind die Protagonisten auf dem Weg zum Erwachsensein erfolglos auf einer Suche. Familie und Freunde, die sie unterstützen könnten, sind entweder abwesend oder sie reagieren auf die sichtbaren Probleme völlig unzureichend. Als der begabte Schüler Hans Giebenrath in Hesses Roman am Ende im Fluss ertrinkt, weil er die Kontrolle über sich und sein Leben verloren hat, rätseln die Erwachsenen auf der Beerdigung über die Gründe für dieses jähe Ende eines hoffnungsvollen jungen Lebens. Dass auch die Hauptfigur in Robert Musils Roman mit sich und seinem Leben nicht zurechtkommt, erkennt man schon nach wenigen Zeilen des Textauszugs. A

Im vorliegenden Auszug erahnt man, dass der 16-jährige Törleß, der ein Internat besucht und gerade am Bahnhof seine Eltern nach einem Besuch verabschiedet hat, sich in eine ganz eigene Welt zurückgezogen hat. Ihn bedrängen **unbestimmte Gefühle und Ängste**, die mit seiner aufkeimenden Sexualität zu tun haben. Die gesamte Szenerie ist von einer bedrückenden Atmosphäre beherrscht, die sich auch in der **erzählerischen und sprachlich-stilistischen Gestaltung** niederschlägt. B

Der zu bearbeitende Textauszug lässt sich in zwei große Themenblöcke einteilen. Im ersten Abschnitt werden die Gedanken und Gefühle des Protagonisten Törleß nach der Abreise seiner Eltern vorgestellt (Z. 1–39); im zweiten wird erzählt, wie Törleß und die anderen Schüler das Leben in einem Dorf am I.

Wegrand in seiner Sinnlichkeit wahrnehmen (Z. 40–84). Der Textauszug wird mit einem dritten, sehr kurzen Abschnitt beendet, der erkennen lässt, dass Törleß von einem Mitschüler gehänselt wird (Z. 85–91).

Am Beginn des ersten Abschnitts steht eine Schilderung des Rückwegs vom II.
Bahnhof, an dem sich die Schüler des Internats gerade von ihren Eltern verab- 1.
schiedet haben. Geordnet und schweigsam gehen sie nun in Reihen zurück in die Stadt. Der Erzähler, der die Geschichte **personal** aus der Sicht des jungen Törleß wiedergibt, aber auch eine **auktoriale Haltung** einnehmen kann, lässt eine **beklemmende Atmosphäre** entstehen, die sowohl die Empfindungen der Hauptfigur als auch die Umgebung betrifft. Die Jugendlichen gehen durch eine unwirtliche vorabendliche Landschaft, ohne sich über ihre Gefühle und Gedanken auszutauschen. Törleß denkt zwar über seinen Gemütszustand nach, findet aber keine rechte Erklärung für seine depressive Grundstimmung. Die Eltern haben ihn nach ihrem kurzen Aufenthalt verlassen, aber darum geht es in seinen Reflexionen nur am Rande. Viel eher scheint das gleichförmige Leben, das keinerlei Überraschung und Spannung für ihn bereithält, der Grund für seine Verzweiflung zu sein: Alles, was ihn erwartet, scheint in seinen Augen vorherbestimmt. Demgegenüber stellt er sich vor, wie das Leben seiner Eltern geprägt ist von der Teilnahme an gesellschaftlichen Ereignissen kommunikativer und kultureller Art. Vor allem die Tatsache, dass man in diesen Kreisen nie weiß, wie das Leben weitergeht, erregt den Neid des jungen Törleß. Seine Frustration steigert sich noch, als er an die Internatsglocke denkt, die bald den Tag beenden und damit den Stillstand des Lebens besiegeln wird.
Dieser erste Abschnitt zeichnet sich durch die **Darstellung innerer Vorgänge** aus. Während die Schüler ihren Rückweg antreten, gibt der Erzähler den Bewusstseinszustand der Hauptfigur sehr genau wieder. Das **epische Präteritum** sorgt dafür, dass die Reflexionen und Unsicherheiten des Jungen distanziert beobachtet werden können, obwohl insgesamt eine personale Erzählsituation vorherrscht.
Der depressiven Seelenlage von Törleß entsprechend wird eine abweisende Landschaft entworfen, die das Innenleben der Hauptfigur widerspiegelt. Die Natur ist düster; die Rede ist von „glanzlosen Farben“ (Z. 9 f.) und „bleigrauen Rübenfeldern“ (Z. 13 f.). Die **Personifikation** und der **Vergleich**, die der Erzähler wählt, um die Umgebung mit einem Bedrohungspotential aufzuladen, dramatisieren die Situation: Zunächst „kriecht“ die „Gleichgültigkeit […] über die Ebene heran“ (Z. 11 f.), das handelnde Gefühl wird zu einem Teil der trostlosen Landschaft. Dann folgt der Nebel „wie eine schleimige Fährte“ (Z. 13 f.) als sichtbare Spur der Gleichgültigkeit. Dabei steht die Naturbeschreibung im **Kontrast** zu den Vergnügungen der Gesellschaft, die sich Törleß ausdenkt und die die Welt seiner Eltern charakterisieren sollen. In **asyndetischen Reihungen** werden hier die positiven Seiten ihres Lebens aufgezählt: Theater, Abendgesellschaften, Restaurant- und Kaffeehausbesuche sind Gelegenheiten, die auch zu „galante[n] Abenteuer[n]“ führen können (Z. 26). Verglichen wird

dieses Leben mit dem Rollen eines „wunderbare[n] Rad[s]“, das immer wieder „Neues, Unerwartetes“ hervorbringt (Z. 27).
Die Stimmung des jugendlichen Protagonisten dagegen wird in das **zentrale Bild des „steineren Zwang[s]“** (Z. 16) gefasst. Zunächst ist damit die fast militärische Marschordnung der Jugendlichen gemeint, die den Weg zurück vom Bahnhof auf der staubigen Straße in einer exakten Linie hintereinander gehen. Das Attribut „steinern“ drückt die Dauerhaftigkeit und Unabänderlichkeit dieses Zwanges aus, der Törleß' „ganzes Leben“ (Z. 14 f.) betrifft. Wie einen Vorboten der Internatszwänge glaubt Törleß das „Glockenzeichen“ (Z. 31) der Internatsglocke wahrzunehmen, vor dem er sich fürchtet, denn es beendet den Tag „wie ein brutaler Messerschnitt“ (Z. 33). Der **Vergleich** des Signals mit der zerstörerischen Kraft einer Klinge macht deutlich, dass es für den Protagonisten um Leben und Tod geht. Tatsächlich gleicht für ihn die Nachtruhe einem zwölfstündigen Tod. Die **erlebte Rede** am Ende dieses Abschnitts macht Törleß' Verzweiflung über diesen „Tod“ besonders greifbar (vgl. Z. 37 ff.).
Die existentielle Krise des Heranwachsenden zeigt sich auch in seiner **Orientierungslosigkeit**. **Symbolisiert** wird diese durch den „morschgewordene[n] Wegweiser“, der an einer Kreuzung aufgestellt ist und die Richtung nicht mehr anzeigen kann, weil er „wie ein verzweifelter Schrei“ „schief in die Luft hineinragte“ (Z. 22 ff.). Durch den **Vergleich** erhält das **Bild des falschen Wegweisers** – wie der oben erwähnte „steinerne Zwang“ – eine Dimension der Gewalttätigkeit.

Der zweite Abschnitt schildert das Leben in einem Dorf, das die Schülergruppe 2.
auf ihrem Weg ins Internat passiert, und Törleß' Überlegungen dazu. Wichtig ist zunächst, dass sich die Wahrnehmung des Protagonisten ändert. Er löst sich von der bloßen Innenschau und nimmt die **Eindrücke der Umgebung** bewusster wahr. Die Begegnung mit den vitalen Menschen des Dorfes ändert seine Stimmung augenblicklich, obwohl er Abstand hält von den erotisch aufgeladenen Annäherungen zwischen den Schülern und den Frauen des Dorfes. Die Körperlichkeit der Dorfbewohner übt auf ihn aber auch eine tiefe Faszination und eine Begehrlichkeit aus, die er allerdings nicht in Worte fassen kann. Im Gegensatz zu seinen Kommilitonen bleibt er passiv, denn sein zurückhaltendes Wesen erlaubt es ihm nicht, offen zu seiner Sinnlichkeit zu stehen. Er beobachtet das Scherzen der Jugendlichen genauso wie die Kinder und Frauen des Dorfes, die sich ihrer Körperlichkeit nicht schämen. Törleß, der Zusammenhänge mit seiner **aufkeimenden Sexualität** mehr unbewusst spürt als begreift, assoziiert die Szenen mit eigenen Erfahrungen beim Betrachten von Kunstwerken, die ihn schon immer fasziniert haben. Auch in der bildenden Kunst, so erinnert er sich, werde die Sinnlichkeit des Lebens greifbar, die er noch als Scham empfindet.
Das zentrale Thema dieses Abschnitts ist die **Sprachlosigkeit** des Protagonisten, der im Innersten weiß, dass seine Sexualität kurz vor einem wie auch immer gearteten Durchbruch steht. **Wortfelder** der Körperlichkeit und der

Sexualität geben die Richtung vor: Mehrfach wird die oberflächlich betrachtet harmlose Nacktheit der Dorfbewohner betont: „nackte[], braune[] Arme" (Z. 45), „[f]ast nackte Kinder" (Z. 65), die „frei[en] Kniekehlen (Z. 66) einer Arbeitenden. Die Frauen werden als „jung und drall" (Z. 46) bezeichnet, „Brüste" (Z. 48, vgl. auch Z. 66) und „Schenkel" (Z. 49) werden erwähnt und reizen die „frühreife[] Männlichkeit" (Z. 52) der Knaben. In diesem Zusammenhang wird mehrfach auf Schamlosigkeit und Scham hingewiesen (vgl. Z. 59, Z. 61). Interessant ist auch, dass Törleß vor allem den Schmutz wahrnimmt (vgl. Z. 43, 45, 65, 76, 78) und damit die Gefährdung, die für ihn offensichtlich hinter seiner unbewussten Sexualität steckt. Der junge Mann erwartet, dass ihn etwas „wie mit Krallen packe [...] und zerreiße" (Z. 75). Dieser **Vergleich** ist wieder ein Beispiel für die Gewalt, die Törleß hinter ihm unverständlichen Vorgängen wahrnimmt.
Törleß kann seine Empfindungen nicht in Worte fassen, denn Worte sind für ihn nur „wie [...] eine[] riesige[] Vergrößerung" (Z. 83), die die Wahrheit verfälschen würde. Der **Vergleich** am Ende des Abschnitts belegt noch einmal die **Problematik der Sprache** mit der das sexuelle Begehren nicht adäquat benannt werden kann und die gerade deshalb Törleß auch nicht weiterhilft. Sein Ringen um das richtige Wort spiegelt sich in den zahlreichen **Satzabbrüchen** (Aposiopesen, vgl. Z. 72, 77, 78, 84), die durch ein **Fragezeichen** (Z. 72) und eine **wiederholte Verneinung** („Nein, nein", Z. 78) verstärkt werden und die Ratlosigkeit des Protagonisten auf den Punkt bringen.

Törleß' Verwirrung wird von den Mitschülern durchaus erkannt. Der letzte 3.
Abschnitt beginnt mit der bissigen Nachfrage eines älteren Mitschülers, ob der Junge Sehnsucht nach seinem Zuhause habe. Törleß fühlt sich dadurch in seinen innersten Nöten erkannt und antwortet nicht. Der Nachhauseweg ist am Kirchplatz dann auch beendet und die Gruppe löst sich auf. Nach der intensiven Innensicht geht der **Erzähler** hier auf **Distanz** zu seinem Helden. Die **Zeitdehnung**, die die beiden ersten Abschnitte bestimmt hat, wird nun aufgelöst. **Erzählte Zeit** und **Erzählzeit** kommen zur Deckung. Die Spannung verflacht, die Szenerie wird wieder bestimmt von Ordnung und Sicherheit: Der Kirchplatz hat die regelmäßige „Form eines Quadrats" (Z. 90) und einen festen, gepflasterten Untergrund.

Musil entwirft im vorliegenden Textausschnitt das Porträt eines Jugendlichen, III.
der seine Position zwischen Gesellschaft, Familie, Internat und Klassenkame- 1.
raden noch nicht gefunden hat. Die Unsicherheiten, die er in sich spürt, rühren vor allem daher, dass er mit seiner aufkeimenden Sexualität Probleme hat. Damit behandelt der Ausschnitt eine Phase in der Biografie seiner Figur, die mit dem Begriff der Pubertät recht gut umschrieben ist. Man spricht in diesem Fall von einem Jugend- und **Adoleszenzroman**, der nach dem Literaturwissenschaftler **Heinrich Kaulen** eine Figur in der Zeit zwischen elf oder zwölf Jahren bis maximal Ende zwanzig charakterisiert. Entscheidend ist in dieser Phase, dass der Protagonist seine Rolle definiert und dabei Krisen erlebt oder Initiationserfahrungen macht. Dazu gehören nach Kaulen die „Ablösung von

der Herkunftsfamilie, die Entwicklung eines eigenen Wertesystems, die ersten sexuellen Erfahrungen […], der Aufbau eigenständiger Sozialkontakte […] und die Übernahme einer neuen sozialen Rolle." (Text B, Z. 11 ff.) Weil Adoleszenzromane dadurch gekennzeichnet sind, dass sie individuelle Charaktere auftreten lassen, spielt die Darstellung der Innenwelt der jeweiligen Hauptfigur eine zentrale Rolle.

Obwohl nur ein Textauszug des Romans von Robert Musil zur Verfügung steht, kann man die **Merkmale des Adoleszenzromans** recht genau herausarbeiten. Törleß ist 16 Jahre alt und muss im Internat ohne die Eltern zurechtkommen. Die Gedankenwelt des jungen Mannes lässt darauf schließen, dass er sich in einer Krise befindet. Eine nicht genauer begründbare Traurigkeit hat ihn befallen. Das Internat empfindet er als einen Ort des Zwangs, der sein Leben in eine Art Sackgasse führt, wo sich nichts Entscheidendes ereignet. Törleß hat aber auch nicht die Kraft, eigene Ideen und Aktivitäten zu entwickeln. Das lässt auf eine gewisse **Ich-Schwäche** schließen, die ein typisches Kennzeichen der Adoleszenzphase ist. Der Erzähler dramatisiert die Situation durch die Parallelführung der Psyche mit den äußeren Naturerscheinungen, die eine „furchtbare Gleichgültigkeit" (Z. 11) ausdrücken. Die **symbolhafte Konstruktion der Landschaft** ist ein Spiegelbild der inneren Zerrissenheit der Hauptfigur. 2.

Törleß' Suche nach der eigenen, stabilen **Identität** wird vor allem durch seine Entdeckung der eigenen **Sinnlichkeit** erschwert. Sexuell aufgeladene Fantasien sind der gesamten Schülergruppe eigen. Bei Törleß ist aber auffällig, dass er sich mit der Rolle des Zuschauers begnügt, weil er eine Scham empfindet, die einen freien Zugang zur anziehenden Welt der Erotik nicht zulässt. Erinnerungen an Kunstwerke helfen ihm zwar, die sinnlichen Erfahrungen einzuordnen, aber die Angst vor der „fürchterliche[n], tierische[n] Sinnlichkeit" (Z. 74 f.) kann ihm so nicht genommen werden. Typisch für einen pubertierenden Jugendlichen weiß er, dass etwas auf ihn zukommt, er kann sich von diesem Etwas aber „nicht die geringste Vorstellung machen" (Z. 73 f.).

Bei der Suche nach Orientierung und Sicherheit helfen ihm die Klassenkameraden offensichtlich auch nicht weiter. Zumindest wird am Ende des Textauszuges angedeutet, dass er von einem älteren Schüler wegen seiner Zurückhaltung gehänselt wird. Törleß findet also weder bei der eigenen Familie, die er ja verabschiedet hat, noch bei den Mitschülern Hilfe in seiner schwierigen Situation.

Heinrich Kaulen spricht in seinem Text in Bezug auf den Adoleszenzroman von einer „Subgattung des modernen Jugendromans" (Text B, Z. 2). Naturgemäß gibt es gerade im Jugendbuchbereich eine Vielzahl von Romanen, die sich intensiv mit dem Heranwachsen beschäftigen. Eines der erfolgreichsten dieser Werke ist sicherlich die siebenbändige Geschichte des Zauberlehrlings **Harry Potter** der englischen Autorin Joanne K. Rowling. Zwar kann die Fortsetzungsgeschichte im Gegensatz zu Musils Roman leicht als Trivialliteratur abgetan werden, aber dennoch muss festgehalten werden, dass die meisten IV.

Merkmale des Adoleszenzromans vorhanden sind, wenn auch die Ausleuchtung der Innenwelt des Protagonisten Harry Potter ein wenig zurücktritt hinter der spannenden und ereignisreichen äußeren Handlung.

Betrachtet man zunächst die **Gesamtkonzeption** des mehrere tausend Seiten umfassenden Werkes, so sieht man, dass die Autorin die Geschichte eines englischen Jungen erzählt, der als zehnjähriger seine (Ersatz-)Familie verlässt, um in einem Internat erzogen zu werden. Sein Erwachsenwerden wird begleitet von einer Reihe dramatischer Abenteuer und ersten sexuellen Erfahrungen, bis er schließlich selbst eine Familie gründen und ein erfolgreiches eigenes Leben führen kann. Natürlich ist die Entwicklung der Hauptfigur auf den ersten Blick die fantastische Geschichte eines armen Jungen, der seine Eltern verloren hat, bei Tante und Onkel aufwachsen muss und ganz überraschend erfährt, dass er die Fähigkeit zum Zaubern hat. Natürlich sind die Abenteuer, die er mit dem Zauberstab meistern muss, dem Genre „Fantastik" zuzuordnen. Neben der sichtbaren Welt der Menschen existiert eine zweite Wirklichkeitsebene, die Welt der Zauberei, die man im King's Cross Bahnhof in London auf dem Gleis 9 3/4 betritt, aber nur, wenn man dazugehört. In dieser Parallelwelt gibt es jede Menge Magier, gute und böse, verschrobene Hauselfen und gutmütige Riesen, vor allem gibt es die Hogwarts-Schule für Hexerei und Zauberei mit ihren Lehrern für die Verteidigung gegen die dunklen Künste und für Zaubertränke. Der Kern aller Abenteuer und Prüfungen ist die Existenz des bösen Zauberers Voldemort, der nur ein Ziel hat, nämlich den Protagonisten zu vernichten. Aber hinter dieser doch sehr trivialen Folie wird nichts anderes erzählt als die **Geschichte eines Jungen, der zu sich selber finden muss**. 1.

Wie Musils Törleß kommt Harry Potter im Laufe seiner Entwicklung immer wieder in Situationen, die er nicht einschätzen kann. Obwohl die Autorin ihren Protagonisten oft die richtige Entscheidung treffen lässt, weiß er manchmal nicht, was er denken und wie er seine Umgebung einschätzen soll. In erster Linie ergeben sich schwierige Situationen meist aus dem **Umgang mit dem anderen Geschlecht**. Immer, wenn Harry mit jungen Mädchen zu tun hat, wächst seine Unsicherheit ins Grenzenlose, wohingegen er im Kampf mit Riesenspinnen, Riesenschlangen und selbst den stärksten Zauberern die Oberhand behält. Seine **Identitätssuche** ist auch deshalb „prekär" (Text B, Z. 8), weil er ja in einer ganz eigenen, für ihn zunächst neuen Welt seinen Platz finden muss, was ihm allerdings recht schnell gelingt. Dieser Wechsel in die Zauberwelt ist gleichzeitig eine Entwicklungsmöglichkeit, weil das Leben des Harry Potter in der Welt der Menschen von Nichtbeachtung, ja von Unterdrückung geprägt gewesen ist. Hier hat er bei Tante Petunia, Onkel Vernon und seinem Cousin Dudley gelebt, die eine Karikatur der spießbürgerlichen, festgefahrenenen englischen Mittelstandsfamilie darstellen – sozusagen das Gegenteil einer Familie, die eine erfolgreiche Adoleszenzphase überhaupt zulassen würde. Nicht zufällig ist der bedauernswerte Dudley körperlich und geistig ein Muster dafür, wie Erwachsenwerden nicht funktioniert: Er ist ein- 2.

fältig, halbstark und gleichzeitig ängstlich, auf Konsum bedacht und übergewichtig. Während der gesamten Geschichte entwickelt er sich kaum weiter. Harry, dessen Eltern im Kampf gegen Lord Voldemort getötet worden sind, erfährt erst als 11-Jähriger von seiner magischen Herkunft und durch welche Umstände er zur Waise wurde. Obwohl dieses Wissen geeignet wäre, bei Harry eine **tiefe Krise** auszulösen, kommt es – entgegen der Tradition des Adoleszenzromans – nicht dazu: In Hogwarts findet Harry seine Ersatzfamilie, auch wenn nicht alle Mitschüler auf seiner Seite stehen.
Nach einer längeren Suche kennt Harry Potter schließlich auch seinen Platz in der Welt, heiratet die Schwester seines besten Freundes und kann am Ende seine Kinder verabschieden, die wie er die Hogwarts-Schule besuchen werden – ein Happy End, das in dieser Form kaum einen Roman der Hochliteratur auszeichnen würde. Dort wird die Phase der Adoleszenz oftmals wenig erfolgreich beendet, die Protagonisten finden manchmal sogar den Tod.
Ein **weiterer Unterschied** zu den Adoleszenzromanen, die in die Literaturgeschichte eingegangen sind, ist der bloße Umfang und die große Anzahl an Figuren, die die Harry-Potter-Welt auszeichnen. Neben der titelgebenden Hauptfigur werden in den sieben Bänden eine ganze Reihe von weiteren Zauberern vorgestellt, die Harrys Übergang in die Erwachsenenwelt teilen.

Abschließend kann der weibliche Antipode zu Harry kurz vorgestellt werden, 3.
denn **Hermine Granger** ist ein gutes Beispiel dafür, wie in trivialen Adoleszenzromanen doch auch mit **Stereotypen** gearbeitet wird. Eine „unverwechselbare Einzelperson" (Text B, Z. 19), wie sie Kaulen als kennzeichnend für den Adoleszenzroman sieht, ist Hermine sicher nicht: Sie ist von Anfang an das triviale Beispiel eines bescheidenen, intelligenten Mädchens, das kaum Probleme mit dem Erwachsenwerden hat, sondern immer genau weiß, was zu tun ist. Bei den Lehrern gilt sie als Musterschülerin, bei den Mitschülern entsprechend als Streberin. Sie sammelt fleißig gute Noten und Punkte für die eigene Schulmannschaft, die Abenteuer der Potter-Clique begleitet sie mit guten Ratschlägen, Informationen und weiteren nützlichen Accessoires, die in brenzligen Situationen Rettung bringen. Für Harry Potter ist Hermine letztlich ein stabilisierender Faktor, also genau das, was dem jungen Törleß in seiner Umgebung fehlt.

Warum in vielen Werken der Weltliteratur und in zahlreichen Jugendromanen C
die Probleme der Pubertät in den Mittelpunkt rücken, liegt auf der Hand. Jeder Mensch muss diese Phase meistern; Vorbilder, die die Kunst anbietet, können dabei unter Umständen helfen. Adoleszenzromane spiegeln aber nicht nur die **Schwierigkeiten Jugendlicher** wider, sondern auch **gesellschaftliche Barrieren**, die diese Schwierigkeiten mitverursachen. Es ist kein Zufall, dass die Schule in diesem Zusammenhang eine zentrale Funktion einnimmt. In dieser Institution wird – neben der Familie – darüber entschieden, ob die Adoleszenzphase gelingt oder ob es zu einem Scheitern kommt.

Deutsch (Bayern G8) – Abiturprüfung 2012
Aufgabe 4: Materialgestütztes Verfassen eines informierenden Textes

Die Theatergruppe Ihrer Schule inszeniert Goethes Schauspiel *Faust. Der Tragödie erster Teil.* Sie gestalten gemeinsam mit Mitschülern das Programmheft zu dieser Aufführung.

Verfassen Sie zu diesem Zweck einen Beitrag mit dem Titel „*Faust* 2012“, in dem Sie das Verhältnis von Faust und Mephisto umreißen und die Aktualität des Stücks aufzeigen!

Verwenden Sie für Ihre Darstellung Ihre eigenen Kenntnisse sowie die Kerngedanken der beigefügten Materialien! Veranschaulichen Sie Ihre Ausführungen durch geeignete Verweise auf die Dramenhandlung!

Hinweise der Redaktion:

- Das Programmheft enthält folgende Beiträge verschiedener Autoren; **der von Ihnen zu verfassende Beitrag ist Punkt 4:**
  1 Die Handlung
  2 Unser Bühnenbild
  3 Unsere Darsteller
  4 *Faust* 2012
- Ihr Beitrag soll 1 200 bis 1 500 Wörter umfassen.
- Dem Stil des Programmhefts entsprechend können die Materialien ohne Zeilenangabe nur unter Nennung des Autors zitiert werden.

Material 1

Theaterkritik zur *Faust*-Inszenierung am Wiener Burgtheater: Peter Kümmel, *Dieser Abgrund gehört mir!*

[…] *Faust*-Inszenierungen leben davon, dass sich die zentralen Figuren, Faust und Mephisto, gegenseitig belichten: Man sah Mephisto als gefallenen Engel und als Lebemann, als Folterknecht und als Diener, als den Erzieher, den Kompagnon, den Sekundanten oder den heimlichen Geliebten Fausts. Und je weiter wir voranschreiten in die Theater-Gegenwart, desto mehr scheinen Faust und Mephisto in eins zu fallen. Sie werden sich immer ähnlicher, sie brauchen einander. Der lebenshungrige Sterbliche und der erfahrungsmüde Unsterbliche – gemeinsam wirken sie wie ein Perpetuum mobile.

In Wien aber ist Mephisto ein einsamer Kerl ohne Gegenüber. Gert Voss spielt ihn als genussfrohen und bestechlichen Teufel, der genau weiß, wo er (Menschen-)Leckerbissen bekommt. Er liebt die gute Unterhaltung, die das Unglück der Sterblichen ihm bietet. Voss gibt einen spielsüchtigen alten Höllenkater, doch seine Wiener Beute erstarrt zwischen den Pfoten zu Stein. Mephisto, die „Spottgeburt von Dreck und Feuer" (so nennt ihn Faust), wirkt in dieser Inszenierung so verloren, als habe er sich in einer Computeranimation verlaufen.

Faust (Tobias Moretti) sitzt in tiefer Nacht in seinem Studierzimmer an einem Laptop; der angebissene Logo-Apfel glüht, es ist die einzige Lichtquelle im Saal. Faust tippt die Verse des Eröffnungsmonologs – „Habe nun, ach!" – in den Computer […].

Aus: DIE ZEIT vom 10. 09. 2009

Material 2

Einführender Text auf der Homepage des Thalia-Theaters Hamburg von Benjamin von Blomberg zur Premiere von *Faust I* und *II* am 30. 09. 2011

Dass Faust uns heute als unseresgleichen anmutet, ist verstörend. Von unserer Welt und ihrer Entstehung erzählt Goethe: einer durchbefreiten Gesellschaft von Radikalindividualisten, unfähig zu Gemeinschaft und Arbeit an kollektivem Sinn. „Löse dich von allen äußeren, das Ich einschnürenden Einflüsterungen", ruft Mephisto diesem Faust zu: von den zweifelnden, skrupulösen, gedankenschweren, den Stimmen des Vergangenen und Ideellen. Des Teufels Lied geht so: Sei dein eigener Maßstab! Wie sehr es dem ganz anderen ähnelt, jenem von der Ohnmacht des allein auf sich selbst zurück geworfenen Menschen, seiner Liebesunfähigkeit, Rastlosigkeit, Depression – das ahnen wir. Wir, die unseligerweise vielleicht idealen Leser Goethes. In unserem Stammbuch funkeln seine Gedanken hell.

Aus: http://thalia-theater.de/h/repertoire_33_de.php?play=416

Material 3

Manfred Osten, *Die beschleunigte Zeit*

[…] Einer nämlich scheint schon lange vor uns aufgebrochen zu sein ins globale Dorf: Dr. Faust. Er hat uns früh erkannt mit seiner Verwünschung aller Langsamkeit. „Fluch vor allem der Geduld!" Und er hat sie auch lange vor uns schon erfunden, die Ablösung der Zeit vom Raum, das rasant beschleunigte Lebenstempo in Gestalt seines Weggefährten mit Namen Mephisto. Faust begab sich schon vor mehr als 200 Jahren bereitwillig unters Joch jener Eile, die bekanntlich des Teufels ist. Es ist ein sehr modernes Joch, das Goethe in genialer Wortschöpfung als veloziferisch bezeichnet, als Verschränkung von Velocitas (die Eile) und Luzifer.

Deutlich sichtbar werden auch schon die modernen Formen der Versklavung: Fausts Unterwerfung unter das Diktat der Eile, die erzwungene Adaptation seiner Sinne an eine beschleunigte Wahrnehmung und sein (schließlich mit Erblindung erkaufter) Glaube an eine unbegrenzte Fortschrittsdynamik. Faust hat sich Luzifer unterworfen im Namen einer Wette, deren *ultima causa* sein Fluch der Geduld ist: seine Verweigerung des Augenblicks zugunsten der Ungeduld. […]

Aus: DIE ZEIT vom 26. 08. 1999

Material 4

Thomas Mann, *Über Goethes „Faust“* (1939)

[…] Ein zeitgenössischer Kritiker, Pustkuchen hieß der Mann, schrieb ärgerlich: „Zwar ist die Critik alles menschlichen Wissens, die Faust ausspricht, nicht sowohl die eines Mannes, der wie Alexander in Indien an den Grenzen steht und nach dem Unmöglichen langt, als die eines Studenten, der über seine Professoren spaßt, indeß that sie den Bedürfnissen der Meisten ein Genüge.“ […] Was aber solche Kritik unbemerkt läßt, ist das denkwürdige Phänomen, daß im „Faust“ der Genius studentischer Jugend die Repräsentanz der Menschheit an sich reißt und daß eine Welt, die abendländische, diese Repräsentanz angenommen, den Symbolwert der Faust-Gestalt für ihr tiefstes Wesen erkannt hat. Der Jugend geschieht große Ehre durch dieses Stück und die Größe, zu der es emporwuchs. In seiner Ungebändigtheit, Unbedingtheit, seiner Revolte, seinem Haß auf Grenzen, auf Ruhe und Behagen, seiner Sehnsucht und Himmelsstürmerei ist es ganz Ausdruck dessen, was das gemäßigte und beruhigte Alter jugendliche Unreife nennt. Kraft des Genies aber wird diese Unreife menschlich beispielhaft; der Jüngling steht für den Menschen selbst, und was jugendlicher Sturm und Drang, Studenten-Titanismus war, wird zum alterslos gültigen Typus.

Es ist freilich, der Maske nach, kein Jüngling, sondern ein stark angejahrter Magister und Doktor, den wir zuerst am Pult im dumpfen Gewölbe vor uns sehen. Da die Sudelköcherei der Hexenküche ihm dreißig Jahre vom Halse schaffen soll, und da er, als er Gretchen anspricht, etwa als Dreißigjähriger erscheint, so muß er zu Anfang des Stückes seine runden sechzig haben, und so pflegt er auf dem Theater auch auszusehen. Von diesem Sechziger aber sagt Mephistopheles zum Herrn:

Fürwahr! er dient Euch auf besondre Weise.
Nicht irdisch ist des Thoren Trank noch Speise.
Ihn treibt die Gärung in die Ferne,
Er ist sich seiner Tollheit halb bewußt;
Vom Himmel fordert er die schönsten Sterne,
Und von der Erde jede höchste Lust,
Und alle Näh' und alle Ferne
Befriedigt nicht die tiefbewegte Brust.

Das sind natürlich nicht Worte, die auf einen Menschen an der Schwelle des Greisenalters passen. Goethe verlegt seinen Jugenddrang in einen Mann des Alters, in welchem er selber die „Wahlverwandtschaften“ schreiben wird. Sein Faust ist als Sorgenkind der Gottheit und Gegenstand der Eroberungsgelüste der Finsternis – der Mensch selbst; aber der junge Dichter, der mit Leichtigkeit diese kosmische Figur entwarf, gab ihr die eigenen Züge, den Charakter des Jünglings, und so wurde der Jüngling zum Menschen, der Mensch zum Jüngling. […]

Aus: Mann, Thomas/Mertz, Wolfgang (Hg.): Zutrauliche Teilhabe. Thomas Mann über Goethe, Frankfurt/Main: S. Fischer 1999

Hinweise und Tipps

- *Gefordert wird von Ihnen ein* ***informierender Text****, der* ***adressatenbezogen*** *geschrieben sein muss. Der Text ist gedacht als Teil eines Programmheftes, das Schüler begleitend zu einer Aufführung der schuleigenen Theatergruppe gestalten. Dabei ist es wichtig, dass Ihr Text den* ***kommunikativen Kontext*** *sowie die* ***Erwartungen und Interessen der Leser*** *mitberücksichtigt. Da das Programmheft wohl im Rahmen einer Schulaufführung verteilt wird, sind die Adressaten überwiegend Lehrer, Schüler und deren Eltern. Der Adressatenbezug kann sich z. B. durch die Wahl geeigneter sprachlicher Mittel äußern, aber auch durch einen Hinweis auf die hochgradige Kanonisierung des Werks.*
- *Unter der Überschrift „Faust 2012" erwartet der Leser eine Antwort auf die Frage, was* ***heute an Goethes „Faust" noch von Interesse*** *ist. Daneben verlangt die Aufgabenstellung die Beschreibung des* ***Verhältnisses von Faust und Mephisto****, nicht jedoch eine Inhaltzusammenfasssung des Stücks oder die Beschreibung des Bühnenbildes. Dass beides nicht Teil der Aufgabenstellung ist, können Sie den „Hinweisen der Redaktion" entnehmen.*
- *Die beigefügten* ***Materialien*** *müssen dabei kritisch ausgewertet werden und die gewonnenen Erkenntnisse sachlogisch geordnet werden, wobei jedoch eine detaillierte Analyse der Materialien nicht verlangt ist. Entsprechend dem Stil eines Programmheftes können Sie Zitate aus den Materialien ohne Zeilenangaben und nur unter Nennung des Autors integrieren.*
- *Grundsätzlich sind Sie frei in der Strukturierung Ihrer Ausführungen; die* ***Gliederung*** *muss jedoch eine gewisse Logik erkennen lassen.*
- *Wichtig ist der* ***Umfang*** *Ihres Beitrags; verlangt sind 1 200 bis 1 500 Wörter. Dies bedeutet eine deutliche Beschränkung, die allerdings durch die erwähnte Vorgabe, dass die Handlung im Programmheft bereits dargestellt ist, eine Richtung erhält.*

Gliederung

1 Faust im Jahr 2012

2 Verhältnis zwischen Faust und Mephisto

2.1 Die Wette zwischen Gott und Mephisto als Rahmenbedingung

2.2 Faust und Mephisto – Verführung im Zeichen der Wette

3 Aktualität von Goethes *Faust*

3.1 Überzeitliche Themen

3.2 Aufgreifen typisch moderner Themen

3.2.1 Selbstverwirklichungsbestrebungen des Individuums

3.2.2 Hedonismus als Teil des modernen gesellschaftlichen Selbstverständnisses

3.2.3 Fehlen verbindlicher Orientierungsinstanzen

4 Faust als unseresgleichen

Lösungsvorschlag

Irgendwann kommt wohl jeder einmal in Berührung mit Goethes *Faust*. Viele 1
werden sich vielleicht noch an die Schwierigkeit der eigenen *Faust*-Lektüre in ihrer Schulzeit erinnern, wo einem die versgebundene Sprache Goethes nicht eingehen wollte, während der Lehrer in den höchsten Tönen von diesem Werk schwärmte. Anderen steht diese Erfahrung erst noch bevor oder sie haben sie gerade hinter sich gebracht. Darum herum kommt kaum einer: Im bayerischen Lehrplan für Gymnasien ist Goethes *Faust I* die einzige namentlich festgelegte Pflichtlektüre. Kein anderes Werk der deutschen Literatur gehört so sehr zum **Kanon** oder wird ähnlich oft an deutschen Bühnen gespielt.
Warum also, so wird sich der Zuschauer fragen, wollen auch wir dieses Stück zur Aufführung bringen? Was interessiert uns daran? Was hat uns dieses vor mehr als 200 Jahren geschriebene Werk heute, 2012, noch zu sagen?

Kern des Dramas ist das **Verhältnis zwischen Faust und Mephisto**. Dass 2
Mephisto aber überhaupt an Faust herantritt, ist die Folge einer **Wette** mit 2.1
Gott. Mephisto hält nicht viel von den Menschen und bedauert sie, die sich auf der Erde mehr recht als schlecht durchschlagen. Gott entkräftet dieses abfällige Urteil über die Menschen und verweist ihn an Faust. Er erlaubt Mephisto sogar, dass er versuchen darf, diesen vom rechten Weg abzubringen. Gott ist sich jedoch sicher, dass dies nicht gelingen wird: „Ein guter Mensch in seinem Drange ist sich des rechten Weges wohl bewusst."

Mephisto hat nun also die Erlaubnis, Faust auf die Probe zu stellen und nähert 2.2
sich diesem, bevor er sich zu erkennen gibt, zunächst in Gestalt eines Pudels. Er weiß schon, dass es nicht einfach sein wird, denn dieser Faust fordert vom Himmel „die schönsten Sterne / Und von der Erde jede höchste Lust, / Und alle Näh' und alle Ferne / Befriedigt nicht die tiefbewegte Brust."
Zu Beginn lernen wir einen „stark angejahrten Magister und Doktor" (Thomas Mann) kennen, der isoliert in seinem Studierzimmer **an der Beschränktheit des Menschen und seiner Erkenntnisfähigkeit verzweifelt**. Er klagt: „Da steh ich nun, ich armer Tor und bin so klug als wie zuvor!" Er erkennt, dass „wir nichts wissen können", und versucht zunächst mithilfe der Magie, ja sogar mit einem Selbstmordversuch, vor dem ihn in letzter Sekunde die Osterglocken bewahren, seine Grenzen zu überschreiten. Als Faust beim Osterspaziergang unter den vielen Menschen seine Isolierung am schmerzlichsten spürt, taucht Mephisto auf, um ihm seinen Pakt anzubieten. Er verspricht ihm, dass er das Absolute erfahren wird, die Grenzen seines Wissens überschreiten kann und damit die Ganzheit erfahrbar wird. Erst dann, wenn er erfährt, was die „Welt im Innersten zusammenhält", und er zum „Augenblicke" sagt, „verweile doch, du bist so schön", will er sich zufrieden auf ein „Faulbett" legen und Mephisto darf sich seine Seele holen. Faust glaubt jedoch nicht, dass Mephisto dies jemals gelingt, und besiegelt im Gefühl der eigenen Überlegenheit den Pakt mit seinem Blut.

Mephisto unterschätzt Faust zunächst und glaubt, ihn mit **Zerstreuungen** vom rechten Weg abbringen zu können. Sein erster Versuch –in Auerbachs Keller will er ihm das leichte Leben näherbringen – scheitert aber kläglich.
Auch Mephistos zweiter Versuch, die **Verführung** mit einer Frau, scheitert im Grunde. Faust verliebt sich wirklich in Gretchen. Fast ist er schon so weit, dass er das Gefühl der Ganzheit verspürt, aber wegen seiner Wette mit Gott muss Mephisto erreichen, dass Faust sich schuldig macht. Durch den vergifteten Schlaftrunk für Gretchens Mutter und dem Mord an ihrem Bruder Valentin scheint Mephisto auch das zu gelingen. Doch da erkennt Faust, dass dieses Gretchen doch nicht das Ziel seiner Wünsche ist, sein heißes Begehren ist schon wieder abgekühlt. Er versucht sie eher aus Mitleid als aus grenzenloser Liebe aus dem Kerker zu befreien. Gretchen erkennt ihre Schuld – sie hat ihr Neugeborenes umgebracht und fühlt sich auch am Tod der Mutter schuldig – und kann dadurch von Gott gerettet werden. Faust dagegen, immer noch in Gesellschaft von Mephisto, bleibt weiter auf der Suche.
Bereits seit Georg Lukacs wird **Mephisto**, der Neinsager (griech.), immer wieder als die **andere Hälfte von Faust** gesehen. Seine Zerrissenheit, die zwei Seelen in seiner Brust, wird dramaturgisch aufgespalten in zwei Figuren. Je „weiter wir voranschreiten in die Theater-Gegenwart, desto mehr scheinen Faust und Mephisto in eins zu fallen. Sie werden immer ähnlicher, sie brauchen einander." (Peter Kümmel)

Goethes *Faust* greift Themen auf, die von einer erstaunlichen **Aktualität** sind: 3
Faust ist mit seinem Wunsch nach dem Überschreiten der Grenzen und seinem Drang nach Erforschung der Natur und des Menschen der exemplarische Mensch der Moderne.

Schon Thomas Mann hat 1939 den „Symbolwert der Faust-Gestalt" herausge- 3.1
stellt. Fausts kompromissloses Fordern „in seiner Ungebändigtheit, Unbedingtheit, seiner Revolte, seinem Haß auf Grenzen, auf Ruhe und Behagen, seiner Sehnsucht und Himmelsstürmerei" (Thomas Mann) kann als **jugendliches Aufbegehren** gesehen werden. Auch wenn Faust zu Beginn der Tragödie als ein sechzigjähriger, ergrauter Doktor gezeigt wird, trifft seine Charakterisierung, die Mephisto dem Herrn gibt, eher auf einen Jugendlichen zu, wenn es heißt: „Ihn treibt die Gärung in die Ferne, / Er ist sich seiner Tollheit halb bewusst; / Vom Himmel fordert er die schönsten Sterne / Und von der Erde jede höchste Lust." Diese Figur, die gleichsam das Unmögliche verlangt, symbolisiert das abendländisch-moderne Menschenbild: Der „Jüngling steht für den Menschen selbst, und was jugendlicher Sturm und Drang, Studenten-Titanismus war, wird zum alterslos gültigen Typus." (Thomas Mann) Faust hat den Charakter eines jungen Menschen, „der Jüngling [wurde] zum Menschen, der Mensch zum Jüngling" (Thomas Mann).
Auch Gretchens völlige Hingabe an Faust und ihre **unbedingte Liebe** sind überzeitliche Themen, die gerade uns Jugendliche sehr interessieren. Scheinbar kopflos ist dieses Gretchen dazu bereit, alles für ihren Geliebten zu tun. So lässt sie sich sogar darauf ein, ihrer über alles geliebten Mutter einen Schlaf-

trunk zu geben, um ungestört mit Faust eine Liebesnacht zu verbringen. Erst später wird ihr dann klar, dass sie hier zu weit gegangen ist. Auch merkt sie, dass es wohl doch intellektuelle Unterschiede zwischen beiden gibt, die auf Dauer keine stabile Beziehung möglich machen.

Der *Faust* ist jedoch nicht nur wegen dieser überzeitlichen Themen heute noch für uns interessant, sondern gerade auch wegen seiner **typisch modernen Themen**. 3.2

Dr. Faustus kann gesehen werden als einer, der sich radikal **selbstverwirklichen** will. Einschränkende berufliche und gesellschaftliche Verpflichtungen und Werte lehnt er ab. Wenn sein Famulus etwas von ihm wissen möchte, ist er nur widerwillig bereit, mit ihm seine Erkenntnisse zu teilen. Er fühlt sich diesem intellektuell überlegen und hat keine Lust mehr, seine Verpflichtungen als Universitätslehrer zu erfüllen. Auch aus der Gesellschaft zieht er sich völlig zurück, obwohl das Volk große Stücke auf den Doktor hält. Aber auch das kann ihm keine Befriedigung mehr geben, da er sich innerlich zerrissen fühlt. „Löse dich von allen äußeren, das Ich einschnürenden Einflüsterungen, ruft Mephisto diesem Faust zu: von den zweifelnden, skrupulösen, gedankenschweren, den Stimmen des Vergangenen und Ideellen." (Benjamin von Blomberg) Und Faust ist bereit, für seine Selbstbestimmung selbst seine zwischenmenschlichen Beziehungen aufs Spiel zu setzen – eine Bereitschaft, die typisch ist für das moderne Individuum. 3.2.1

Auf eine wirkliche Beziehung mit Gretchen lässt sich Faust nicht ein, als er im Religionsgespräch erkennt, dass der intellektuelle Unterschied zwischen ihnen groß ist. Er bewundert sie zwar noch ob ihrer in sich ruhenden Ganzheit, die er gerade erreichen möchte, beginnt aber schon sich zurückzuziehen, nachdem seine sexuellen Bedürfnisse befriedigt sind. Diese **Liebesunfähigkeit** wird gerade unserer „durchbefreiten Gesellschaft von Radikalindividualisten" (Benjamin von Blomberg) vorgeworfen: Die Zahl der Single-Haushalte in unseren Großstädten nimmt immer mehr zu. Auch Faust ist so ein Single, der ständig auf der Suche ist und rastlos von einem Event zum anderen hastet, nur dass es Faust bei seinen Versuchen der Grenzüberschreitung um die Suche nach dem Absoluten geht. Faust steht wegen seiner unerfüllten Suche sogar kurz vor dem Selbstmord. Die Osterglocken läuten, als er nach der Phiole greift und sein Ausruf „Die Botschaft hör ich wohl, allein mir fehlt der Glaube" zeigt, dass nur die Erinnerung an längst verlorene Werte ihn noch davon abhalten.

Auch der heutige **Hedonismus**, der zu unserem modernen gesellschaftlichen Selbstverständnis gehört, wird im *Faust* thematisiert. Mephistos Versuche, Fausts Drängen mit Vergnügungen und Zerstreuungen zu befriedigen, erinnern an die Event- und Spaßgesellschaft des 21. Jahrhunderts. Mephisto kann als „genussfroher und bestechlicher Teufel" interpretiert werden, der die „gute Unterhaltung, die das Unglück der Sterblichen ihm bietet", genießt (Peter Kümmel). Nachdem sich Faust als beziehungsunfähig erwiesen hat, führt ihn Mephisto zur Walpurgisnacht. Bei dieser rauschhaften Party vergisst er sein 3.2.2

Gretchen, erst ganz am Ende kommt sie ihm wieder in den Sinn. Mephisto macht ihn bekannt mit entfesselter und ausschließlich triebhafter Sexualität, wie sie sich auch in der modernen Gesellschaft wiederfindet.
Als „spielsüchtiger alte[r] Höllenkater" (Peter Kümmel) zeigt Mephisto sich nicht nur in der Walpurgisnacht, sondern auch in der Hexenküche. Die dort stattfindende Verjüngung Fausts findet sich wieder im ausgeprägten Körperkult bzw. **Jugendlichkeitswahn**, der tausende in die Fitnessstudios und zu den Botoxspritzen treibt.

Das Problem der **Orientierungslosigkeit**, das in der aktuellen Wertediskus- 3.2.3
sion oft beklagt wird, findet sich schon bei Faust. In einer zunehmend säkularisierten Welt wird Sinn zum Teil in esoterischen Formen gesucht, so wie Faust auf die Magie zurückgreift, um mithilfe des Erdgeistes seine Erkenntnisgrenzen zu erweitern. Nennen könnte man für die heutige Zeit zudem Sekten oder Psychogruppen, aber auch Fluchten in Drogen und Alkohol.
Faust ist **rastlos**, weil er das Absolute erfolglos sucht. Seine Ungeduld und sein fortwährendes Streben kann man als Vorläufer der Erfahrung der Beschleunigung des Alltags sehen. Er hat sie „lange vor uns schon erfunden, die Ablösung der Zeit vom Raum, das rasant beschleunigte Lebenstempo in Gestalt seines Weggefährten mit Namen Mephisto." (Manfred Osten) Goethe selbst hat das moderne Diktat der Eile als „veloziferisch" bezeichnet, eine Kombination aus „Velocitas" (die Eile) und „Luzifer". Als höchstes Ziel wünscht sich Faust dann auch den Genuss des Augenblicks: „Werd ich zum Augenblicke sagen: Verweile doch! Du bist so schön!" Hier wird der moderne Wunsch nach Entschleunigung vorweggenommen.
Mit seinem Wunsch nach Selbstverwirklichung, seiner Unfähigkeit zu echter, verantwortungsvoller Liebe, seiner hedonistischen Jugendsehnsucht, seiner Orientierungslosigkeit und Rastlosigkeit mutet Faust uns „als unseresgleichen" an (Benjamin von Blomberg). Dies ist verstörend und faszinierend zugleich – und für uns mehr als Grund genug, den *Faust* im Jahr 2012 auf die Bühne zu bringen.

Deutsch (Bayern G8) – Abiturprüfung 2012
Aufgabe 5: Argumentieren, auch in freieren Formen

Muße. Vom Glück des Nichtstuns, so lautet der Titel eines im Jahr 2010 erschienenen Buchs von Ulrich Schnabel.

Bearbeiten Sie zum Thema „Nichtstun“ **eine** der beiden Varianten!

Variante 1:

Setzen Sie sich mit in der heutigen Zeit vertretenen Einstellungen gegenüber dem Nichtstun auseinander! Berücksichtigen Sie dabei die beigefügten Materialien sowie Ihre eigenen Erfahrungen und entwickeln Sie ausgehend von Ihren Ergebnissen mögliche Konsequenzen für den Einzelnen und die Gesellschaft!

oder

Variante 2:

Traditionell verfassen die Abiturienten Ihrer Schule einen Gastbeitrag für den am Ende des Schuljahres erscheinenden Jahresbericht. Der beste eingereichte Text wird gedruckt und prämiert. Gewünscht wird ein Essay über das Nichtstun in einer Länge von etwa 1 500 Wörtern.
Verfassen Sie diesen Essay und nutzen Sie dafür die beigefügten Materialien!
Finden Sie eine geeignete Überschrift!

Material 1

Friedrich Nietzsche (1844–1900), ***Muße und Müßiggang***

[…] Man schämt sich jetzt schon der Ruhe; das lange Nachsinnen macht beinahe Gewissensbisse. Man denkt mit der Uhr in der Hand, wie man zu Mittag isst, das Auge auf das Börsenblatt gerichtet, – man lebt, wie Einer, der fortwährend Etwas „versäumen könnte“. „Lieber irgend Etwas thun, als Nichts“ – auch dieser Grundsatz ist eine Schnur, um aller Bildung und allem höheren Geschmack den Garaus zu machen. Und so wie sichtlich alle Formen an dieser Hast der Arbeitenden zu Grunde gehen: so geht auch das Gefühl für die Form selber, das Ohr und Auge für die Melodie der Bewegungen zu Grunde.

Der Beweis dafür liegt in der jetzt überall geforderten *plumpen Deutlichkeit*, in allen den Lagen, wo der Mensch einmal redlich[1] mit Menschen sein will, im Verkehre mit Freunden, Frauen, Verwandten, Kindern, Lehrern, Schülern, Führern und Fürsten, – man hat keine Zeit und keine Kraft mehr für die Ceremonien, für die Verbindlichkeit mit Umwegen, für allen Esprit der Unterhaltung und überhaupt für alles *Otium*[2]. Denn das Leben auf der Jagd nach Gewinn zwingt fortwährend dazu, seinen Geist bis zur Erschöpfung auszugeben, im beständigen Sich-Verstellen oder

Ueberlisten oder Zuvorkommen: die eigentliche Tugend ist jetzt, Etwas in weniger Zeit zu thun, als ein Anderer. [...] Giebt es noch ein Vergnügen an Gesellschaft und an Künsten, so ist es ein Vergnügen, wie es müde-gearbeitete Sclaven sich zurecht machen. Oh über diese Genügsamkeit der „Freude" bei unsern Gebildeten und Ungebildeten! Oh über diese zunehmende Verdächtigung aller Freude! Die *Arbeit* bekommt immer mehr alles gute Gewissen auf ihre Seite: der Hang zur Freude nennt sich bereits „Bedürfnis der Erholung" und fängt an, sich vor sich selber zu schämen. „Man ist es seiner Gesundheit schuldig" – so redet man, wenn man auf einer Landpartie[3] ertappt wird. Ja, es könnte bald so weit kommen, dass man einem Hange zur vita contemplativa[4] (das heißt zum Spazierengehen mit Gedanken und Freunden) nicht ohne Selbstverachtung und schlechtes Gewissen nachgäbe. [...]

Aus: Nietzsche, Friedrich: Die fröhliche Wissenschaft, Leipzig: A. Kröner 1930

Worterläuterungen:
1 *redlich sein*: i. S. v.: sich anderen gegenüber aufrichtig verhalten, ihnen Wertschätzung erweisen
2 *Otium (lat.)*: Muße
3 *Landpartie*: Ausflug aufs Land
4 *vita contemplativa* (lat.): das zurückgezogene, der meditativen Betrachtung gewidmete Leben

Material 2

Muße braucht Zeit, Auszüge aus einem Interview von Ulrich Schnabel mit Prof. Dr. Hartmut Rosa[1]

Rosa: Die Zeit wird uns wirklich knapp, und zwar aus drei Gründen: Erstens nimmt die technische Beschleunigung zu, das Auto ist schneller als das Fahrrad, die E-Mail schneller als der Brief, wir produzieren immer mehr Güter und Dienstleistungen in immer kürzerer Zeit. Das verändert den sozialen Erwartungshorizont: Wir erwarten von einander auch eine höhere Reaktionsfrequenz. Dazu kommt, zweitens, der soziale Wandel. Leute wechseln ihre Arbeitsstelle in höherem Tempo als früher, ihre Lebenspartner, Wohnorte, Tageszeitungen, ihre Gewohnheiten. Wir sind ungeheuer flexibel – und finden immer weniger Verankerung in stabilen sozialen Beziehungen. Und drittens ist insgesamt eine Beschleunigung des Lebenstempos zu beobachten. Wir versuchen, mehr Dinge in kürzerer Zeit zu erledigen. [...] In der säkularisierten Gesellschaft gilt als „gutes Leben" vor allem das „reiche", das erfüllte Leben. Wir wissen zwar, dass wir sterben müssen, aber wir versuchen vor dem Sterben noch, möglichst viel zu erleben. Die Logik lautet: Wer doppelt so schnell handelt, kann praktisch zwei Lebenspensen in einem unterbringen. [...] Mir scheint, wir verhalten uns ein wenig wie Suchtkranke: Wir suchen immer nach dem nächsten Kick. Und wenn es uns an Feiertagen einmal gelingt, aus dem täglichen Hamsterrad der andrängenden Optionen auszusteigen, haben wir plötzlich Entzugserscheinungen. Wer 365 Tage im Jahr gewöhnt ist, immer unter Strom zu stehen – noch schnell telefonieren, kurz was im Internet checken –, legt dieses Verhalten nicht so leicht ab. Deshalb braucht Muße Zeit.

DIE ZEIT: Muss man die Leere einfach aushalten können?

Rosa: Viele Menschen haben Angst, sich selbst ausgesetzt zu sein. Deshalb hat man diese totale Dauerstimulation – man hat überall Musik dabei, geht ins Kino, lässt sich von Werbung berieseln – auch das hat etwas von einer Sucht. Offenbar fehlt uns das Vertrauen darauf, dass in der Tiefe unserer selbst etwas ist, wenn mal nichts von außen andrängt. [...]

Aus: DIE ZEIT vom 30. 12. 2009

1 Prof. Dr. Hartmut Rosa lehrt und forscht am Institut für Soziologie der Universität Jena mit Schwerpunkt auf den Gebieten Zeitdiagnose, Zeitsoziologie und Entschleunigungstheorie.

Material 3

Stanislaw Dick, In der Ruhe liegt die Kraft

[...] [D]er Neurophilosoph Evan Thompson von der Universität von Toronto: „Das Gehirn ist ständig aktiv, aus eigener Initiative und auf organisierte Weise. Doch was ist die Bedeutung dieser weitverzweigten Aktivität?“ Und er gibt die Antwort gleich selbst: „Während Ruhezeiten, wenn man keine Aufgabe zu bewältigen hat, ist man in einem Zustand, der sich auf das Selbst hin orientiert.“ Das Gehirn verändert dann die Richtung seiner Aufmerksamkeit, lenkt sie nach innen. [...]

Aus: Frankfurter Rundschau vom 30. 07. 2009

Material 4

Zitate, Wörterbucheintrag, Graphik von 2009

Muße ist die Verteidigung der Vollkommenheit. (Oscar Wilde)

Wer Muße nur als Zeit der Wellness und Fitness versteht, unterwirft sie prompt wieder jenem Nützlichkeitsdenken, das bereits unseren gesamten Arbeitsalltag regiert. Muße wäre dann nichts anderes als eine funktionelle Methode, um die Schaffenskraft wiederherzustellen. (Ulrich Schnabel)

Aus: DIE ZEIT vom 30. 12. 2009

Mu-ße <f. 19; unz.> *Ruhe u. Zeit, ruhige, beschaul. Freizeit*; dazu fehlt mir die (nötige) ~; (genügend, keine) ~ haben, etwas zu tun; etwas mit ~ betrachten, tun [<ahd. *muoza* „freie Zeit zu etwas, Untätigkeit, Bequemlichkeit; Möglichkeit, Gelegenheit zu etwas“; zu germ. **motan* „müssen“]

Aus: Wahrig-Burfeind, Renate: Brockhaus. Wahrig. Deutsches Wörterbuch, Gütersloh/München: Wissenmedia in der Inmedia-ONE-GmbH 2011

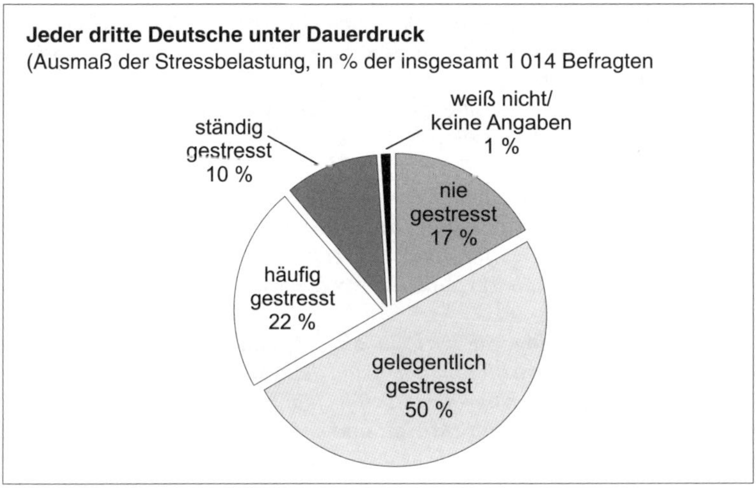

Quellen: Techniker Krankenkasse, F.A.Z.-Institut

Hinweise und Tipps

- *Die Aufgabe bietet Ihnen zwei Varianten des Argumentierens zum Thema „Nichtstun" an. Wichtig ist bei beiden Varianten, dass Sie sich zunächst intensiv mit den umfangreichen beigefügten* ***Materialien*** *auseinandersetzen und dass Sie* ***eigene Erfahrungen*** *einbringen. Dabei reicht eine distanzlose Wiedergabe des Materials nicht aus. Allerdings ist auch keine detaillierte Analyse der Texte verlangt.*
- *Das materialgestützte Erörtern erfordert neben der* ***analysierenden*** *natürlich eine* ***argumentierende Vorgehensweise****. Die gewählten Aspekte sollten möglichst reflektiert dargestellt werden, sodass Ihr Standpunkt erkennbar wird.*
- ***Variante 1****: Es handelt sich um eine* ***klassische antithetische Erörterung****, die sich mit den Einstellungen gegenüber dem Nichtstun auseinandersetzen soll. An den Anfang stellt man am besten eine* ***Definition*** *des Begriffs. Anschließend kann ein* ***historischer Rückblick*** *über den Nietzsche-Text erfolgen. Dabei ergibt sich die* ***Gegenüberstellung*** *von Zustimmung und Ablehnung ganz von selbst, auch wenn das Material eher einer Verteidigung des Nichtstuns das Wort redet. Im letzten Gliederungspunkt des Hauptteils müssen Sie dann die* ***Konsequenzen*** *untersuchen, die sich für den Einzelnen und für die Gesellschaft ergeben. Die Aufgabenformulierung lässt offen, ob sich diese Konsequenzen eher auf die Einstellungen zum Nichtstun oder auf das Nichtstun selbst beziehen. Im Kern geht es jedoch in beiden Fällen darum, zu überlegen, wie die Muße in unserer hektischen Welt wieder mehr Raum einnehmen könnte.*

– ***Variante 2****: Mit dieser Variante wird das sogenannte „neue Schreiben“, das im Lehrplan verankert ist, eingefordert. Die freiere Form des Argumentierens ist* ***situations- und adressatenorientiert****. Achten Sie besonders auf folgende Punkte:*
   - *Die Angabe des* ***Zwecks*** *der Veröffentlichung (Jahresbericht; Text eines Abiturienten) weist darauf hin, dass sich der Text an Mitschüler, Lehrer und Eltern richtet.*
   - *Für den Essay sollten Sie eine möglichst originelle* ***Überschrift*** *finden.*
   - *Auch hier wird die* ***Berücksichtigung des Materials*** *verlangt; nachdem die Aufgabe gleichzeitig einen Text für einen Schreibwettbewerb verlangt, kann das Material dazu dienen, ein höheres Anspruchsniveau zu erreichen, um in diesem Wettbewerb zu punkten.*
   - *Die* ***Wörterbegrenzung*** *zwingt Sie dazu, möglichst pointiert zu formulieren und bei der Auswahl der Argumente besonders klug vorzugehen. 1 500 Wörter bedeuten bei durchschnittlicher Schriftgröße ungefähr fünf bis acht Seiten Text.*
   - *Ein Essay zeichnet sich durch* ***Subjektivität*** *und ein* ***hohes geistiges und sprachlich-stilistisches Niveau*** *aus.*

Gliederung – Variante 1

A Leben in der Activity-Gesellschaft

B Einstellungen gegenüber dem Nichtstun und Konsequenzen für den Einzelnen und die Gesellschaft

I. Begriffsbestimmung

II. Muße als unnötiger Luxus
1. Beschleunigung als Kennzeichen der Zeit
2. Die Ökonomisierung des Lebens

III. Muße als Grundlage einer sinnvollen Existenz
1. Bedeutung der Muße für die Bildung
2. Bedeutung der Muße für die Kreativität
3. Muße als Maßnahme zur Stressreduktion
4. Muße als Basis für Selbstfindungsprozesse

IV. Konsequenzen
1. Individuelle Konsequenzen
2. Gesellschaftliche Konsequenzen

V. Fazit

C „Augenblick, verweile doch, du bist so schön!“

Lösungsvorschlag – Variante 1

Eines der beliebtesten Spiele gerade auch unter Jugendlichen ist „Activity". A
In diesem Spiel müssen Begriffe geraten werden, die ein Mitglied der eigenen Mannschaft vorstellt. Die Begriffe können dabei mit eigenen Worten umschrieben oder durch Zeichnungen erklärt werden. Die Teilnehmer können auch als Pantomimen auftreten oder mit Hilfe einer gesummten Melodie die gefragten Sachverhalte vorstellen. Das hört sich nicht sonderlich kompliziert an, aber das Spiel entwickelt regelmäßig eine ganz eigene Dynamik. Aktiv sein macht Spaß, das ist die Botschaft des Spiels. Immer in Bewegung sein, Körper und Geist fit halten und so Aufgaben lösen – „Activity" kann durchaus als **Bild für das Leben in unserer Gesellschaft** gesehen werden. Während Aktivitäten auf allen Ebenen des Lebens positiv bewertet werden, wird die Kehrseite der Medaille, das **Nichtstun**, zunehmend **negativ wahrgenommen**. Aus diesem Grund hat der Journalist Ulrich Schnabel 2010 über das *Glück des Nichtstuns* ein Buch geschrieben, in dem Gedanken zur gegenwärtigen Lage unserer aktiven Gesellschaft festgehalten sind. Zumeist wird das Nichtstun gesellschaftlich sehr kritisch bewertet, es gibt aber auch Verfechter echter Muße.

Welche Konsequenzen sich aus dieser Diskussion über das Nichtstun für B
jeden Einzelnen und die gesamte Gesellschaft ergeben, muss geprüft werden, wobei ein Blick in die Geschichte zeigt, dass die Diskussion nicht neu ist. Zunächst allerdings soll versucht werden, den **Begriff des Nichtstuns** näher zu bestimmen.

Im **alltagssprachlichen Verständnis** wird das Nichtstun wörtlich genommen I.
und bedeutet dann nichts anderes als Faulenzen. Anstatt seine Aufgaben zu erledigen, zum Beispiel die Hausaufgaben, beschäftigt man sich lieber mit angenehmeren Dingen, die allerdings unproduktiv sind. Zu diesen zeitverschwenderischen Aktivitäten gehören sinnlose Stunden vor dem Fernseher oder stundenlanges Musikhören; beides dient einzig dazu, der Arbeit zu entfliehen.
Eine **differenziertere Einschätzung** des Konzepts des Nichtstuns geht davon aus, dass die Abwesenheit von Aktivität die **Grundbedingung eines freien Lebens** ist. Menschliches Tun darf demnach nicht ständig unter dem Blickwinkel der Zweckgebundenheit gesehen werden. Nur wer frei ist von Verpflichtungen, hat die Möglichkeit, sich mit sich selbst auseinanderzusetzen und dadurch zu sich zu kommen. Während das alltagssprachlich verstandene Nichtstun einen negativen Beigeschmack behält, ist das hier beschriebene Verhalten am besten mit dem **Begriff der „Muße"** zu umschreiben. Darunter darf dann allerdings nicht Muße als „Zeit der Wellness und Fitness" verstanden werden (Schnabel, Material 4), sondern in seiner früheren Bedeutung als „Möglichkeit, Gelegenheit zu etwas", wie es das *Deutsche Wörterbuch* definiert (Material 4). Und dieses „etwas" ist die **Selbstreflexion**, die Beschäf-

tigung mit dem eigenen Ich, die entscheidend für die Weiterentwicklung des Individuums ist.

In einer Gesellschaft, die, wie eingangs aufgezeigt, großen Wert auf ständige II.
Aktivität legt, wird von vielen bezweifelt werden, dass das Nichtstun überhaupt sinnvoll sein kann. Wer über die positiven Seiten des Müßiggangs nachdenken will, sollte sich deshalb zunächst vor Augen führen, welche **Kritikpunkte gegenüber der Muße**, die oft als Luxus bezeichnet wird, angeführt werden.

Muße erfordert zunächst einmal Zeit. Wir leben aber in einer Gesellschaft, die 1.
von einer fast schon dramatischen **Zeitverknappung** geprägt ist. Das charakteristische Kennzeichen der Gegenwart ist laut des Soziologen Hartmut Rosa die **Beschleunigung**. Ursache ist die Technik, die alle Bereiche des Lebens erheblich beeinflusst – den Verkehr, die Kommunikation und die Produktion. Wir können uns schneller fortbewegen, wir können schneller miteinander in Kontakt treten und „wir produzieren immer mehr Güter und Dienstleistungen in immer kürzerer Zeit" (Material 2, Z. 3 f.). Die damit einhergehende hohe Belastung am Arbeitsplatz, die Notwendigkeit, Überstunden oder ausgedehnte Geschäftsreisen zu machen, der oft notwendige Umzug – all dies führt zu einer „Beschleunigung des Lebenstempos", die auch Rosa feststellt (Material 2, Z. 9 f.). Das Nichtstun, die Muße erscheint aufgrund dieser Gegebenheiten als vollkommen anachronistisch und muss deshalb abgelehnt werden.
Die Beschleunigung dagegen wird heute von vielen sogar als Lebenselixier gesehen. Demnach besteht der **Sinn des Lebens** darin, möglichst viel zu erleben. Anders als in früheren Zeiten, als man aus religiösen Gründen sein Leben auf ein späteres Leben nach dem Tod ausrichtete, wird in unserer säkularisierten Gesellschaft zumeist davon ausgegangen, dass unsere Zeit mit dem Tod endet. Dies führt dazu, dass diese wenige **Zeit intensiv genutzt** wird: „Wer doppelt so schnell handelt, kann praktisch zwei Lebenspensen in einem unterbringen." (Material 2, Z. 13 ff.) Rosa macht in diesem Verhalten des modernen Menschen sogar Züge einer Sucht aus.

Die Muße passt nicht in unsere beschleunigte Zeit, sie passt auch nicht in un- 2.
sere ökonomisch geprägte Welt: „Time is money". Das hat bereits im 19. Jahrhundert der Philosoph Friedrich Nietzsche erkannt, als er in einem Aufsatz über *Muße und Müßiggang* nachdachte. Hier wirft er seinen Zeitgenossen vor, dass sie „mit der Uhr in der Hand" denken und selbst beim Essen „das Auge auf das Börsenblatt gerichtet" haben (Material 1, Z. 2 f.). Allerdings muss auch zugestanden werden, dass Menschen grundsätzlich **materiellen Zwängen** unterworfen sind. Einen Beruf zu ergreifen ist zunächst einmal eine schlichte Notwendigkeit, um die Lebensgrundlagen zu sichern und zur modernen Berufswelt gehören die oben beschriebenen Beschleunigungen. Der Erfolg in einer Leistungsgesellschaft hängt zudem auch davon ab, dass man mit den technischen Grundlagen der Arbeitswelt vertraut ist und sich ihnen an-

passt. Wer heute Geschäftsverbindungen mit Hilfe handgeschriebener Briefe aufrecht erhalten wollte, der wäre sehr schnell gescheitert.
Erfolg und Leistung sind aber nicht nur die Voraussetzung für ein Leben in Sicherheit und Wohlstand, sondern auch ein Mittel, das Selbstbewusstsein zu stärken und damit ein Beitrag zur individuellen Entwicklung. Die **Hochachtung der Arbeit und des Erfolgs** sind historisch bedingt, die Erfüllung der Pflicht gilt in unserer Gesellschaft als ein hohes Gut. Nichtstun könnte so gesehen schnell zur sozialen Ächtung führen und damit der Ausbildung einer stabilen Identität entgegenstehen. Aus dieser Perspektive ist ein Leben, das sich dem Müßiggang hingibt, wenig erfolgversprechend.

Demgegenüber vertreten die **Verteidiger des Nichtstuns** einen anderen Stand- III.
punkt. Muße ist nicht überflüssig, sondern eine der wichtigsten Grundlagen für ein gelingendes Leben. Sie ist bedeutsam für die Bildung, die Kreativität und für die Auseinandersetzung mit dem eigenen Selbst.

Wieder hat bereits Nietzsche darauf aufmerksam gemacht, dass Muße eine 1.
grundlegende **Voraussetzung für echte Bildung** ist (vgl. Material 1, Z. 4 ff.). Um Zusammenhänge wirklich zu begreifen, braucht man Zeit. Das schulische Lernen von möglichst vielen Inhalten in möglichst kurzer Zeit etwa führt regelmäßig dazu, dass zwar kurzfristig Wissen angehäuft wird, dass aber dieses Wissen nach der Prüfung sofort wieder vergessen wird. Wenn man die Unterrichtsinhalte der zwölfjährigen Schulzeit in einer Tabelle erfassen und daneben die Wissensbestände aufführen würde, die ein junger Mensch ein Jahr nach dem Abitur noch sicher beherrscht, dann käme wohl ein deutliches Missverhältnis zwischen Aufwand und Ergebnis zum Vorschein.

Eine weitere mögliche Folge des Nichtstuns ist die **Steigerung der Krea-** 2.
tivität. Schon die Auseinandersetzung mit Kunst braucht Kontemplation. Glücksmomente ergeben sich bei der Begegnung mit bildender Kunst nicht, wenn man ein Museum im Eiltempo durchläuft, weil man die Highlights einer Urlaubsreise schnell abhaken will, sondern nur, wenn man die Muße hat, sich absichtslos und genauer mit einzelnen Kunstwerken auseinanderzusetzen. „Interesseloses Wohlgefallen" hat der Philosoph Immanuel Kant den ästhetischen Genuss eines Kunstwerkes genannt. Für seinen Begriff kann man ohne Verlust auch die Muße setzen.
Entsprechend gibt es auch **Kreativität nie auf Knopfdruck**, eine Erfahrung, die man im Schulalltag häufiger machen kann: Kaum jemand ist etwa fähig, in einer Unterrichtsstunde spontan ein Gedicht zu verfassen, auch wenn genau das immer wieder gefordert wird. Erst die kontemplative Beschäftigung mit einer Sache führt zu kreativen Lösungen.

In der heutigen Gesellschaft stehen die Menschen häufig unter Druck: Dem- 3.
entsprechend gaben in einer Befragung nur noch 17 % an, dass sie nie Stress empfinden. 10 % dagegen fühlen sich ständig gestresst, 22 % immerhin noch häufig gestresst und 50 % sagen, dass sie gelegentlich unter Stress leiden (vgl.

dazu Material 4). Gerade vor diesem Hintergrund gewinnt das gelegentliche Nichtstun, das **Stress und Stressphänomene verringern** kann, an Bedeutung. Selbst die Werbung hat sich diesen Zusammenhang zu eigen gemacht: Eine bekannte Bierwerbung zeigt einen jungen Mann, der sich ganz allein in den Dünen und am Strand relaxt bewegt und deutlich macht, dass er am glücklichsten ist, wenn er sich nur mit dem Spazierengehen beschäftigen muss – ganz im Sinne Nietzsches, der einen „Hange zur vita contemplativa" (vgl. Material 1, Z. 24 f.) befürwortete. Es ist nachgewiesen, dass jeder von uns seine Aktivitäten ab und zu herunterfahren muss, um sowohl physische wie psychische Leiden zu verringern.

Nach Beobachtung von Hartmut Rosa ist es heutzutage eine große Leistung, 4.
einmal nichts zu tun. Auf Anhieb können das nur sehr wenige Menschen, denn wer nichts tut, muss sich mit sich selbst beschäftigen. Und davor haben nach Ansicht des Soziologen viele Menschen schlicht und ergreifend Angst, es könnte ja sein, dass man in diesem Ich nicht viel findet (vgl. Material 2, Z. 22 ff.). Dass das Nichtstun tatsächlich zur **Beschäftigung mit sich selbst** führt, bestätigt übrigens auch die Hirnforschung. Neurowissenschaftlicher haben festgestellt, dass sich das Gehirn in den Zeiten der Ruhe automatisch nach innen wendet, also mit dem eigenen Selbst zu tun hat (vgl. Material 3). Wer Abstand von den Dingen des Alltags sucht, findet leichter zu sich selbst. Das Bewusstwerden der eigenen Person gehört vermutlich zu den entscheidendsten Vorteilen der Muße. Die Auseinandersetzung mit dem eigenen Charakter und die Selbstvergewisserung führen dabei zu einer **Sinnfindung**, die jenseits vorgegebener Normen und Werte aus einem selbst kommen kann und deshalb authentisch ist. Diese Konzentration auf das Wesentliche ist eine Folge des Nichtstuns, die sich einstellen kann und einen entscheidenden Vorteil in der Entwicklung des eigenen Selbst darstellt.

Aus diesen Überlegungen zum Müßiggang ergeben sich **Folgerungen** für das IV.
Leben jedes Einzelnen und für die Gesellschaft insgesamt. Unbestreitbar ist, dass es in der westlichen Zivilisation ohne Arbeit nicht geht, weshalb das Nichtstun nur zeitweise eine Option sein kann. Alles deutet aber darauf hin, dass man sich gerade angesichts der Anforderungen der modernen Berufswelt mit Phasen der Muße helfen muss.

Im **privaten Bereich** wäre zu überlegen, ob die ständige Verfügbarkeit bzw. 1.
die **Dauerkommunikation** nicht bewusst **unterbrochen** werden sollte, um sich wenigstens ab und zu auf das Wesentliche zu konzentrieren. Jüngste Untersuchungen belegen, dass gerade Jugendliche bereits Internet-Suchtverhalten zeigen. Wichtig wäre deshalb, hin und wieder bewusst für einige Stunden oder Tage auf Facebook oder ähnliche Plattformen zu verzichtet. Der Umgang mit der daraus entstehenden Leere muss allerdings erst wieder erlernt werden (vgl. Material 2). Dieses tiefe Loch, in das mancher ohne Smartphone und PC fallen würde, hat noch nichts mit Muße zu tun, sondern ist zunächst eine quälende Herausforderung.

Möglichkeiten zur Muße können auch durch eine bewusste **Abgrenzung zwischen Arbeit und Nicht-Arbeit** erreicht werden. VW in Wolfsburg hat zum Beispiel den hausinternen E-Mail-Verkehr so programmiert, dass nach 18 Uhr keine Mails mehr weitergeleitet werden können. Solche Maßnahmen muss die Firma anbieten, aber auch der Einzelne kann die Möglichkeiten, die sich ihm bieten, ausschöpfen. Wochenenden sollten dann Wochenenden bleiben und nicht mit Arbeiten vollgestopft werden, die man während der Woche nicht mehr ganz geschafft hat. Ein Königsweg der Entschleunigung ist in der Berufswelt die **Auszeit**, die auch ein ganzes Jahr betragen kann, das sogenannte Sabbatjahr, was zunehmend auch genutzt wird. Wer für längere Zeit aus dem Beruf aussteigt, wird sich zwangsläufig mehr mit sich und seinen Wünschen und Vorstellungen beschäftigen können und so zu einer besseren Selbsteinschätzung kommen. Das ist dann Nichtstun im positiven Sinn, denn es geht nicht darum, seinen Körper und seinen Geist zu beruhigen, um am nächsten Tag im Job wieder besser zu funktionieren, sondern darum, zu sich selbst zu finden.

Während diese individuellen Maßnahmen immer an die Rahmenbedingungen 2.
gebunden bleiben – ein Sabbatjahr ist nur mit der Unterstützung des Arbeitgebers durchführbar –, haben **Staat und Gesellschaft** viele Möglichkeiten, Rückzugsorte zu schaffen.
Dies beginnt bereits in der Schule, wo klarer als bisher zwischen arbeitsintensiven Prüfungszeiten und **prüfungsfreien Zeiten** unterschieden werden sollte. Dies würde maßgeblich dazu beitragen, dass der Dauerdruck, der auf den Schülern lastet, zu minimieren. Wer die Schule ernst nimmt, kann kaum einen Nachmittag etwas kürzer treten. Selbst die Wochenenden müssen zur Vorbereitung genutzt werden. Weiß man aber, dass die nächste Woche prüfungsfrei ist, kann man sich entspannter mit den Inhalten der einzelnen Fächer auseinandersetzen. Nach Nietzsche ist es ja gerade dieses ständige Lernen neuer Dinge, das wirkliche Bildung verhindert (vgl. Material 2, Z. 4 ff.).
Um Muße für die Gesellschaft als Ganzes zu ermöglichen, brauchen alle Menschen grundsätzlich freie Zeiten jenseits des Urlaubs, der vorrangig dazu dient, die Arbeitskraft wieder herzustellen. Wichtiger erscheint in diesem Zusammenhang eine wirkliche Rhythmisierung des Lebens, und die leisten in unserem Kulturkreis die **Sonn- und Feiertage**. Diese müssen jedoch auch entsprechend genutzt werden: Aufwändige Freizeitaktivitäten bringen wenig, vielmehr muss jeder einzelne bewusst die freie Zeit annehmen und die Muße akzeptieren. In diesem Zusammenhang wäre es ein fatales Signal, wenn der Sonntag als echter Ruhetag abgeschafft werden würde, wieder bräche ein Stück Müßiggang weg. Tendenzen dazu gibt es schon länger: Bäckereien haben geöffnet, verkaufsoffene Sonntage werden immer wieder angeboten. Daraus erwächst bei manchen Vertretern der Konsummittelindustrie die Vorstellung, dass man auf Sonntage als geschützte Ruhetage ganz verzichten könnte.

Zusammenfassend kann festgehalten werden, dass in unserer hektischen Welt **Muße und Müßiggang fehlen**. Was Nietzsche bereits erkannt hat und die moderne Wissenschaft bestätigt, ist die Entwicklung einer Gesellschaft, die ununterbrochen aktiv sein muss, um entweder Erfolg im Beruf zu haben oder sich selbst abzulenken. Es ist durchaus zu befürchten, dass sich diese Tendenzen in den Zeiten der Globalisierung und der Medialisierung fortsetzen. Verkehr, Kommunikation und Warenproduktion haben inzwischen eine globale Dimension erreicht, die sich unmittelbar auch auf den Menschen und sein Verhalten auswirkt, denn die Arbeit nimmt den modernen Menschen zunehmend für sich in Anspruch. Es ist kein Wunder, dass sich seit einiger Zeit Klagen über das sogenannte Burn-out-Syndrom häufen. Alle Betroffenen berichten von einem **Gefühl der Überlastung**, das aus modernen Arbeitsprozessen erwächst. Zeit für das Nichtstun bleibt so kaum. V.

Dabei müsste die Muße mit aller Deutlichkeit gefördert werden. Alles deutet darauf hin, dass sie ein Kernbestand des menschlichen Daseins ist. Niemand ist dafür gemacht, 24 Stunden am Tag zu funktionieren. Zudem kann die Ausbildung zu einem seiner selbst bewussten Menschen nur gelingen, wenn genügend Zeit zur Verfügung steht. Niemand bezweifelt, dass Leistung und Arbeit wichtig sind. Erfolgreich ist man aber nur, wenn man auch seine **Persönlichkeit entwickelt** hat.
Aber auch jeder Einzelne sollte darauf achten, dass er nicht sein gesamtes Leben nur unter dem Aspekt des Nützlichen betrachtet. Wenn selbst in den Stunden der freien Zeit Ruhe ein Fremdwort bleibt, kann etwas nicht stimmen. In unserem schnelllebigen Jahrhundert ist es sehr wichtig, Stunden der Muße zu erleben, denn nur so kann man zu sich selber finden. Das bezieht sich im Übrigen nicht nur auf die geistige Erholung, sondern auch auf die körperliche. Wer selbst im Urlaub von einer sportlichen Höchstanstrengung, vielleicht sogar Überforderung, zur nächsten jagt, muss sich nicht wundern, wenn der Körper erschöpft aus dem Urlaub zurückkehrt.

Die Frage nach der **Bedeutung des Nichtstuns** lässt bereits **Goethe** seinen Faust stellen. Der Pakt, den dieser mit Mephisto eingeht, zielt auf den einen Augenblick, an dem er sagen kann: „Augenblick, verweile doch, du bist so schön!“ In dieser Situation wäre Faust dann bereit, seine Seele dem Teufel zu überlassen. Selbst für den Alleskönner Faust ist es also von größter Bedeutung an einen Punkt zu kommen, an dem man nichts mehr erreichen will, sondern sich ganz auf sich selbst konzentrieren kann. Goethe brauchte zwei umfassende Dramen-Teile, um seinen Helden auf vielen Umwegen zu diesem Ende zu führen. C

Gliederung – Variante 2

A *Anekdote zur Senkung der Arbeitsmoral* (Heinrich Böll)

B Lob der Faulheit
- I. Die Zwänge der Gesellschaft
- II. Die Vorteile des Nichtstuns
  1. Kraft schöpfen
  2. Kreativität zulassen
  3. Selbsterkenntnis ermöglichen
- III. Plädoyer für mehr Muße
  1. In der Schule
  2. In der Gesellschaft

C Appell an den idealen Schüler

Lösungsvorschlag – Variante 2

Lob der Faulheit 2.0

Wer zwölf Jahre zur Schule geht, lernt einiges kennen, zum Beispiel die Polynomdivision, das Wormser Konkordat oder die berühmte Desoxyribonukleinsäure. Dazu kommt eine Fülle von Geschichten, die den Deutschunterricht erst zu dem machen, was er gerne sein möchte: Sprachunterricht und Lebenshilfe zugleich. Über die Jahre hinweg hat sich bei mir ein Favorit herauskristallisiert, dessen Überzeugungskraft unschlagbar ist und dessen Witz mir bei jedem Lesen mehr Vergnügen bereitet: **Heinrich Bölls *Anekdote zur Senkung der Arbeitsmoral***, die uns bereits in der achten Jahrgangsstufe nähergebracht wurde. Zurückblickend auf meine Schullaufbahn möchte ich die Anekdote allen Schülerinnen und Schülern wärmstens empfehlen – sie könnte viele Mühen der Schule abmildern. **A**

Worum geht es in der kurzen Geschichte? Sie handelt von einem sehr deutschen Urlauber, der auf einen sehr Einheimischen an einer westlichen Meeresküste Europas trifft. Dieser, so kann man erschließen, lebt vom Fischfang. Der Tourist beobachtet eines Tages, wie der Fischer in der Mittagssonne vor sich hindöst. Die beiden kommen ins Gespräch und ganz nebenbei entwickelt der Deutsche für den vollkommen entspannten Mann einen Masterplan zur **Steigerung der ökonomischen Effizienz**. Seine Ideen zur Fang- und Gewinnmaximierung entwirft er mit sichtlichem Enthusiasmus, bis zu dem Punkt, an dem der Fischer die alles entscheidende Frage stellt: Für was soll das gut sein? Nun, so sagt der Deutsche, wenn man genug getan habe, könne man sich in aller Ruhe an den Strand setzen und seine freie Zeit genießen. Die Antwort kann sich der Leser sicherlich denken, sie ist aber zu schön, um nicht wiederholt zu werden: Genau das mache ich doch jetzt schon! Volltreffer!! Und gleichzeitig ein Plädoyer dafür, sich sehr genau zu überlegen, ob das Prinzip des Immer-Mehr, Immer-Schneller wirklich in jedem Fall die beste Wahl ist. Oder ob es nicht gerechtfertigt ist, auch einmal die Faulheit zu rühmen, das *Lob der Faulheit* zu singen, wie es schon Lessing im 18. Jahrhundert in einem kleinen Gedicht vorgemacht hat. Wie lässt sich die **Faulheit** im 21. Jahrhundert **legitimieren**? Versuch eines Lobs der Faulheit 2.0:

Wenn mit Faulheit das süße Nichtstun, das zweckfreie Dasitzen und Herum- B
lungern gemeint ist, dann wirft dies in unserer **Gesellschaft** naturgemäß zu- I.
nächst einmal **kritische Fragen** auf. Kann es sich ein Schüler leisten, weder Hausaufgaben zu machen noch den Lernstoff zu verinnerlichen? Kann er sich gar einen Tag im Freibad gönnen, statt für die nächste Klausur zu büffeln? Oder weiter: Kann es sich ein Arbeitnehmer leisten, keine Überstunden zu machen, um ein Über-Soll zu erfüllen? Kann er sich Brückentage grundsätzlich freinehmen, kann er sich grundsätzlich weigern, auch am Wochenende, auch am Feierabend seine Mails abzurufen, um im Fall des Falles eingreifen zu können?
Die **intuitive Antwort** lautet vermutlich: Nein! Niemand kann sich das leisten. Der Schüler nicht, der doch das Klassenziel erreichen muss, der Arbeitnehmer nicht, der seinen Job pflichtbewusst erfüllen muss. Diese Haltung existiert nicht schon seit Anbeginn der Zeitzählung, sie hat sich erst mit der neuzeitlichen Entstehung des **modernen Arbeitsethos**, vor allem aber seit der Etablierung der bürgerlichen Gesellschaft in Mitteleuropa durchgesetzt. Bereits Friedrich Nietzsche hat im späten 19. Jahrhundert die Auswüchse dieser Wandlung beobachtet, als er feststellte, dass seine Zeitgenossen „mit der Uhr in der Hand" denken und selbst beim Essen „das Auge auf das Börsenblatt gerichtet" haben (Material 1, Z. 2 f.). Das menschliche Handeln sei, so Nietzsche, stets auf Gewinnstreben ausgerichtet. Man sei gezwungen, immer schneller als andere zu sein, unter Umständen sogar, indem man den anderen hintergehe. Der Philosoph attestierte der damaligen Gesellschaft ein abstoßendes Nützlichkeitsdenken: Selbst notwendige Erholungsphasen müssten damit gerechtfertigt werden, dass sie die Kraft für das Geschäft wiederherstellten.
Dies dürfte heute von den meisten nicht anders gesehen werden. Wer nicht arbeitet, soll auch nicht essen – so oder ähnlich hört man es oft, und das nicht nur an den Stammtischen. Und es stimmt ja durchaus: Die täglichen Brötchen werden einem nicht gegeben, man muss sie sich verdienen. Wie kann man das Lob der Faulheit trotzdem rechtfertigen?

Nichtstun ist nicht nichts, es bringt, wenn man genauer hinschaut, große Vor- II.
teile, und das nicht nur für das Individuum, sondern für die gesamte Gesell- 1.
schaft.
Da ist die Tatsache, dass niemand 24 Stunden am Tag durcharbeiten kann: Faulheit ist ein menschliches Grundbedürfnis. Wir müssen schlafen und wir brauchen Stunden, die nicht auf Schule oder Beruf ausgerichtet sind. Freizeit und Urlaub erlauben dem Menschen, **neue Kraft zu schöpfen**, sich zu erholen – sofern diese Mußestunden auch wirklich der Muße vorbehalten sind.

Und die braucht der Mensch durchaus in regelmäßigen Abständen. Befragt man die Deutschen nach dem Ausmaß der Stressbelastung, dann gibt knapp ein Drittel an, ständig oder häufig gestresst zu sein. Mußestunden erscheinen da als pure Überlebensstrategie!
Auch sind diese Stunden der Muße, ist Faulheit die **Voraussetzung kreativer Tätigkeiten**. Wie Kreativität nicht funktioniert, haben wir in der Schule manches mühselige Mal erfahren müssen, etwa dann, wenn Lehrer uns in den letzten zehn Minuten einer Unterrichtsstunde aufforderten, schnell noch ein Gedicht zu schreiben (besonders beliebt: Das Elfchen!). Kunst auf Knopfdruck sagten wir dann, und es stimmt: kreative Prozesse brauchen Zeit. Man muss die Möglichkeit haben, sich in eine Sache ganz zu versenken, vor allem darf man keinen Produktivitätsdruck verspüren. Kreatives entsteht dann wie von selbst. Das gilt übrigens nicht allein für die Kunst, sondern auch für die Lösung komplexer Aufgaben. Die besten Ideen entspringen manchmal der Muße. Leider kennen wir aus dem Unterricht vor allem den gegenteiligen Effekt: Während der Matheklausur will die Rechnung einfach nicht gelingen, in der Badewanne, zwischen Schaumbergen und Entchen, fällt es dann plötzlich wie Schuppen von den Augen. Wäre nur der Zeitdruck nicht gewesen!
Am wichtigsten aber: Faulheit ist keine bloße Schwäche des Charakters, sondern trägt erst zur Herausbildung desselben bei – die Auseinandersetzung mit sich selbst, das **Reifen der Selbsterkenntnis** ist ohne Zeiten der Ruhe und Einkehr nicht möglich. Dass andauernde Aktivität die Beschäftigung mit dem eigenen Selbst verhindert, bestätigt sogar die Hirnforschung inzwischen eindrucksvoll: Neurowissenschaftlicher haben festgestellt, dass sich das Gehirn in Zeiten der Ruhe automatisch nach innen wendet und so die Auseinandersetzung mit dem Ich in Gang setzt (vgl. Material 3). Unsere Gesellschaft scheint diese Selbstreflexion allerdings nicht unbedingt zu fördern. Es hat sich ein Verhalten ausgebildet, das darauf aus ist, möglichst keine Lücken zu lassen: Morgens werden wir vom Radio geweckt, die dauerfröhlichen Moderatoren geben die Losung des Tages aus – meist geht es darum, dass bald Wochenende ist. Schon am Frühstückstisch wird ein erster Blick auf den Facebook-Account geworfen (es könnte ja gemeldet werden, dass die erste Stunde entfällt). In der Schule hetzen wir von Stunde zu Stunde, von Fach zu Fach, bis in den Nachmittag hinein. Schnell noch die Mails gecheckt und den Abend dann dem Fernsehprogramm überlassen und so weiter und so weiter. Sollten sich dennoch Lücken ergeben, lassen sie sich zuverlässig durch zahlreiche Multimedia-Spielzeuge überbrücken. Der Soziologe Harmut Rosa erklärt diese Unrast damit, dass wir in beschleunigten Zeiten leben, in denen es darum geht, „möglichst viel zu erleben“. Und das geht nach einem scheinbar logischen Prinzip: „Wer doppelt so schnell handelt, kann praktisch zwei Lebenspensen in einem unterbringen.“ (Material 2, Z. 13 f.) Das Problem dieses „Hamsterrades“: Man muss Tag und Nacht aktiv sein. Ausstiegswillige tun sich zunächst wahnsinnig schwer mit dem Stillstand und empfinden eine einzige Leere. Aber genau diese **Leere muss ausgehalten werden**, in ihr ist man sich selbst ausgesetzt, in ihr findet man den Urgrund des eigenen Selbst.

Wir sollten lernen, dieser Auseinandersetzung mit sich selbst nicht aus dem Weg zu gehen. Erreichbar ist dies nur mit einem Mehr an Muße in Schule und Gesellschaft.

Die **Schule** bietet Möglichkeiten zur Muße, sie sollten genutzt werden. Eine sinnvolle Einrichtung sind etwa Ruheräume, die in Freistunden und Pausen als Rückzugsorte dienen können. Eine kleine Bibliothek, anspruchsvolle Spiele, der Verzicht auf Handys und Computer – mehr wäre nicht nötig. Die Schulgemeinschaft sollte sich auch überlegen, ob die Dauerbelastung der Schüler – ja, es gibt sie wirklich! – nicht minimiert werden kann, indem man prüfungsfreie Zeiten einführt oder die Leistungserhebungen grundsätzlich überdenkt. Schon Nietzsche hat erkannt, dass ständige Aktivität wahrer Bildung entgegensteht (vgl. Mat 1). Es geht also dabei nicht darum, dem faulen Schüler entgegenzukommen, vielmehr ist die Entwicklung der Schülerpersönlichkeit jenseits der Leistungsmessung ins Auge zu fassen. Und warum sollte man nicht auch ein neues Schulfach kreieren, das sich genau damit befasst: Lebensstile, Selbsterkenntnis? III.
Was für die Schule gilt, gilt selbstverständlich auch für die **Gesellschaft** insgesamt: Muße braucht Zeit, also gebt ihr diese Zeit. Beschallt nicht alle öffentlichen Räume mit lauter Musik, richtet für die wenigen arbeitsfreien Stunden Ruhezonen ein. Haltet am freien Wochenende fest, lasst vor allem den Sonntag als arbeitsfreien Tag unbedingt bestehen. Respektiert, wenn jemand sich dazu entschließt, für längere Zeit aus dem Beruf auszusteigen. Die vita contemplativa sollte eine gesellschaftlich akzeptierte Form des Lebens sein. Wer faul in der Hängematte liegt, leistet später vielleicht gerade deshalb mehr für die Gesellschaft als ein dauergestresster Manager!

Ist der faule Schüler der bessere Schüler? Meine Ausführungen nach acht Jahren am Gymnasium sollten nicht missverstanden werden. Es geht, um mit Aristoteles zu sprechen, immer um das **richtige Maß**. Ideal wäre es, wenn beides in der Schule Platz finden würde: Leistung und Muße, aktives Lernen und Ruhe, Wissenserwerb und Entwicklung des eigenen Selbst. Der ideale Schüler ist dann ein Heranwachsender, dem das Lob der Faulheit gelingt. C

Deutsch Bayern – Abiturprüfung 2013: Aufgabe 1: Erschließen eines literarischen Textes

a) Erschließen und interpretieren Sie das Gedicht *Der Unbekannte* von Joseph von Eichendorff (Text A)! Nutzen Sie dabei auch Text B und berücksichtigen Sie den literaturgeschichtlichen Hintergrund.

b) Legen Sie ausgehend vom Verhalten der Frau im Gedicht und mit Blick auf eigene Erfahrungen abschließend dar, weshalb von der Begegnung mit Unbekanntem Faszination ausgehen kann.

Text A

Joseph von Eichendorff (1788–1857)
Der Unbekannte (Erstdruck 1837)

Vom Dorfe schon die Abendglocken klangen,
Die müden Vöglein gingen auch zur Ruh,
Nur auf den Wiesen noch die Heimchen[1] sangen
Und von den Bergen rauscht der Wald dazu;
Da kam ein Wandrer durch die Ährenwogen,
Aus fernen Landen schien er hergezogen.

Vor seinem Hause, unter blüh'nden Lauben
Lud ihn ein Mann zum fröhl'chen Rasten ein,
Die junge Frau bracht' Wein und Brot und Trauben,
Setzt dann, umspielt vom letzten Abendschein,
Sich neben ihn und blickt halb scheu, halb lose[2],
Ein lockigt Knäblein lächelnd auf dem Schoße.

Ihr dünkt, er wär' schon einst im Dorf gewesen,
Und doch so fremd und seltsam war die Tracht,
In seinen Mienen feur'ge Schrift zu lesen
Gleich Wetterleuchten fern bei stiller Nacht,
Und traf sein Auge sie, wollt' ihr fast grauen,
Denn's war, wie in den Himmelsgrund zu schauen.

Und wie sich kühler nun die Schatten breiten,
Vom Berg Vesuv, der über Trümmern raucht,
Vom blauen Meer, wo Schwäne singend gleiten,
Krystall'nen Inseln, blühend draus getaucht,
Und Glocken, die im Meeresgrunde schlagen,
Wußt' wunderbar der schöne Gast zu sagen.

„Hast viel erfahren, willst Du ewig wandern?“
Sprach drauf sein Wirt mit herzlichem Vertrau’n,
„Hier kannst Du froh genießen wie die andern,
Am eig’nen Herd Dein kleines Gärtchen bau’n,
Des Nachbars Töchter haben reiche Truhen,
Ruh’ endlich aus, brauchst nicht allein zu ruhen.“

Da stand der Wandrer auf, es blühten Sterne
Schon aus dem Dunkel über’m stillen Land,
„Gesegn’ euch Gott! mein Heimatland liegt ferne. –“
Und als er von den beiden sich gewandt,
Kam himmlisch Klingen von der Waldeswiese –
So sternklar war noch keine Nacht wie diese.

Joseph von Eichendorff, Werke in sechs Bänden, Bd. 1: Gedichte. Versepen, hrsg. v. Wolfgang Frühwald u. a., Berlin 1987, S. 391. Erstdruck 1837; Orthographie und Interpunktion entsprechend der Werkausgabe von 1987

Worterläuterungen:
1 *Heimchen:* eine Grillenart
2 *lose:* hier: nicht zurückhaltend, keck

Text B

Christiane Krautscheid
„Und jeder Schritt des Wandrers ist bedenklich“.
Eine Wanderung durch die Motivgeschichte (1997)

[…] „Nach innen führt der geheimnisvolle Weg“, heißt die Parole bei Novalis[1]. Nicht objektive Welterfahrung, sondern subjektives Sich-finden in der Natur, die zum Spiegel des eigenen Innern wird. Der Wanderer ist jetzt die Personifizierung romantischer Sehnsucht nach dem Unendlichen. Und zur unbestimmten Sehnsucht paßt das Wandern ins Blaue besser als eine zielgerichtete Fahrt. […] Der romantische Wanderer ist immer auf der Suche: nach einem unbekannten Glück, nach einer entfernten Geliebten, einem Seelenfreund. Ist er fündig geworden, sehnt er sich danach, erneut auszuziehen. „Sehnsüchtig sah ich jedem Wandersmann nach, der auf der Landstraße vorüberzog, wie wohl ist Dir, sagte ich, daß Du Dein ungewisses Glück noch suchst! Ich hab’ es gefunden“, heißt es in *Franz Sternbalds Wanderungen* von Ludwig Tieck[2]. Die Sehnsucht nach dem Fremden rührt aus einer Spannung im Innern des Menschen, sie ist äußere Signatur einer Suche nach dem Selbst, dem Sinn der Existenz. […]

Christiane Krautscheid, Und jeder Schritt des Wandrers ist bedenklich. Eine Wanderung durch die Motivgeschichte, in: „… ich bin ein Fremdling überall.“ Publikation zum Wanderer-Zyklus des Berliner Philharmonischen Orchesters, hrsg. v. Sabine Borris, 11/1997, S. 9–20

Worterläuterungen:
1 *Novalis* (1772–1801): deutscher Schriftsteller, wichtiger Vertreter der Romantik
2 *Ludwig Tieck* (1773–1853): deutscher Schriftsteller, wichtiger Vertreter der Romantik

Hinweise und Tipps

- *Die Aufgabenstellung ist zweigeteilt in einen* ***erschließend-interpretierenden a)-Teil*** *und eine* ***b)-Aufgabe mit argumentativem Charakter****. Der Schwerpunkt der Arbeit liegt auch durch die Beigabe von Text B auf der Erschließung und Interpretation des Gedichts vor dem literaturgeschichtlichen Hintergrund.*
- *Die einzelnen Elemente der Erschließung werden in der Aufgabenstellung üblicherweise nicht mehr separat aufgelistet. Die* **Untersuchungsschwerpunkte** *ergeben sich vielmehr aus den spezifischen Besonderheiten des jeweiligen Gedichts. Erwartet wird die Herausarbeitung der Gesamtaussage in inhaltlich-struktureller, formaler und sprachlich-stilistischer Hinsicht. Es empfiehlt sich zu Beginn der Erschließung eine* **strukturierte Inhaltsangabe** *zu verfassen, die sowohl den Aufbau des Textes (durch Herausarbeitung der Struktur, Bildung thematisch zusammengehöriger „Blöcke") als auch den inhaltlichen Verlauf bzw. die Gedankenführung wiedergibt. Da im vorliegenden Eichendorff-Gedicht kein explizites lyrisches Ich zu erkennen ist, wird der Schwerpunkt auf der* **Strukturierung der vorgeführten Handlungsabfolge** *liegen. Besonderes Augenmerk ist dabei auf die Frage zu legen, ob inhaltliche Brüche, Wendepunkte oder thematische Verklammerungen erkennbar sind.*
- *Nach dieser inhaltlichen Klärung erfolgt die Hauptaufgabe der Erschließung: Die Wahl geeigneter* **Interpretationsschwerpunkte** *und ihre Erarbeitung am Text. Die literaturwissenschaftlichen Erläuterungen in Text B bieten hier eindeutige Hilfen. Die explizite Einforderung des literaturgeschichtlichen Hintergrunds legt die Konzentration auf typische Motive der Romantik (Natur, Sehnsucht, Religion, Fantasie …) nahe. Hier haben Sie auch Gelegenheit, Ihr* **Epochenwissen** *zur Romantik (Ziele, Motive, Poetik) einzubringen. Der zentralen Bedeutung des* **Wanderermotivs** *kann ein eigener Gliederungspunkt gewidmet werden. Führen Sie die Wirkung sprachlich-stilistischer (z. B. Bildlichkeit, Lautgestalt, Motivik) als auch formaler (z. B. Versmaß, Reim, Strophenform) Auffälligkeiten an geeigneten Stellen vor. Vermeiden Sie jedoch ein aneinanderreihendes „Abhaken" dieser Aspekte.*
- *Um einen geschlossenen Eindruck des Aufsatzes zu erreichen, empfiehlt es sich, die* **Einleitung** *und den* **Schluss** *auf den Wesenskern des Gedichts abzustimmen. Hier bieten sich Querverbindungen zu eventuell im Unterricht behandelten Gedichten und Erzählungen der Romantik an (z. B. Eichendorffs „Die zwei Gesellen", „Sehnsucht" oder „Aus dem Leben eines Taugenichts"). Genauso möglich ist auch die Formulierung des ersten Leseeindrucks (der dann später im Hauptteil überprüft wird) oder Überlegungen zum Zentralbegriff „Faszination".*
- *Die* ***b)-Aufgabe*** *ist eher knapp gehalten; der Hinweis „abschließend" kann auch als Möglichkeit für einen erweiterten Schlussteil gelesen werden. Der Operator „darlegen" verlangt also keine eigenständige, ausführliche Erörterung, sondern eine weiterführende* **Reflexion** *über die Bedeutung und Zeitlosigkeit des zentralen Aspekts „Faszination durch Unbekanntes". Der Verweis „mit Blick auf eigene Erfahrungen" fordert dabei nicht eine erzählende Vorführung konkrete Erlebnisse in der „Ich"-Form, sondern eine stichhaltige argumentierend-abstrahierende persönliche Auseinandersetzung mit dem Thema. Wahren Sie hier den* **Bezug zur Aussage des Gedichts** *(„ausgehend von Verhalten der Frau im Gedicht").*

Gliederung

A Das Reise-Motiv in der Literatur

B Erschließung und Interpretation des Gedichtes „Der Unbekannte“ von Joseph von Eichendorff und Überlegungen zu der Frage, weshalb von der Begegnung mit Unbekanntem Faszination ausgehen kann

I. Strukturierte Inhaltsangabe
1. Schilderung einer ländlichen Abendlandschaft (V. 1–4)
2. Konfrontation einer Dorffamilie mit dem faszinierenden Fremden (V. 5–18)
3. Gedankenreise in ferne Welten durch die Erzählung des Wanderers (V. 19–24)
4. Kontrastierung im Angebot des Hausherrn (V. 25–30)
5. Veränderte Naturwahrnehmung nach dem Aufbruch des Wanderers (V. 31–36)

II. Sprachlich-stilistische Gestaltung vor dem literaturgeschichtlichen Hintergrund der Romantik
1. Volksliedhafter Charakter durch Harmonie in Metrum, Reim- und Strophenform
2. Symbolische Orts- und Zeitgestaltung
3. Klanggestalt und Bildlichkeit in der Beschreibung der Natur
4. Religiöse Metaphorik und märchenhaft-mythisierende Elemente

III. Die Bedeutung des Wanderer-Motivs unter Berücksichtigung von Text B
1. Schaffen von Gegenwelten durch kontrastierende Lebensentwürfe
2. Rastlosigkeit und Suche als zentrales romantisches Gefühl

IV. Gründe für die Faszination bei der Begegnung mit Unbekanntem
1. Ambivalenz durch Neugier und Irritation
2. Chance für eine neue Selbsterfahrung
3. Möglichkeit einer Projektion von Wünschen und Sehnsüchten

C Die Aktualität romantischer Sehnsucht heute

Lösungsvorschlag

Die **Figur des rastlos Reisenden** und des auf seiner Wanderschaft Suchenden ist eines der ältesten und beliebtesten Motive der Literaturgeschichte und findet sich bis in die großen – auch vom Film erfolgreich adaptierten – Epen unserer Zeit. Von der „Odyssee“ über die Artussage bis hin zu Tolkiens „Herr der Ringe“ machen sich meist männliche Helden auf den abenteuerlichen Weg, um entweder einen sagenumwobenen Schatz, ihre eigentliche Bestimmung oder die ferne Heimat zu finden. Im Zentrum steht dabei oft weniger das Ziel der Reise als die Suche danach. Die Helden reifen in ihrer Persönlichkeit gerade durch die vielfältigen Herausforderungen, Erfahrungen und Begegnungen auf den Stationen der Lebensfahrt, ganz nach dem Leitspruch: „**Der Weg ist das Ziel**“. Die Epoche der Romantik verarbeitete wie kaum eine andere das Motiv des sehnsüchtigen Abenteurers zwischen Fern- und Heimweh, dem Joseph von Eichendorff in seiner Erzählung „Aus dem Leben eines Taugenichts“ ein literarisches Denkmal gesetzt hat. Dabei ist diese **romantische Sehnsucht** durchaus zwiespältig: Einerseits steht sie für **ein positiv empfundenes Freiheitsverlangen**, andererseits dient sie auch als Warnung vor den **Gefahren des ruhelosen Schweifens** in die Ferne, wie es von Eichendorff selbst in seinem Gedicht „Die zwei Gesellen“ eindringlich vorgeführt wird. Der wohl bekannteste romantische Schriftsteller verarbeitet auch im Gedicht „Der Unbekannte“ dieses Sehnsuchtsmotiv, wenn er in der Begegnung eines Wandersmannes mit einer biedermeierlichen Dorffamilie eine Atmosphäre von Fremdheit und Faszination zugleich entstehen lässt. A

Im Folgenden soll Eichendorffs Gedicht auch unter Zuhilfenahme des Textes von Christine Krautscheid „Und jeder Schritt des Wanderers ist bedenklich“ erschlossen und interpretiert werden. Abschließend werden davon ausgehend eigene Überlegungen zu der Frage angestellt, warum von der Begegnung mit Unbekanntem Faszination ausgehen kann. B

Eingeleitet wird das Gedicht in der ersten Strophe mit dem Entwurf einer spätsommerlichen Abendlandschaft, die zugleich den **zeitlichen und örtlichen Rahmen** eröffnet und in ihrer verklärten, typisch romantischen Naturschilderung mit der Schlussstrophe die atmosphärische Klammer des Gedichtes bildet. Die dörfliche Szenerie mit kirchlichem Geläut und bewaldeter Bergkulisse strahlt dabei eine in sich ruhende Idylle aus (V. 1–4). I. 1.

In diese Harmonie fügt sich ein unbekannter Wandersmann, der in die Einheit der Natur integriert zu sein scheint und den **konkreten Schauplatz**, die Laube einer kleinen Dorffamilie, erreicht. Mit einem jungen Paar mit Kind werden nun die weiteren – den Wanderer kontrastierenden – **Figuren** eingeführt. Ein besonderes Augenmerk wird dabei auf die junge Frau gerichtet, die den fremden Wanderer gastfreundlich bewirtet und auf die er eine eigentümliche Anziehung ausübt. Die gesamte dritte Strophe ist daraufhin aus ihrer 2.

Perspektive verfasst und veranschaulicht die **ambivalente Wirkung**, die der Gast auf sie ausübt. Einerseits erscheint er ihr vertraut, andererseits ist sie gebannt von seiner geheimnisvoll anmutenden Fremdheit (V. 5–18).

In Strophe 4 entführt der Wanderer seine Zuhörer durch packende **Reise-** 3.
erzählungen gleichsam in andere Welten. Dabei wird ein Panorama der abenteuerlichen Ferne ausgehend von den Extremen eines Vulkans bis zur Tiefe des Meeres entfaltet. Diese Schauplätze, insbesondere die Evozierung Italiens als das Sehnsuchtsland der Romantik, erhalten auch in Kontrastierung zur aufkommenden Kälte der realen Abendlandschaft einen Zug ins **Irreal-Märchenhafte** (V. 19–24).

Der Einwand des Hausherrn, der die rastlose Wanderschaft des Unbekannten 4.
in Frage stellt, holt die Beteiligten wieder in die zweckorientierte Wirklichkeit zurück. Dessen direkte Rede in der fünften Strophe entwirft mit dem Angebot an den Wanderer, sesshaft zu werden und reich einzuheiraten, eine **bürgerlich-philisterhafte Gegenwelt** zu der vorher geschilderten romantischen Lebensführung und bildet sowohl inhaltlich als auch formal einen Kontrast zur vorangegangenen Strophe (V. 25–30).

Daraufhin erfolgt der abrupte Aufbruch des Wanderers in die mittlerweile 5.
nächtliche Natur, die als Ergebnis der Begegnung **ins Verklärte verwandelt** scheint und von den Zurückbleibenden als hoffnungsvolle und glücksverheißende Heilslandschaft erlebt wird (V. 31–36).

Das sechsstrophige Gedicht ruft beim Leser durch die gleichmäßige Stro- II.
phengestalt mit jeweils sechs Versen und Kreuzreim mit sich anschließendem 1.
Paarreim (ababcc) Assoziationen zu dem in der Romantik so beliebten **Volkslied** hervor. Durchgängiges Metrum ist der fünfhebige Jambus, der durch seine schwebend-leichte Regelmäßigkeit den schlichten, volksnahen Erzählton noch verstärkt und Ausgeglichenheit bewirkt. Unterstützt wird diese durch die überwiegend zweisilbigen, harmonisch fließenden Verben und Partizipien, die einen sanften Klang erzeugen („Vom blauen Meer, wo Schwäne singend gleiten“ V. 21). Die auf den ersten Blick einfache Handlung mit szenischen Elementen (vgl. V. 25 ff.) trägt zugleich **balladenhafte Züge**. Unterbrochen wird die lineare Erzählstruktur lediglich durch die Inversion bei der rückblickenden Erzählung des Wanderers (V. 20–24), die somit sowohl syntaktisch als auch gedanklich eine Sprung in die vergangenen Erlebnisse erzeugt und – wie auch die direkte Rede des Hausherrn im Kontrast dazu – dadurch hervorgehoben wird. Unterstützt wird der **Eindruck eines Erzählgedichts** durch die Tempuswahl Präteritum und durch die Abwesenheit eines lyrischen Ichs, genauso wird das Geschehen durch genaue Orts- und Zeitangaben klar markiert.

Das Geschehen spielt sich in der **Dämmerung**, der Zwischenzeit zwischen 2.
Tag und Nacht ab, einer in der Romantik sehr wichtigen Übergangszeit, da sie laut Novalis das „zweite Augenpaar“ öffne für die Dinge, die bei hellem

Tageslicht nicht sichtbar sind. Von den „Abendglocken“ (V. 1), über den „letzten Abendschein“ (V. 10) und das Ausbreiten von „Schatten“ (V. 19) erstreckt sich am Ende „Dunkel“ (V. 32) über die „Nacht“ (V. 36) – die Zeit, die aus romantischer Sicht das Irrationale hervorhebt und darüber gleichsam als **Medium der Transzendenz** die verborgenen Geheimnisse des Seins zu erschließen vermag. Genau in diesem Sinne wird so nach dem Weggang des Wanderers im „himmlisch[en] Klingen“ (V. 35) die gesteigerte Wahrnehmung einer kosmischen Weltordnung vonseiten der Zurückgebliebenen ermöglicht. Auch der **Handlungsort** bildet **romantische Idyllen** ab. Die Kleinfamilie wohnt etwas abseits „vom Dorfe“ (V. 1) inmitten unberührter Natur, die Begegnung mit dem Wanderer spielt sich bezeichnenderweise auch nicht im Haus ab, sondern unter „blühn’den Lauben“ (V. 7), also im überdachten, blumenumrankten Vorgarten des Hauses. Fern von jeder einengenden gesellschaftlichen Norm ist in der Natur, unter freiem Himmel physische und gedankliche Freiheit möglich.

Die zentrale Bedeutung der **Natur** wird durch onomatopoetische Verben wie „klangen“ (V. 1) oder „rauscht“ (V. 4) untermalt. Genauso wird durch die Nennung von „Vöglein“ (V. 2) und „Heimchen“ (V. 3) eine **Klangkulisse** evoziert, welche im gesamten Gedicht durch ausdrucksstarke Verben aus dem Bereich der Natur unterstrichen wird. So dient das Verb „blühen“ in dreimaliger Variation (Z. 7, 22, 31) als motivische Klammer, die die positive Grundstimmung, z. B. im metaphysisch überhöhten Blühen der nächtlichen Sterne (vgl. V. 31), versinnbildlicht. Die auffällige **Metaphorik des Gedichtes** arbeitet ebenso mit Bildern aus dem Bereich der Natur, die oft an verschiedenen Stellen des Textes miteinander in **Korrelation** zueinander treten. Der Wanderer taucht zwischen „Ährenwogen“ (V. 5) auf – eine Metapher, die das Kornfeld zum fernen Meer werden lässt und dadurch gleich zu Beginn eine Verbindung von ferner Seereise sowie ländlicher Realität schafft und ihn eins werden lässt mit der Natur. Genauso ist das Rauschen der Wälder und das Vogelsingen des Anfangs (vgl. V. 2 ff.) am Schluss einem „himmlisch Klingen“ (V. 35) gewichen, die dörflich-romantische Klangkulisse hat nun eine neue, fast himmlisch-sphärische Dimension erlangt. Die Natur ist also nicht nur atmosphärischer Hintergrund, sondern dient gleichsam als „Mitspieler“ im Gedicht zur Reflexion und als **Spiegel für Gedanken, Gefühle und Unbewusstes**. Erscheinungen aus der Natur werden auch gebraucht, um die **Wirkung des unbekannten Wanderers auf die junge Frau** zu verbildlichen. Neben den ohnehin schon markanten, charismatischen Zügen in der Mimik des Fremden (sinnbildlich dargestellt durch die „feur’ge Schrift“ V. 15), werden seine Mienen mit „Wetterleuchten fern bei stiller Nacht“ (V. 16) verglichen. Der Vergleich mit dem Widerschein von Blitzen als Verkündigung eines in der Ferne drohenden Gewitters ruft erstmals in der bisher rein positiv beschriebenen Umgebung das Gefühl einer nicht fassbaren **Bedrohung** hervor. Sein „Auge“ (V. 17) – für die Romantiker der Sitz der Seele – erscheint ihr im Moment des Blickkontakts wie der „Himmelsgrund“ (V. 18), in seiner 3.

Unendlichkeit also unergründlich, und bewirkt fast ein „[G]rauen“ (V. 17), eine Verunsicherung und instinktive Distanzierung von dem Unbekannten. Verdichtet wird dies noch in der Reiseerzählung des Wanderers, die sowohl fantastische Naturelemente wie singende Schwäne (vgl. V. 21) und „krystall’ne Inseln“ (V. 22) beinhaltet als auch den gefahrbringenden Vulkan, der alles in „Trümmer“ legt, oder das sogar Städte verschlingende unberechenbare Meer (vgl. V. 23).

Häufig verwendet werden auch Begriffe und Motive, die religiös konnotiert 4.
sind, so zunächst die „Abendglocken“ (Z. 1), die ebenso in der Reiseerzählung wieder aufgegriffen werden (vgl. Z. 23). Der Vers „Die junge Frau bracht’ Wein und Brot und Trauben“ (Z. 9) lässt an das Abendmahl denken, die polysyndetische Reihung gibt diesem Mahl in seiner Schlichtheit zusätzlich einen feierlichen Ton. Das „lockigt Knäblein“ (Z. 12) erinnert an die Weihnachtsgeschichte, in der Jesus als holder Knabe mit lockigem Haar besungen wird. Diese Assoziationen zur heiligen Familie weisen der Dorffamilie die Rolle eines positiven Lebensmodells in Korrelation zum romantischen Freiheitsideal zu. Genauso beinhaltet die Abschiedsformel des Wanderers (vgl. V. 33) die **christliche Heilsgewissheit**. Nach dem Weggang des Wanderers bleibt etwas Magisches, Traumhaftes zurück, was sogar die Natur zu verändern scheint und die Menschen in ihrer Wahrnehmung im romantischen Sinne beeinflusst (vgl. V. 35 f.). Im letzten Vers scheinen sie hinter die Dinge zu blicken, das „zweite Augenpaar“ öffnet sich gleichsam im Blick auf die Schöpfung. Die Beschreibung der so poetisierten Nacht durch den Neologismus „sternklar“ (V. 36) lässt Assoziationen zum wohl bekanntesten Gedicht Eichendorffs, „Mondnacht“, zu, das am Ende mit derselben Wortwahl die Poetisierung der Natur im Sinne einer **harmonisch-kosmischen** Ordnung bezeichnet. Eine **metaphysisch-irreale** Ebene klingt auch in der Reiseerzählung des Wanderers an. Das faszinierende Schauspiel des rauchenden Vulkans Vesuv lässt wie die „krystall’nen Inseln“ (V. 22) die Kulisse des antiken Mittelmeerraums entstehen, die Anspielung auf die Sage der versunkenen Stadt Vineta in der Ostsee (vgl. V. 23) vermischt den Erfahrungsraum des Reisenden mit **märchenhaften Elementen**. Die für die Romantik zentrale Welt der **Fantasie** erweitert die Schilderung der Reise, die ohnehin ziellos wirkt, ins Imaginäre.

Die fortdauernde Suche, die niemals zu enden scheint, spiegelt sich in der III.
Frage des Gastgebers wieder: „Willst Du ewig wandern?“ (V. 25). Dass der 1.
Reisende sich nicht „endlich“ (Z. 30) ausruht, ist für diesen nicht verständlich. Das **Wortfeld „ruhen“** formuliert dabei den **biedermeierlichen Gegenentwurf** zum rastlosen Wanderleben. Der Rat des Wirts „Ruh’ endlich aus“ (V. 30), also der Wunsch nach einer inneren Zufriedenheit, ist damit genauso gemeint wie die Assoziation zum bürgerlich-sesshaften Eheleben im Vers „brauchst nicht allein zu ruhen“ (V. 30). Dabei werden implizit mit dem Preis der **Einsamkeit** und Unsicherheit die **negativen Seiten der Wanderschaft** verdeutlicht und das Glückspotenzial des bürgerlichen Lebensentwurfs betont.

Dass dies auch materiellen Wohlstand voraussetzt, gibt dem Angebot des Wirts durchaus **philisterhafte Züge** (vgl. V. 29). Die Alternative zum Wanderleben, die der Wirt in schlichter Sprache als erstrebenswert skizziert, enthält allerdings nur in einem kurzen Einwurf etwas Natürliches: ein „kleines Gärtchen“ (V. 28). Dieses erscheint in diesem Kontext jedoch eher künstlich angelegt. Die vier Verse haben etwas Einengendes, das kleine Gärtchen wirkt bedrängt in den Satz gefügt, zwischen „Herd“ (V. 28) und „Truhen“ (V. 29) steht wenig Platz zu Verfügung. Die vom Hausherrn vorgeführte **einfache Bildlichkeit** erhält so auch im Gegensatz zu den in der vorangegangenen Strophe entworfenen Idyllen etwas Banales.

Mit der abrupten Verabschiedung des Wanderers, die als direkte Reaktion auf 2.
die Rede des Wirtes schon fast einer Flucht gleicht (vgl. V. 31), wird deutlich: „Der romantische Wanderer ist immer auf der Suche: nach einem unbekannten Glück, nach einer entfernten Geliebten, einem Seelenfreund“ (Text B, Z. 6 f.). Wird dem Wanderer in „Der Unbekannte“ gerade nicht all dies in Aussicht gestellt? Als Glück wird ihm ein „eig’ner Herd“ (V. 28) angeboten, wo er „froh genießen“ (V. 27) könne. Eine Geliebte, sogar mit reicher Mitgift, und als Seelenfreund der Wirt, mit „herzlichem Vertrau’n“ (Z. 26), sind greifbar nahe. Und trotzdem verlässt der Wanderer den gastfreundlichen Ort, denn: „Ist er fündig geworden, sehnt er sich danach, erneut auszuziehen“ (Text B, Z. 7 f.). Der Unbekannte in Eichendorffs Gedicht zieht sogar nachts weiter, ohne geschlafen zu haben. Auch dies verdeutlicht **den radikal romantischen Impuls, immer weiter zu suchen** und – auch wenn das Glück gefunden scheint – sich nicht auch nur eine geringe Zeit damit zufrieden zu geben. Wenn er sich mit den Worten „Gesegn’ euch Gott, mein Heimatland liegt ferne. –“ (V. 33) verabschiedet, endet dieser Abschiedsgruß mit einem Gedankenstrich: Er stockt – man meint, er wolle noch etwas hinzufügen. Er erzeugt damit eine Pause, die Raum offen lässt für Ergänzungen. Wo dieses „Heimatland“ liegt, ist die bewusste **Leerstelle im Gedicht**, die vom Leser zu füllen ist. Genauso wird die nach dem Abschied des Wanderers als verändert empfundene Natur mit der Kunstpause eines Gedankenstriches hervorgehoben (vgl. V. 35). „Zur unbestimmten Sehnsucht paßt das Wandern ins Blaue besser als eine zielgerichtete Fahrt“ (Text B, Z. 5). Mit dieser Feststellung bringt Christiane Krautscheid die **Rastlosigkeit und Suche als zentrales romantisches Gefühl** auf den Punkt. So wie die Forderung nach der „**progressiven Universalpoesie**“ keinen Endpunkt auf der Suche nach der poetischen Vervollkommnung kennt, so ist der Wanderer „immer auf der Suche“ (Text B, Z. 6).

Der Wanderer bildet das **zentrale Motiv** des Gedichtes und eröffnet gerade in IV.
der Begegnung mit der völlig entgegengesetzten Lebenswelt der jungen Frau 1.
den **Blick auf romantische Lebens- und Glücksvorstellungen**. Die Frau im Gedicht ist fasziniert von der Begegnung mit dem Unbekannten. Zunächst verhält sie sich als Gastgeberin, wie sie es wohl gewöhnlich bei der Einladung von Fremden tut. Dann setzt sie sich jedoch, sogar mit dem Kind auf

dem Schoß, etwas schüchtern aber auch keck (vgl. V. 11) zu ihm. Sie zeigt also keine Angst, jedoch Neugier und einen gewisse Befangenheit. **Das Unbekannte, Ungewisse irritiert sie und zieht sie zugleich an**. Der Fremde übt eine eigentümlich anziehende, fesselnde Wirkung, eine verzaubernde Ausstrahlung auf sie aus. Das Verhalten der Frau, begrifflich auf den Punkt gebracht in der Paarformel „halb scheu, halb lose" (V. 11), spiegelt also die **Ambivalenz** wider, die den Umgang mit dem Unbekannten kennzeichnet: die **Faszination** auf der einen Seite und die **Skepsis** auf der anderen Seite. Gerade im Gegensatz zu ihrem begrenzten, ländlichen Erfahrungsraum eröffnet er ihr durch seine Erscheinung und durch die „wunderbar[en]" (V. 24) Erzählungen völlig neue Welten und erweckt in ihr eine „Sehnsucht nach dem Fremden" (Text B, Z. 11). Wenn auch dieser Sehnsucht nicht nachgegeben wird, klingt die Faszination, die von dem Fremden ausgeht, nach und bleibt für die Zurückgebliebene als Veränderung ihrer Sichtweise zurück. Diese kann allerdings nur dadurch erfolgen, weil die Frau im Gedicht sich begeistern lässt und Interesse für die Einstellung und Lebensweise des Unbekannten zeigt. Diese **Neugierde**, die Grundvoraussetzung für Faszination, kann man bei der Begegnung mit fremden Kulturen und Mentalitäten zum Beispiel auf Reisen entwickeln. Losgelöst von der Alltagsroutine und herausgelöst aus dem gewohnten Umfeld hat man in dieser kurzen Zeitspanne, gerade wohl auch weil sie zeitlich begrenzt ist, die Gelegenheit, völlig **neue Entdeckungen und Erfahrungen** zu machen, die den Blick auf scheinbar selbstverständliche Dinge ändern und den eigenen Horizont erweitern. So wird man die Eindrücke beim ersten Flug wohl kaum vergessen. Einerseits die Aufregung und auch Unsicherheit vor dem Start, andererseits dann das bereichernde Gefühl, über den Wolken zu schweben und die Welt von oben zu betrachten. Diese Begegnung mit unbekannten Sehweisen löst **neue Gedankenprozesse** aus: Grenzen zu durchbrechen und eine neue, eigentümliche Art von Freiheit zu erleben.

Die Faszination bei der Begegnung mit dem Unbekannten rührt von einer Ursache her, die auch schon Novalis erkannte: **Im Umgang mit dem Unbekannten lernt man sich selbst kennen.** Das kann sowohl faszinierend als auch angsteinflößend sein. Auch der jungen Frau kommt der Fremde auf eigentümliche Weise bekannt vor. Einerseits glaubt sie ein Gefühl von **Vertrautheit** zu spüren (vgl. V. 13), andererseits ist sie gebannt durch dessen geheimnisvoll anmutende **Fremdheit**. Die Psychoanalyse wird siebzig Jahre später darlegen, dass uns das Fremde als ein abgespaltener, verdrängter Teil unseres Selbst erscheint. Diese Beschäftigung mit den Seelenvorgängen des Menschen beginnt fast hundert Jahre vor Freud in der Romantik. Die unterbewusste Ahnung, dass in der eigenen Persönlichkeit viel mehr Facetten innewohnen, als man selbst glaubt, ist eine Erfahrung, die man beispielsweise bei der **Bewältigung von bisher unbekannten Aufgaben** macht. Gerade in der Qualifikationsphase des Gymnasiums ist man oft vor Herausforderungen gestellt, die einem zunächst nicht bewältigbar erscheinen. Vor der selbstständigen Arbeit in Seminaren, der bisher unbekannten Verantwortung bei der Or- 2.

ganisation von Projekten kann manchem Schüler durchaus zunächst „grauen" (V. 17). Andererseits ist es doch faszinierend, zu erleben, welche Talente und Charaktereigenschaften in einem selbst und den Mitschülern schlummern, die auf diese Weise zum Vorschein kommen. Diese Erfahrungen wirken also **sinnstiftend** und können sogar Berufsentscheidungen, also existenzielle Fragen, entscheidend beeinflussen.

Das Gedicht ist betitelt mit „Der Unbekannte" und nicht beispielsweise mit „Der Wanderer". Der Fremde bleibt unbekannt, bleibt schwer zu fassen. Der Leser erfährt nicht viel über ihn, durch die Fremdheit und das „[S]eltsam[e]" (V. 14) seiner Erscheinung erhält er selbst den Anschein des Irrealen, die Bedeutung seines Abschiedsgrußes bleibt offen. Damit wird der Wanderer mehr zum **Motiv** als zu einer konkreten Person und es drängt sich die Frage auf, ob er nicht in erster Linie als **Projektionsfläche** für Wünsche und Sehnsüchte der jungen Frau (und auch des Lesers) dient. Die Begegnung mit Unbekanntem, Nicht-Einordbarem, beispielsweise bei der Lektüre der eingangs genannten Romane, übt einen geheimnisvollen Reiz aus. Hier wird der Leser zum (Mit-)Erlebenden und damit in einen Zustand wachsamster Präsenz versetzt. In einer solchen Begegnung mit dem Unbekannten ereignet sich ein **Sich-Wundern und Überrascht-Werden jenseits von rationaler Bewertung und Einordnung**. Durch das Staunen, Schauen und Erfahren, z. B. der von Tolkien geschaffenen fantastischen Ereignisse in Mittelerde, wird das Lesen zur Begegnung mit eigenen Urängsten, Wünschen, Träumen und damit zu einem Vorgang intensiver ursprünglicher Lebendigkeit. Dies macht wohl auch die Faszination und das Erfolgsgeheimnis dieser über viele Generationen hinweg beliebten Bestseller aus. 3.

„Wer bin ich und wenn ja wie viele?", so lautete der Titel des vielleicht aufsehenerregendsten Bestsellers der letzte Jahre. Mit seiner „philosophischen Reise" zur Sinnfrage des modernen Menschen traf der Autor Richard David Precht den Nerv unserer durch Globalisierung und Digitalisierung geprägten Zeit. Dabei ähneln die hier aufgeworfenen Fragen sehr stark den wesentlichen Fragestellungen der Romantiker. Die „Suche nach dem Selbst" (Text B, Z. 13) darf dabei als überzeitlich und vor allem in Umbruchzeiten als existenzielle Frage gelten. Genauso wie die Romantiker der Veränderung ihrer Welt durch die Industrialisierung eine Gegenwelt der Fantastik und Irrationalität entgegensetzten, ist auch die Sinnsuche der globalisierten Menschen des 21. Jahrhunderts als Sehnsucht nach einem bewussten Leben, „einer Suche nach dem Selbst, dem Sinn der Existenz" (Text B, Z. 13) zu deuten. Sich hierfür „auf den Weg" zu machen, sei es auf Reisen, beruflich oder in der Welt der Literatur, wird immer faszinierend bleiben. C

Deutsch Bayern – Abiturprüfung 2013: Aufgabe 2: Erschließen eines literarischen Textes

a) Erschließen und interpretieren Sie den folgenden Ausschnitt aus Arthur Schnitzlers Drama *Das weite Land!* Arbeiten Sie dabei insbesondere heraus, wie Friedrich Hofreiter sein Reisevorhaben rechtfertigt!

b) Zeigen Sie ausgehend von Ihren Ergebnissen vergleichend auf, wie die Entfremdung zwischen zwei Menschen in einem anderen literarischen Werk dargestellt wird!

Vorbemerkung
Arthur Schnitzler gilt als einer der bedeutendsten österreichischen Schriftsteller der Jahrhundertwende. Der folgende Ausschnitt aus *Das weite Land* stammt aus dem zweiten von insgesamt fünf Akten: Der erfolgreiche Fabrikant Friedrich Hofreiter lebt mit seiner Gattin Genia in einer Villa nahe Wien, während sich ihr gemeinsamer Sohn Percy in einem Internat in England befindet. Genia weiß von den zahlreichen Liebesaffären Friedrichs, weist aber ihrerseits ihren Verehrer Korsakow, einen mit der Familie befreundeten Klaviervirtuosen, zurück. Als Korsakow sich deshalb erschießt, eröffnet Genia ihrem Mann den Grund für den Selbstmord, indem sie ihm den Abschiedsbrief Korsakows präsentiert. Zwei Wochen später beschließt Friedrich, dem Angebot seines Freundes Mauer nachzukommen und für einige Zeit in die Tiroler Berge zu reisen. Als er das Haus verlassen will, stellt ihn Genia zur Rede.

Arthur Schnitzler (1862–1931)
Das weite Land

2. Akt

[…] Friedrich Du hast mir noch was zu sagen, Genia?

Genia Eigentlich nichts, als daß ich mich ein bißchen über deinen Entschluß wundre. Ich hab' nämlich keine Ahnung gehabt, daß du heute fortfahren willst.

Friedrich Ich doch auch nicht, mein Kind.

Genia Wirklich, keine Ahnung?

Friedrich Daß es gerade heute abend sein wird – absolut nicht. Wenn der Mauer nicht zufällig gekommen wäre … Aber daß ich Lust hätt', auf ein paar Tage ins Gebirge zu gehen – das war dir ja nicht unbekannt. Ob ich nun heut fahr', – oder morgen oder übermorgen … Also zum Wundern ist doch kein Anlaß.

Genia *sich über die Stirn streichend.* Gewiß, du hast ja recht. Nur weil eben so gar keine Rede davon war.

Bange Pause.

Friedrich Also, ich telegraphier' natürlich täglich, sowohl hierher als ins Bureau. Und schreib' auch. Bitte gleichfalls um regelmäßige Berichterstattung. Und wenn von Percy was kommt, so schick' mir's nach … Auch wenn's nur an die *dear mother* gerichtet ist … Ja, mein Kind. Also jetzt heißt's … der Mauer wird wirklich schon ungeduldig werden.

Genia Warum – warum – fährst du fort?

Friedrich *etwas ungeduldig, aber nicht heftig.* Du, Genia, mir scheint als hätt' ich dir darauf schon geantwortet.

Genia Du weißt sehr gut, daß du mir noch nicht geantwortet hast.

Friedrich Jedenfalls ist diese Art zu inquirieren etwas ganz neues – in unserm Haus.

Genia Du bist nicht verpflichtet mir Rede zu stehn, gewiß nicht. Aber ich seh' eigentlich auch keinen Grund, warum du mir die Antwort direkt verweigern solltest.

Friedrich Ja, mein liebes Kind, wenn du wirklich findest, daß es erst ausdrücklich festgestellt werden muß … also schön: Ich fühle mich seit einiger Zeit nicht besonders wohl. Das wird ja wieder vorübergehn – wahrscheinlich … gewiß. Aber in den nächsten Tagen brauch' ich eben eine andere Luft, eine andre Umgebung. Sicher ist jedenfalls, daß ich von hier fort muß.

Genia Von hier!? … Von m i r ! !

Friedrich Von dir – Genia –? Das hab' ich doch nicht – Aber wenn du's absolut hören willst – gut, von d i r ! Ja, Genia.

Genia Aber warum? Was hab' ich dir denn getan?

Friedrich Nichts … Wer sagt denn, daß du mir was getan hast.

Genia So erklär' dich doch, Friedrich … Ich bin ja ganz … Auf alles war ich eher gefaßt, als daß du jetzt … so plötzlich … Von einem Tag zum andern – von einer Stunde zur andern hab' ich erwartet, daß wir uns … aussprechen werden … daß wir …

Friedrich Ja. Diese Erwartung hab' ich dir schon angemerkt, Genia. Ja. Aber … ich glaube, dazu ist es noch zu früh, – zum – Aussprechen … Ich muß mir noch über mancherlei klar werden …

Genia Klar –? Ja … wo gibt's denn eine Unklarheit? Du hast doch … den Brief in der Hand gehabt? Du hast ihn doch gelesen? Wenn du vorher gezweifelt hast … was ich ja gar nicht glaube … seit dem Abend[1] – um Himmels willen, Friedrich – seit dem Abend muß dir doch eine Ahnung aufgegangen sein – Friedrich, was – was du mir … Gott … ist es denn wirklich notwendig, das erst mit Worten zu sagen! …

Friedrich Nein, gewiß nicht … Das ist es ja eben. Der Abend. Ja. Mir ist nämlich schon die ganze Zeit her, verzeih – es ist natürlich nicht deine Absicht – aber ich hab' halt den Eindruck, als wenn du diese Affäre …

Zögert.

Genia Nun – nun –?

Friedrich Als wenn du den Selbstmord von Korsakow gegen mich irgendwie ausspieltest … Innerlich natürlich … Und das – das macht mich halt … ein bissel nervös …

Genia Friedrich! Ja, bist du denn … Ich spiele den Selbstmord … Nein – ist es möglich! … Das! …

FRIEDRICH Ich sag' ja schon, du kannst nichts dafür. Du meinst es nicht so. Du bist gewiß nicht stolz darauf, daß er deinetwegen ... daß du ihn sozusagen in den Tod – du bildest dir gewiß nichts ein, auf deine Standhaftigkeit, das weiß ich ja alles ...

GENIA Nun also, wenn du das weißt ...

FRIEDRICH Ja, aber daß es überhaupt geschehen ist ...

GENIA Was, was?

FRIEDRICH Daß er sich hat umbringen müssen ... das ist das Furchtbare ... darüber komm' ich nicht weg.

GENIA Was ... das ... *Greift sich an den Kopf.*

FRIEDRICH Na, ja, bedenk doch nur, man kann's drehn und wenden, wie man's will ... daß der arme Korsakow jetzt unter der Erde liegt und verwest ... die Ursache davon bist ja doch du! ... Natürlich ... unschuldig – in doppeltem Sinn. – Ein andrer als ich würde vielleicht vor dir auf den Knien liegen, dich anbeten – wie eine Heilige – gerade deswegen! ... Ich bin halt nicht so ... Mir bist du gerade dadurch ... gleichsam fremder geworden.

GENIA Friedrich!! ... Fremder ... Friedrich! –

FRIEDRICH Ja, wenn er dir zuwider gewesen wäre – ja, dann, dann wär' es die natürlichste Sache von der Welt. Aber nein, ich weiß ja, er hat dir sogar sehr gut gefallen ... Man kann schon sagen, du warst ein bissel verliebt in ihn. Oder – wenn ich's ... um dich verdient hätte ... wenn du mir gegenüber zu der sogenannten Treue verpflichtet gewesen wärst ... Aber ich hab' doch wirklich kein Recht gehabt ... na ... davon müssen wir doch nicht erst reden. – Also ich frag' mich halt immer und immer wieder: Warum hat er sterben müssen?

GENIA Friedrich!

FRIEDRICH Und, verstehst du, dieser Gedanke ... daß irgend etwas, das doch in Wirklichkeit gar nicht ist – ein Schemen, ein Phantom, ein Nichts, wenigstens einem so furchtbaren Ding gegenüber, einem so irreparabeln wie der Tod – daß deine Tugend – einen Menschen in den Tod getrieben hat, das ist mir einfach unheimlich. Ja ... Ich kann's nicht anders sagen ... Ja ... Es wird ja wohl wieder vergehn ... mit der Zeit ... im Gebirg ... und wenn wir ein paar Wochen nicht beieinander sind ... Aber jetzt ist es nun einmal da – und da kann man nichts machen ... Ja, liebe Genia ... So bin ich einmal ... Andre wären halt anders ...

GENIA *schweigt.*

FRIEDRICH Ich hoffe, du nimmst mir's nicht übel, daß ich – auf deinen Wunsch hin – alles das so deutlich ausgesprochen habe. So deutlich, daß es schon wieder beinah nicht wahr geworden ist ...

GENIA Es ist schon wahr geblieben, Friedrich ... [...]

Arthur Schnitzler, Gesammelte Werke in zwei Abteilungen. Die Theaterstücke, 4. Band, Berlin 1923, S. 344–348. Uraufführung 14. 10. 1911; Orthographie entsprechend der Werkausgabe von 1923

Worterläuterung:
1 *seit dem Abend:* der Abend, an dem Genia Friedrich den Abschiedsbrief Korsakows zeigte

Hinweise und Tipps

- *Die Aufgabe ist in einen* ***Erschließungs- und Interpretationsauftrag*** *(a) und einen* ***Vergleichsauftrag*** *(b) gegliedert. Zunächst muss der Dramenauszug bearbeitet werden.*
- *Kriterien für die Erschließung und auch die Reihenfolge der Analyseinstrumente können Sie selbst wählen. Allerdings werden die bekannten Aspekte wie* ***Inhalt und Aufbau, dramaturgische*** *(Redeanteile, Regieanweisungen, Bewegungen im Raum, Requisiten) und* ***sprachlich-stilistische Mittel*** *sowie die* ***Dialoganalyse*** *im Mittelpunkt der Untersuchung stehen müssen. Zu entscheiden ist, ob die sprachlich-stilistischen Beobachtungen in die Interpretation integriert werden. Sie können aspektorientiert vorgehen oder integrativ (indem Sie den Dialog nach inhaltlichen Abschnitten gliedern und die verschiedenen Aspekte gemeinsam abhandeln). Arbeiten Sie dabei, wie in der Aufgabenstellung gefordert, heraus, wie Friedrich Hofreiter sein Reisevorhaben rechtfertigt.*
- *Die* ***Vergleichsaufgabe*** *ist auf ein anderes literarisches Werk bezogen. Hier gibt es weder eine Gattungs- noch eine Epochenbegrenzung, Sie dürfen neben dem Drama also auch Gedichte und epische Texte verwenden. Das Thema Entfremdung zwischen Menschen wird in zahlreichen literarischen Werken verarbeitet. So bietet sich ein Vergleich z. B. mit Goethes „Faust", Fontanes „Effi Briest", Hauptmanns „Bahnwärter Thiel" oder Büchners „Woyzeck" an.*
- ***Einleitung*** *und* ***Schluss*** *können z. B. Besonderheiten des Epochenumbruchs um 1900 behandeln oder auch Reflexionen zum Thema Entfremdung. Eine literaturgeschichtliche Einordnung Arthur Schnitzlers wird aber nicht verlangt.*

Gliederung

1 Epochenumbruch 1900

2 Erschließung und Interpretation eines Auszugs aus dem II. Akt aus Arthur Schnitzlers „Das weite Land"

2.1 Inhaltkern und Aufbau: steigernder Aufbau des Gesprächs zwischen Genia und Friedrich als Zeichen der Entfremdung zwischen beiden

2.2 Gesprächssituation: Friedrich als sich überlegen fühlender Gesprächslenker

2.3 Entfremdung zwischen Friedrich und Genia und Friedrichs Rechtfertigungsversuch für seine unvermittelte Abreise

2.3.1 Thematisieren der plötzlichen Abreise

2.3.2 Schrittweises Offenbaren eines Beziehungskonflikts als Ursache für Friedrichs Reiseentschluss

2.3.3 Aussprechen des Zusammenhangs zwischen Korsakows Selbsttötung und der Entfremdung zwischen den Partnern

2.3.4 Zuspitzung des Konflikts durch Friedrichs Schuldzuweisungen

3 Entfremdung in Georg Büchners „Woyzeck“

3.1 Gesellschaftliche Zwänge als Ursache der Entfremdung zwischen Marie und Woyzeck

3.2 Unterschiedliche Ursachen der Entfremdung bei Marie und Woyzeck und dem Ehepaar Hofreiter

4 Entfremdung zwischen Gretchen und Faust

Lösungsvorschlag

Die **Jahrhundertwende um 1900** bedeutet für die europäische Gesellschaft 1
nicht nur einen zeitlichen Einschnitt, sondern einen **umfassenden kulturellen Umbruch**. Rasante Fortschritte von Industrialisierung und Urbanisierung, verbunden mit Entwicklungen in den Bereichen Technik und Naturwissenschaften kontrastieren mit einem konservativen Politikverständnis und den entsprechenden kulturellen Werten. Das sich daraus entwickelnde moderne Lebensgefühl ging einher mit einem von Dynamik und Traditionsverlust geprägten Klima. Die zeittypische Spannung zwischen einem Gefühl des Verlusts von Vertrautem, der Desorientierung, Sinnleere und Ungewissheit und der Erwartung eines Wandels, der Eröffnung neuer Möglichkeiten finden sich auch in der Literatur der Zeit wieder. **Arthur Schnitzler** gehört mit Sicherheit zu den bekanntesten Literaten dieser Zeit; er greift die genannten Phänomene auf und übersetzt sie in Literatur. In seinen Werken stehen oft Figuren im Zentrum, die in einer Sinnkrise sind. Meist sind es Menschen mit gewöhnlichen Lebenslügen in einer brüchig gewordenen Gesellschaft. Ehebruch, heimliche Affären oder Frauenhelden sind häufig sein Thema. So steht auch in seinem Drama „**Das weite Feld**“ ein sich fremd gewordenes Ehepaar im Mittelpunkt.

Die Beziehung zwischen Friedrich und Genia Hofreiter, einem gut situierten 2
Ehepaar, das in einer Villa in der Nähe von Wien lebt, ist durch zahlreiche 2.1
Affären Friedrichs belastet. Zudem hat sich ein Verehrer Genias vor Kurzem umgebracht, weil er mit seinem Werben erfolglos war. Die Szene setzt ein, als Friedrich gerade zu einer Reise in die Berge aufbrechen will. Die Ehefrau fordert ein klärendes Gespräch, das aber wegen der immer deutlicher werdenden Entfremdung zwischen beiden nicht mehr möglich ist.
Der Dramenauszug beginnt mit der **Thematisierung der plötzlichen Abreise Friedrichs**. Genia bringt ihre Verwunderung über sein Vorhaben zum Ausdruck, während ihr Mann nach Ausflüchten sucht und seine Ehefrau beruhigen will (Z. 1–17).
Genia beharrt aber weiter auf einer Begründung, sodass Friedrich zögerlich zugibt, dass er Distanz zu Genia brauche. Gleichzeitig weigert er sich aber, weiter darüber zu sprechen. Schrittweise wird so ein **ungelöstes Beziehungsproblem** als **Ursache seines Reiseentschlusses** offensichtlich (Z. 18–43).

Friedrich kommt nämlich auf den Selbstmord des gemeinsamen Freundes Korsakow zu sprechen und wirft schließlich Genia vor, dass sie ihn gewissermaßen unter Druck setze durch ihr Bekenntnis, zu ihrem Ehemann zu stehen und den Annäherungsversuchen Korsakows stets widerstanden zu haben. Genia hinterfragt zunehmend fassungslos diese Position Friedrichs (Z. 44–64).
Im Laufe des Gesprächs spitzt sich der Konflikt immer weiter zu durch Friedrichs Vorwurf, Genia trage Verantwortung für Korsakows Tod. Er bekennt, dass damit sein Gefühl der **Entfremdung** ihr gegenüber zusammenhänge. Genia reagiert auf diese befremdliche Schuldzuweisung von mal zu mal verzweifelter und wird dabei auch immer sprachloser (Z. 65–92).
Der Dramenauszug endet mit einer Selbstrechtfertigung Friedrichs, dass er alles nur auf Wunsch Genias ausgesprochenen habe, und einer resignierten Zustimmung Genias (Z. 93–96).

Das Gespräch findet in der Villa des Ehepaares Friedrich nahe Wien statt, 2.2
kurz vor der Abreise Friedrichs in die Berge.
Es ist **asymmetrisch** aufgebaut. Die Redeanteile von Friedrich überwiegen, die von Genia sind meist kurz und bestehen oft nur aus Fragen oder Reaktionen auf Friedrichs Ausführungen.
Friedrich beginnt das Gespräch und fragt seine Frau Genia, ob sie ihm „noch was zu sagen" (Z. 1) habe. Er redet sie mit „mein Kind" (Z. 4) an, wodurch deutlich wird, dass er sich **überlegen** fühlt und sie nicht als gleichberechtigte Partnerin sieht, mit der er seine Probleme besprechen könnte. Erst als Genia fragt, „Warum – warum – fährst du fort?" (Z. 18), wird klar, dass sie sich nicht wie ein Kind behandeln lässt, ihre eigene Position hat und erfahren will, was der wirkliche Grund für Friedrichs Reise ist. Friedrich ist schon *„etwas ungeduldig"* (Z. 19, Regieanweisung) und überrascht über diese „Art zu inquirieren" (Z. 22). Genia hat es geschafft, sich als Frau gegenüber ihrem Mann zu beweisen. In diesem Teil lenkt sie das Gespräch durch ihre **direkten Fragen**. Friedrichs Gesprächsverhalten ist eher **ausweichend**. Er verweist darauf, dass es ihm nicht gut gehe, dieses Unwohlsein aber „wieder vorübergehn" (Z. 29) werde. Danach scheint sich das Gespräch im Kreis zu drehen. Genia will weiterhin den Grund für Friedrichs Abreise wissen und stellt deshalb immer die gleiche Frage, nur etwas anders formuliert (vgl. Z. 32 ff.). Als Friedrich letztendlich als Grund nennt, dass Genia ihren Verehrer zurückgewiesen hat, gewinnt er wieder die Oberhand über das Gespräch. Genia ist zunehmend verzweifelt, verwirrt und *„schweigt"* schließlich (Z. 92). Sie geht auch nicht mehr auf die Entschuldigung ihres Mannes ein und man muss das **Gespräch** als **gescheitert** ansehen.

Das **Verhältnis** zwischen Friedrich und Genia ist schon zu Beginn des Dialogs 2.3
merklich **gestört**. Friedrich fragt Genia, ob sie „noch was zu sagen" (Z. 1) ha- 2.3.1
be, worauf Genia antwortet „Eigentlich nichts" (Z. 2). Da man aber im Laufe des Dialogs erfährt, dass sie eigentlich doch einiges geklärt haben möchte, zeigen bereits die ersten Zeilen, dass zwischen dem Ehepaar **keine vertraute, offene Atmosphäre** besteht. Friedrich spricht Genia mit „mein Kind" (Z. 4)

an und versucht sie **jovial** wie ein Vater zu beruhigen. Er rechtfertigt seine Abreise damit, dass es ihr „ja nicht unbekannt" (Z. 8) gewesen sei, dass er für ein „paar Tage ins Gebirge" (Z. 7 f.) fahren wolle, um einen Freund zu besuchen. Friedrich stellt sein Reisevorhaben als eine ganz normale Sache dar. Er meint darüber hinaus, es sei egal, ob er „nun heut fahr', – oder morgen oder übermorgen" (Z. 8 f.). Mit der Reihung von beliebigen Abfahrtstagen verdeutlicht er seinen Standpunkt und versucht Genias Besorgnis als unbegründet erscheinen zu lassen.
Genia streicht sich *„über die Stirn"* (Z. 10, Regieanweisung) und zeigt damit ihre **Unsicherheit**. Einerseits findet sie, dass er „ja recht" (Z. 10) habe, andererseits weiß sie, dass mehr dahinter steckt. Auch die folgende *„bange Pause"* (Z. 12, Regieanweisung) macht deutlich, dass sich Genia nicht traut, die eigentlichen Probleme auszusprechen. Friedrich ist sich nicht sicher, ob es ihm gelungen ist, Genia zu beruhigen. Er zieht sich in **floskelhaftes Sprechen** zurück und verspricht, sich „natürlich täglich" (Z. 13) zu melden. Gleichzeitig bittet er um die Briefe des gemeinsamen Sohnes, der in England in einem Internat untergebracht ist, und versucht dadurch, sich als verantwortungsbewussten Vater hinzustellen.

Genia bleibt aber standhaft und **insistiert** mit der Wiederholung des Frage- 2.3.2
worts „warum" (Z. 18) auf einer Begründung für die Abreise. Wieder spricht Friedrich seine Frau mit „mein liebes Kind" (Z. 27) an und zeigt ihr damit noch einmal, dass sie sich nicht wie eine Erwachsene verhalte und deshalb von ihm nicht ernst genommen werden müsse. Seine Frau zwinge ihn seiner Meinung nach, dass er ausspreche, was eigentlich klar ist, dass er sich „seit einiger Zeit nicht besonders wohl" (Z. 28 f.) fühle. Dies macht deutlich, dass die Entfremdung zwischen beiden schon fortgeschritten ist. Friedrich ist sich durchaus **unsicher**, wie es weitergehen wird. Das zeigt allein die Tatsache, dass er seine Aussage, es werde „ja wieder vorübergehn" (Z. 29), mit „wahrscheinlich" (Z. 29) einschränkt. Als Friedrich dann endlich zugibt, von Genia wegzuwollen (vgl. Z. 33 f.), fehlen ihr immer mehr die Worte. Sie ist **fassungslos**, sodass sie ihre Sätze nicht mehr zu Ende bringt. „Auf alles war [sie] eher gefasst, als dass [er] jetzt … so plötzlich … Von einem Tag zum andern – von einer Stunde zur andern (…)" (Z. 37 f.). Genias Forderung, sich auszusprechen, weist Friedrich als zu früh zurück (vgl. Z. 42). Dass Friedrich genauso seine **überlegene Position verloren** hat, offenbart sich darin, dass auch seine Sätze unterbrochen sind (vgl. Z. 41 ff.) und teilweise nicht zu Ende geführt werden.

Auf Friedrichs Ausflucht, dass er sich „noch über mancherlei klar werden …" 2.3.3
(Z. 42) müsse, spricht Genia den **Abschiedsbrief** ihres gemeinsamen Freundes Korsakow an und meint, dass dadurch keine Unklarheiten entstehen könnten. Sie kann ihre Aufregung kaum unter Kontrolle halten und keine vollständigen Sätze mehr formulieren. Fassungslos wiederholt sie „seit dem Abend" (Z. 46), „seit dem Abend" (Z. 47), „Friedrich, was – was" (Z. 47).

Doch Friedrich *„zögert"* (Z. 53) immer noch, bis er endlich nach weiterem Drängen Genias (vgl. Z. 54) seinen **ungeheuerlichen Vorwurf** ausspricht, dass Genia den „Selbstmord von Korsakow gegen [ihn] irgendwie" (Z. 55) ausspiele. Das Entsetzen Genias angesichts von Friedrichs Vorwürfen belegen die vielen Ausrufe: „Friedrich! Ja, bist du denn … […] … Nein! – ist es möglich! … Das! …" (Z. 58 f.) Genias **emotionale Aufwühlung** lässt sich kaum noch in Worte fassen. Sie wiederholt nur noch das Fragewort „Was, was?" (Z. 65). Auch Friedrich ist irritiert und kann seinen Vorwurf nur gebrochen formulieren. Genia sei ihm gerade dadurch fremd geworden, dass sie ihm treu geblieben sei und sich Korsakow deswegen umgebracht habe. „Ein andrer (…) würde vielleicht vor [ihr] auf den Knien liegen, [sie] anbeten – wie eine Heilige – gerade deswegen! … [Er sei] halt nicht so … [Ihm sei sie] gerade dadurch … gleichsam fremder geworden." (Z. 72 ff.) Friedrichs Argumentation ist immer wieder von **Sprechpausen** unterbrochen. Die **Paradoxie des Vorwurfs** gegenüber Genia wird nur angetippt. Die Gedankengänge Friedrichs werden nicht immer zu Ende geführt. Auch deutet er manches nur sehr **indirekt** an, so zum Beispiel auch seine Untreue. Die „sogenannte Treue", die ihm seine Ehefrau eigentlich schulde, gilt in seinen Augen nur, wenn er sie „verdient hätte" (Z. 79). Durch den Konjunktiv wird nahegelegt, dass dies eben nicht der Fall ist, Genia also wegen seines Verhaltens ihr gegenüber auch ihm untreu hätte sein können.

Diese **verqueren Beweisführungen** werden aber noch **gesteigert**: Genias 2.3.4
„Tugend" habe „einen Menschen in den Tod getrieben" und „das [sei ihm] einfach unheimlich" (Z. 87). Genia kann auf diese Ungeheuerlichkeit nur noch mit Ausrufen vor allem auch von Friedrichs Namen (vgl. Z. 75, 83) reagieren. Völlig sprachlos bleibt sie beim Bekenntnis ihres Mannes: „So bin ich einmal … Andre wären halt anders …" (Z. 91). Die **Entfremdung** zwischen beiden Figuren ist dadurch zu einem **Höhepunkt** gelangt und zeigt das völlig unterschiedliche Treueverständnis von Mann und Frau. Für Friedrich sind seine Affären offensichtlich selbstverständlich und er macht seiner Frau, die, ihm treu ergeben, einen Verehrer, in den sie sogar „ein bissel verliebt" (Z. 78) war, zurückgewiesen hat, ihre „Standhaftigkeit" (Z. 62) zum Vorwurf. Dass die Ehefrau eine konträre Position vertritt, zeigt ihre Sprachlosigkeit (vgl. Z. 92) und auch ihre Einsicht, nachdem Friedrich noch einmal versucht, das Gesagte abzuschwächen. „Es ist schon wahr geblieben, Friedrich …" (Z. 96), sind ihre letzten Worte.

Der Dramenauszug macht deutlich, wie schwierig es ist, seelische Befindlichkeiten adäquat in Sprache umzusetzen. Immer wieder stocken die Figuren in ihrer Rede und es gelingt ihnen nicht, eine echte Kommunikation in der Krise aufrechtzuerhalten. Die Entfremdung zwischen den Ehepartnern spiegelt auch die **Verunsicherung des modernen Menschen** wider, der sich in einer zunehmend brüchig gewordenen Welt nicht mehr zurechtfindet.

Auch in **Georg Büchners „Woyzeck“** erkennt man, wie sich zwei Menschen 3
immer mehr voneinander entfernen. Der arme Soldat Franz Woyzeck lebt mit 3.1
Marie und ihrem gemeinsamen Kind. Mit allen Mitteln versucht Woyzeck, seine kleine Familie zu ernähren. Hierfür nimmt er mehrere Arbeiten gleichzeitig an. Er nutzt neben seinem Militärdienst jede freie Minute, um zusätzlich Geld zu verdienen, um sein Kind und Marie versorgen zu können. So rasiert er den Hauptmann und unterzieht sich für den Doktor einer Erbsendiät zu wissenschaftlichen Zwecken. Der Hauptmann macht sich stets über den Soldaten Woyzeck lustig, er behandelt ihn wie einen unselbständigen Dummkopf, der nur zu seiner Erheiterung da ist. Büchner allerdings ist hier auf der Seite des geknechteten Soldaten, denn der Leser bzw. der Zuschauer erkennt bald, dass der eigentliche Idiot der Hauptmann selber ist, der den durchaus sozialkritischen Aussagen Woyzecks nicht folgen kann.
Auch der Doktor ist an Woyzeck nur als Versuchsobjekt interessiert, er ist für den Wissenschaftler ein „interessanter Casus“, den er seinen Studenten zeigen kann, da aufgrund der Mangelernährung seine Reaktionsfähigkeit nachlässt. Von der Oberschicht wird Woyzeck nicht als Subjekt wahrgenommen und deshalb nur mit dem Personalpronomen „er“ angesprochen. Neben dem körperlichen Verfall wird auch der psychische Druck immer größer, sodass er Stimmen hört. Sein Körper wird physisch und psychisch immer mehr zerstört und er kann daher Maries Bedürfnis nach Sozialprestige und Erotik nicht mehr adäquat erfüllen. Die Entfremdung zwischen beiden führt dazu, dass Marie eine Affäre mit einem stattlichen Tambourmajor beginnt. Die gesellschaftlichen Umstände treiben Woyzeck schließlich soweit, dass er die Aggression gegen das ihm Liebste auf der Welt, Marie, richtet und sie ersticht.

Die **Ursache der Entfremdung** ist in beiden Werken sehr **unterschiedlich**. 3.2
Armut und die damit verbundene körperliche und psychische Schwäche Woyzecks sind die Gründe dafür, dass sich **Marie und Woyzeck** immer weiter voneinander entfernen und sie schließlich nicht mehr zueinanderfinden können. Das einzig verbindende Element ist offenbar das gemeinsame Kind, das aber bereits das Zeichen der Armut trägt. Als Woyzeck einmal das schlafende Kind betrachtet, stellt er fest, dass es stark schwitzt. Für ihn ist das ein Beleg dafür, dass in seiner Schicht selbst das Schlafen zu einer harten Arbeit wird.
Diametral entgegengesetzt ist die soziale Schicht des **Ehepaars Hofreiter**. Der erfolgreiche Fabrikant lebt mit seiner Frau in einer Villa bei Wien. Materielle Sorgen haben sie nicht. Das zeigt allein die Tatsache, dass der Sohn im weit entfernten England ein Internat besuchen kann. Auch scheint es kein Problem zu sein, dass der Fabrikant spontan zu einem mehrtägigen Urlaub in die Berge aufbricht. Die Entfremdung beider entsteht hier vor allem aus den zahlreichen Affären, die Friedrich Hofreiter trotz Wissens seiner Frau offensichtlich selbstverständlich auslebt. Er geht sogar soweit, dass er seine Untreue als Maßstab setzt und seiner Frau die Treue vorwirft. Dieser paradoxe Umstand führt zur Entfremdung der Partner und endet in der Sprachlosigkeit.

Sprachlosigkeit ist auch in „Woyzeck“ ein Zeichen der Entfremdung, diese geht bei **Büchner** sogar bis zum Mord. Jedoch zeigt er mit seinem Drama, dass die Schuld nicht bei autonom handelnden Figuren liegt, sondern die **gesellschaftlichen Umstände** einen Menschen dazu bringen. Bei **Schnitzler** dagegen finden sich keine gesellschaftlichen Ursachen für die Entfremdung. Soweit es der Textauszug erkennen lässt, sind es eher **unterschiedliche psychische Bedingtheiten**, die eine Beziehung scheitern lassen.

Entfremdung zwischen den Figuren ist in zahlreichen literarischen Werken 4
ein zentrales Thema. Auch in **Goethes „Faust I“** glaubt Faust in Gretchen eine ideale Partnerin gefunden zu haben. Sein Ziel „zu erkennen, was die Welt im Innersten zusammenhält“, das Absolute zu erfahren, will er mit seiner Margarete erreichen. Bei näherer Bekanntschaft stellt sich aber schnell heraus, dass die Unterschiede zwischen beiden doch zu groß sind. Am Höhepunkt der Beziehung zeigen sich erste Entfremdungserscheinungen, als Gretchen mit der Frage nach der Religion Fausts Weltanschauung prüft und sich die intellektuellen Differenzen zwischen beiden offenbaren. Dass aufgrund der Wette mit Gott Mephisto dem Geschehen noch eine diabolische Wendung gibt, führt zur weiteren Entfremdung der beiden. Im Kerker schließlich möchte Gretchen, zu ihren Taten stehend, nicht mehr mit Faust fliehen, der sie nur noch aus Mitleid, nicht mehr aber aus wahrer Liebe retten möchte. Gretchens Ausruf „Heinrich, mir graut vor dir“ ist der Höhepunkt der Entfremdung zwischen beiden.

Deutsch Bayern – Abiturprüfung 2013: Aufgabe 3: Erschließen eines literarischen Textes

a) Erschließen und interpretieren Sie das vorliegende Ende des Romans *Leyla* von Feridun Zaimoglu! Berücksichtigen Sie dabei auch Material 1 und 2!

b) Zeigen Sie ausgehend von Ihren Ergebnissen vergleichend auf, wie die Protagonistin eines anderen literarischen Werks den sich ihr stellenden Herausforderungen begegnet!

Vorbemerkung

Der türkischstämmige deutsche Autor Feridun Zaimoglu, Verfasser zahlreicher Romane und Theaterstücke, erhielt 2007 für seinen Roman *Leyla* den Grimmelshausen-Preis, der Autorinnen und Autoren würdigt, die einen bemerkenswerten Beitrag zur Auseinandersetzung mit der Zeitgeschichte geleistet haben. Im Roman *Leyla* wird aus Sicht der Ich-Erzählerin Leyla erzählt, wie sie in den 1950er-Jahren als jüngstes Kind von fünf Geschwistern in einem ostanatolischen Dorf aufwächst. Die Zeit ihrer Kindheit ist von der Gewaltherrschaft des Vaters geprägt. Nach dem Umzug der Familie nach Istanbul lernt Leyla dort ihren Mann Metin kennen, den sie den „Schönen" nennt und der als „Gastarbeiter"* nach Deutschland geht. Nach dem Tod ihres Vaters folgt Leyla ihrem Mann zusammen mit ihrer Mutter und ihrem Kind nach Deutschland nach. Mit dem abgedruckten Auszug endet der Roman.

* Die Bundesrepublik Deutschland warb seit Mitte der 1950er-Jahre Arbeitskräfte aus verschiedenen Ländern, z. B. der Türkei, an. Da ursprünglich nur an einen befristeten Aufenthalt gedacht war, wurde für diese Arbeitskräfte der Begriff „Gastarbeiter" verwendet.

Feridun Zaimoglu (* 1964)
Leyla (2006)

[…] Der Reiseproviant geht uns am zweiten Tag aus, ich traue mich nicht, die Passagiere in den anderen Abteilen um Brot und Käse zu fragen. Ich übergebe meiner Mutter das Kind und mache mich auf die Suche nach dem Schaffner. Doch ich kann ihn nicht finden, bestimmt hat er sich zu einer seiner vielen Mittagspausen zurückgezogen. Auf dem Weg zum Abteil bleibt der Zug auf der freien Strecke stehen, ich schaue hinaus und sehe nur weites verdorrtes Land. Der Schaffner tritt aus einem Abteil hinaus, er kaut noch an dem großen Bissen in seinem Mund.

Herr, ich brauche heißes Wasser für die Babynahrung, sage ich, und außerdem haben meine Mutter und ich nichts mehr zu essen.

Er hört schlagartig auf zu kauen, starrt mich nur kurz an, tritt wieder in das Abteil, in dem sein Schaffnerkollege an einem kleinen Tisch mit Brot, Käse und Oliven sitzt. Er erklärt ihm, daß „die Dame und ihre Mutter" am Verhungern seien, der zweite Schaffner steht sofort auf und packt eine Papiertüte voll, die mit Hackfleisch gefüllten Auberginen und Paprikaschoten müsse ich auch unbedingt probieren. Der Heizkessel sei defekt, ich müsse wegen des heißen Wassers leider etwas warten.

Meine Mutter wartet ab, bis ich das Essen in zweieinviertel Portionen teile, sie brockt den salzigen Käse in das Brot und beißt hinein, eine Tasse Tee würde ihre Laune heben, aber wir müssen geduldig sein, wie wir immer Geduld aufbringen mußten, um einen Brocken dessen zu bekommen, das wir uns gewünscht hatten. Ich bette meinen Sohn in meine linke Achselhöhle, meine Körperwärme soll auf ihn übergehen, ich reinige sein Gesicht, traue mich aber wegen der Kälte im Abteil nicht, sein Leibchen und seine Hose zu wechseln. Plötzlich muß ich auflachen, meine Mutter schaut mich verwundert an.

Mein Gott, sind wir naiv, sage ich, wir haben unsere Festtagskleider angezogen. Ich bin beim Friseur gewesen und habe mich geschminkt. Wir haben gedacht, es gehe auf eine kurze Reise. Jetzt sehen wir aus wie zwei zerrupfte Raben.

Du wirst langsam irre, sagt meine Mutter.

Ich habe wirklich geglaubt, daß der Zug uns sehr schnell hinbringen wird, ich zeige meinen Paß vor und entsteige dem Zug mit dem Kind, so schön und so gepflegt wie beim Einstieg.

Du wußtest doch, daß wir drei Tage und drei Nächte fahren.

Ja, sage ich, ich habe gehofft, daß es schnell geht.

Wir sind da, wenn wir da sind, sagt sie und starrt aus dem Fenster.

Sie ist diesem Leben entrückt, meine Mutter, meiner schönen Mutter Seele verfängt sich in ihren Träumen, ein unheimlich feiner Schleier hat sich auf ihre Augen gelegt.

Bereust du deine Entscheidung? frage ich.

Erst habe ich mein Leben einem Mann geopfert, sagt sie, jetzt schenke ich mein Leben meinem Enkelkind.

Und die Söhne, die du zurückgelassen hast?

Ich werde sie vermissen, sagt sie, genauso, wie ich den Duft der regengetränkten Erde vermissen werde … Dafür sehe ich meine Töchter[1] wieder.

Bist du froh, daß … du ihn[2] losgeworden bist?

Wirst du froh sein, wenn du mich los wirst? fragt sie zurück, kümmere dich um deinen Sohn.

Ich schließe die Augen, lehne meinen Kopf gegen die harte Sitzstütze, mein Kind ist in meiner Achselhöhle eingeschlafen. Ich bin unendlich müde. Vier Lidschläge später, so scheint es mir, rüttelt mich meine Mutter wach.

Der Schaffner sagt, wir sind gleich da!

Ich richte mich mit einem Ruck auf und bin wütend auf mich, einen halben Tag habe ich verschlafen, das Kind sitzt still auf dem Schoß meiner Mutter, ich fahre mir durch die Haare, ziehe vor dem Wandspiegel die Lippen nach. Wir hängen gespannt am Zugfenster, und endlich fährt der Zug im Bahnhof der deutschen Stadt ein. Die Schienenstränge ordnen sich zu geraden Linien, auf den Bahnsteigen verharren die Menschen reglos wie Statuen.

Ist das Deutschland? frage ich mit leiser Stimme.

Meine Mutter starrt eine Weile hinaus und sagt: Deutschland ist außerhalb des Bahnhofs.

Als die Türen schließlich aufgehen, lasse ich vor Angst meiner Mutter den Vortritt, der Schaffner reicht uns die Koffer herunter, und dann stehen wir auf dem kleinen Fleck deutsches Land, die Menschen um uns herum zerren und schleppen an ihren Mitbringseln, ich erblicke die Frauen, die uns aus sicherer Entfernung mustern, sie scheinen in tiefe Gedanken versunken zu sein. Plötzlich steht der Schöne vor mir, nimmt mir das Kind ab und drückt es an seine Brust. Endlich seid ihr da, ruft er aus, dem Herrn sei Dank.

Die Heizung war defekt, und wir sind halb erfroren, sage ich und schäme mich sofort meiner Worte, und um die Verlegenheit zu übergehen, umarme ich meinen Mann, der mich am Ohrläppchen faßt, und jetzt schäme ich mich wegen meiner Mutter, das gehört sich nicht in ihrer Gegenwart. Der Schöne küßt ihre Hand und führt sie an die Stirn.

Ich habe Hunger, mein Sohn[3], sagt sie.

Natürlich, ich besorge uns sofort heiße Suppe, sagt der Schöne, wir haben ja noch eine lange Zugfahrt vor uns.

Was? sage ich, ich dachte, wir sind schon angekommen.

Das seid ihr auch, aber in München. Es geht weiter nach Berlin. Das dauert zehn Stunden.

Bewegt euch nicht vom Fleck, ermahnt er uns und verschwindet in der Menschenmenge. Ich bin so unendlich müde, mein Sohn fängt an zu weinen, er ist das Geschrei nicht gewöhnt. Mir fallen die Frauen auf, die ohne männliche Begleitung in der großen Bahnhofshalle unterwegs sind, sie schreiten auf hohen Absätzen voran, als kennten sie ihr Ziel genau. Ich bewundere ihren blassen Teint, ihre zu Turmfrisuren hochgesteckten Haare, ihre Halstücher in schreiend bunten Farben. Sie gehen an den Männern achtlos vorbei, die Männer schauen ihnen nicht nach. Der Schöne kommt zurück und verteilt deutsche Kekse an uns, heiße Suppe sei ausgegangen, sagt er, und wir stärken uns mit den Butterkeksen, dafür, daß sie nicht hausgemacht sind, schmecken sie ganz gut. Ich nehme mir vor, mich in der Stadt Berlin nach einem Zuckerpastetenhaus umzusehen, vielleicht lerne ich dort deutsche Damen meines Alters kennen. Der Schöne hat mir erklärt, daß die Menschen hier ihre Festtagsglückwünsche nicht auf der Straße austauschen. Aber auch hier erkenne man am Zierrat der Frau den Wohlstand ihres Mannes.

Sind wir soweit? sagt mein Mann.

Ja, sage ich, und umfasse fest den Koffergriff, wir können weiterfahren.

Ich will dieses Land lieben, weil es vermißt werden will.[4]

Ich werde den Wolf streicheln, und er wird vielleicht die Hand nicht beißen, die ihm über das Rückenfell fährt.

Ende

Feridun Zaimoglu, Leyla, Köln: Kiepenheuer & Witsch [4]2006, S. 521–525

Worterläuterungen:

1 Leylas Schwestern Yasmin und Selda sind bereits nach Deutschland emigriert.
2 Gemeint ist ihr verstorbener Ehemann, Leylas Vater.
3 Sie spricht ihren Schwiegersohn mit „mein Sohn“ an.
4 Leyla geht, wie viele Gastarbeiterfamilien der ersten Generation, davon aus, nach einer gewissen Zeit in die Heimat zurückzukehren.

Material 1

Türkisches Sprichwort

Sürüden ayrilani kurt kapar.

(Übersetzung: Wer sich von der Herde trennt, den schnappt sich der Wolf; vgl. Z. 94 f.)

Türkisches Sprichwort u. a. nach Asker Kartari, „Deutsch-türkische Kommunikation am Arbeitsplatz", Münster u. a. 1997, S. 107; online u. a. unter http://derstandard.at/1297818983740/Islam-in-Europa-Deutschland-erfindet-sich-neu, zuletzt aufgerufen am 29. 11. 2012

Material 2

Gespräch des Journalisten und Bloggers Eren Güvercin mit Feridun Zaimoglu, geführt am 06. 04. 2006

EREN GÜVERCIN: Herr Zaimoglu, […] seit einigen Wochen ist Ihr neuer Roman *Leyla* auf dem Markt. Darin erzählen Sie die Geschichte eines jungen Mädchens, Leyla, wie sie in einem anatolischen Dorf aufwächst und später ihren Mann kennenlernt, mit dem sie als einem der ersten Gastarbeiter nach Deutschland kommt. Was für eine Person ist Leyla? In einem Interview für eine türkische Zeitung bezeichneten Sie die erste Generation der Gastarbeiter als die „goldene Generation". Ist die Geschichte von Leyla die Geschichte dieser „goldenen Generation"? Was macht diese Generation aus?

FERIDUN ZAIMOGLU: Leyla ist eine einfache Frau aus dem Volk: Sie könnte meine Mutter sein, oder die Mutter eines Freundes, oder einer Bekannten aus der zweiten Generation. Viele junge Frauen […] erkennen in der Romanheldin ihre eigene Mutter wieder. Leyla ist eine Frau aus dem anatolischen Kernland, aus dem sich hunderttausende andere moslemische Bäuerinnen nach Deutschland aufgemacht haben, alleine oder an der Seite ihrer Männer. Heute fällt es schwer, die Aufbruchstimmung des großen goldenen Anfangs zu begreifen. Aber wenn denn den Trümmerfrauen nach dem Krieg zu Recht großer Respekt gezollt wird, ist es auch an der Zeit, diesen großartigen Türkinnen der ersten Stunde den Platz zuzuweisen, den sie verdienen. Man muss sie aus dem historischen Dunkel herausstellen als die wahren Heldinnen der Einwanderung.

Gespräch von Eren Güvercin mit Feridun Zaimoglu, geführt am 06. 04. 2006, online unter http://erenguevercin.wordpress.com/interviews/, zuletzt aufgerufen am 16. 01. 2013

Hinweise und Tipps

- *Wie üblich ist auch hier die Aufgabenstellung **zweiteilig**. Verfassen Sie dennoch insgesamt einen in sich **geschlossenen Aufsatz**, der alle geforderten Aspekte der Themenstellung abdeckt.*
- *„**Erschließen**" und „**interpretieren**" beinhaltet neben der Beschreibung von **Inhalt und Aufbau** des Textes die Analyse der **erzählerischen und sprachlich-stilistischen Gestaltung** und die **Deutung** des Textes. Im vorliegenden Lösungsvorschlag wird die sprachlich-stilistische Gestaltung integrativ in die Interpretation eingearbeitet. Auch das **Zusatzmaterial** wird einbezogen. Dies ist allerdings nicht zwingend erforderlich, auch jeweils eigene Gliederungspunkten wären hier möglich.*
- *Für den zweiten Teil der Aufgabenstellung müssen Sie ein passendes **Vergleichswerk** finden. Die Fragestellung, wie eine Protagonistin auf die ihr gestellten Herausforderungen reagiert, ist sehr offen, sodass sich dafür zahlreiche literarische Werke anbieten. Den literatur- und zeitgeschichtlichen Hintergrund sowie formale Aspekte können Sie dabei mitberücksichtigen, explizit gefordert ist dies allerdings nicht. Wichtig ist nur, dass Sie – ausgehend von den Ergebnissen der Teilaufgabe (a) – **geeignete Vergleichskriterien** wählen. Dabei bieten sich z. B. die Art der Herausforderung, die Umstände, aus denen die Herausforderung resultiert, die Rolle des Umfelds, die Art und Weise des Umgangs mit der Herausforderung und die Konsequenzen für die Figur und ggf. auch für deren Umwelt an.*

Gliederung

1 Migrationsliteratur

2 Erschließung und Interpretation des Romanendes von „Leyla" von Feridun Zaimoglu: von Zuversicht und Entschlossenheit geprägte Zukunftsvorstellung

2.1 Inhalt und Aufbau: letzte Etappe der Reise von Istanbul nach München
2.1.1 Organisieren von Essen und selbstironische Beurteilung der Situation (Z. 1–30)
2.1.2 Gespräch mit Mutter über die Veränderung in deren Leben (Z. 31–45)
2.1.3 Schilderung der Ankunft am Bahnhof in München (Z. 46–86)
2.1.4 Positiver Blick in die Zukunft (Z. 86–96)

2.2 Erzählerische Gestaltung: Ermöglichen der Identifikation durch personale Ich-Erzählerin Leyla

2.3 Leylas positive Lebenseinstellung als Grundhaltung beim Umgang mit Neuem
2.3.1 Probleme des Übergangs zwischen Alt und Neu
2.3.2 Gegenüberstellung der Befangenheit Leylas mit ihrer Offenheit für die neue Kultur
2.3.3 Verantwortungsbewusste Leyla in einer Übergangssituation
2.3.4 Leylas Leistung als Repräsentantin der „goldenen Generation"
2.3.5 Offenheit der weiteren Entwicklung

3 Vergleich mit den Effi Briest gestellten Herausforderungen in Theodor Fontanes „Effi Briest“

3.1 Konfrontation Effis mit Heirat und Umzug nach Kessin

3.2 Neugierde, Angst und Flucht in eine Affäre

3.3 Resignation und Tod

3.3 Vergleichsaspekte Leyla – Effi

4 Immigration in Deutschland heute

Lösungsvorschlag

Ein wichtiges Kennzeichen der modernen Gesellschaft weltweit ist die Bereitschaft zur **Flexibilität** in jeglicher Hinsicht. Menschen sind gezwungen, aus wirtschaftlichen oder politischen Gründen ihre Heimat zu wechseln und sich in anderen Ländern und Kulturen zu integrieren. Dass dieser Migrationsprozess die deutsche Gesellschaft merklich verändert hat, ist auch an der Literatur zu sehen. Autoren mit Migrationshintergrund sind aus der deutschen Literatur nicht mehr wegzudenken. Man spricht mittlerweile gar von **Migrationsliteratur**. Diese Literatur bietet die Möglichkeit, Einblicke in für Deutsche fremde Kulturen zu gewähren und damit fremde Lebensweisen und Mentalitäten zu erschließen, um gängige Vorurteile abzubauen. So wird ein wertvoller Beitrag zur **Integration** von Einwanderern in unserer Gesellschaft geleistet. 1

Die Ursprünge der Migration nach Deutschland liegen in der 1950er-Jahren, als überwiegend türkische Gastarbeiter mit all ihren Gewohnheiten und ihrer Kultur nach Deutschland kamen und damit die heutige Interkulturalität ihren Anfang nahm. Der Roman **„Leyla“** von **Feridun Zaimoglu** erzählt die Geschichte einer dieser Immigrantinnen. Geschildert wird hier hauptsächlich die Vorgeschichte, die Zeit also, bevor Leyla nach Deutschland aufbricht. 2

Der zu erschließende **Schluss des Romans** beschreibt den letzten Teil der Zugfahrt von Istanbul nach München und die daraus resultierenden Ängste und Herausforderungen an die Protagonistin Leyla, denen sie sich offen stellt. 2.1

Der Romanauszug setzt am zweiten Tag der **Zugreise nach Deutschland** ein, als den Reisenden, Leyla, ihrem kleinem Sohn und ihrer Mutter, der Proviant ausgegangen ist. Es wird dargestellt, wie Leyla verantwortungsbewusst Essen beim Schaffner organisiert und sich fürsorglich um ihr Kind kümmert. Selbstironisch beurteilt Leyla die Situation, indem sie sich über ihre eigene Naivität, mit Festtagskleidern in den Zug gestiegen zu sein, lustig macht. Ihrer Mutter fehlt hingegen das Verständnis für diese Sichtweise (Z. 1–30). 2.1.1

Dieser Beschreibung folgt ein **Gespräch mit der Mutter** über die Veränderung in deren Leben. Leyla fragt ihre Mutter direkt, was sie denn empfinde, nachdem sie ihre Heimat und auch ihre Söhne zurücklassen und darüber hin- 2.1.2

aus immer noch den Tod des Ehemanns verarbeiten müsse. Leyla erhält aber nur knappe, ausweichende Antworten (Z. 31–45).

Im sich anschließenden nächsten Teil des Romanauszug wird zunächst kurz die aufgeregte Vorbereitung auf das Einlaufen des Zuges geschildert, dann die **Ankunft am Bahnhof in München**. Nach einer schnell vorübergehenden Unsicherheit und Ängstlichkeit beim Verlassen des Zuges und der ersten Begegnung mit ihrem Mann betrachtet Leyla interessiert die Umgebung, während ihr Mann versucht, Essen zu organisieren. Dabei fallen ihr vor allem die selbstbewusst auftretenden Frauen auf (Z. 46–86). 2.1.3

Der letzte Abschnitt beschreibt die von Zuversicht und Entschlossenheit geprägte **Zukunftsvorstellung** von Leyla, die sich vornimmt, das neue Land, in dem sie nun wohnen wird, zu lieben und sich darauf einzulassen. Ob ihr das gelingen wird, erfährt der Leser nicht mehr (Z. 86–96). 2.1.4

Erzählt wird die Zugfahrt aus der Perspektive der **Ich-Erzählerin Leyla**. Gefühle und Gedanken werden dabei wiedergegeben, wenn Leyla beispielsweise ihre Bewunderung für die deutschen Frauen am Bahnhof in München zugibt (vgl. Z. 81). 2.2
In diesem Auszug wird eine **Übergangssituation**, die mit der Reise im Zug über eine weite Strecke gleichgesetzt wird, beschrieben. Dies zeigt sich auch in der **Zeitgestaltung**. An einigen Stellen scheint die Zeit gleichsam zu verschwimmen, wenn Leyla „die Augen“ schließt und „vier Lidschläge später [sie ihre Mutter wieder wach]rüttelt“ (Z. 46 ff.). Wie viel Zeit vergangen ist, wie lange die Zugfahrt konkret dauert, erfährt man nicht. Daneben gibt es Passagen, die den Leser unmittelbar am Geschehen teilhaben lassen durch **szenische, weitgehend zeitdeckende Darbietung der Handlung im Präsens**. Zahlreiche **wörtliche Reden** (allerdings hier ohne Anführungszeichen) ermöglichen ein direktes Hineintauchen in die Situation. Das Gespräch mit der Mutter (vgl. Z. 31 ff.) oder die Ankunft in München (vgl. Z. 64 ff.) werden in direkter Rede wiedergegeben. Die **Identifikationsmöglichkeit** mit Leyla wird aber noch verstärkt durch die immer wieder eingeschobene **Gedankenrede**. Auf die Tautologie ihrer Mutter, „wir sind da, wenn wir da sind“ (Z. 33), reflektiert sie: „Sie ist diesem Leben entrückt, meine Mutter, meiner schönen Mutter Seele verfängt sich in ihren Träumen“ (Z. 34 f.). Der **Wechsel zwischen äußerem und innerem Geschehen** ist meist unvermittelt. Am Bahnhof in München macht sich Leylas Mann auf, Essen zu besorgen, und ermahnt die Familie, sich nicht vom Fleck zu rühren (vgl. Z. 77). Leyla bekennt: „Ich bin so unendlich müde“ (Z. 78). Im selben Satz findet dann der Wechsel zum äußeren Geschehen statt, wenn es heißt, „mein Sohn fängt an zu weinen“, um daraufhin wieder zum inneren Geschehen zu wechseln, als Leyla nach einer Erklärung für die Unruhe ihres Sohnes sucht (vgl. Z. 78 f.). Dadurch gewinnt der Leser **Einblicke in die psychische Auseinandersetzung Leylas** mit der momentanen Umbruchssituation und es gelingt eine Identifikation. Das **Sprachniveau** ist insgesamt **gehoben**.

Der Romanschluss rückt **die positive Grundeinstellung der Figur Leyla** in den Mittelpunkt. Auf der Reise von Istanbul nach Deutschland wird sie immer wieder mit neuen Problemen und fremden Eindrücken konfrontiert. 2.3

Am Beginn des Textauszugs versucht Leyla, vom Schaffner Essen zu bekommen, nachdem den Reisenden nach zwei Tagen der Proviant ausgegangen ist. Als der Zug auf freier Strecke stehen bleibt, sieht sie draußen „nur verdorrtes Land" (Z. 6), Symbol für ihre **Ängste**, dass vielleicht auch im neuen Land, in Deutschland, sich nicht alles zum Besseren wendet. Vom Schaffner, den sie, wie es sich für eine türkische Frau gehört, respektvoll mit „Herr" (Z. 8) anspricht, bekommt sie Lebensmittel, die typisch für die Türkei sind und ihr noch einmal bewusst machen, was sie zurücklässt (vgl. Z. 11–13). Gleichzeitig erinnert sie sich aber auch an die Entbehrungen in ihrer Heimat, wo sie und ihre Mutter „immer Geduld aufbringen mussten, um einen Brocken dessen zu bekommen", was sie sich „gewünscht hatten" (Z. 18 f.). Leyla hat auf ihrer Reise aber nicht nur das **Essen-Problem** zu lösen, sondern muss auch mit der **Kälte** fertig werden. Sie versucht, ihr Baby durch ihre „Körperwärme" (Z. 20) zu schützen. Heißes Wasser für die Babynahrung ist nicht verfügbar, da der „Heizkessel […] defekt" (Z. 14f.) ist. Nirgends gibt es Wärme, Halt für die Reisenden, den müssen sie sich selber geben. 2.3.1

Gleichzeitig sieht die Figur Leyla sich aber auch **selbstironisch** und belächelt ihre Naivität, mit der sie sich mit neuer Frisur, „Festtagskleider[n]" und Schminke für die dreitägige Zugreise hergerichtet hatte (vgl. Z. 24 ff.). Jetzt sehen sie aus „wie zwei zerrupfte Raben" (Z. 26). Die Reise zehrt an ihnen, „der Zug" bringt sie eben nicht „sehr schnell hin" (Z. 28) und sie „entsteige[n] dem Zug […] [nicht] so schön und so gepflegt wie beim Einstieg" (Z. 29 f.). Leylas Hoffnung, dass die Reise nach Deutschland „schnell geht" (Z. 32), erweist sich als **Trugschluss** und ist ein Indiz dafür, dass sie sich nicht besonders gut auf die doch bedeutsame Veränderung in ihrem Leben vorbereitet hat. Sie hat sich vielmehr einen **leichten, weniger anstrengenden Übergang** gewünscht, während ihre Mutter scheinbar lethargisch mit der Situation umgeht (vgl. Z. 34). Die Wiederholung „meine Mutter" an dieser Stelle und die gleichzeitige Präzisierung („meine[…] schöne[…] Mutter", Z. 34) unterstreicht die Wertschätzung, die Leyla ihrer Mutter entgegenbringt, und das, obwohl diese sich so zurückzieht.

Das sich anschließende Gespräch mit der **Mutter** belegt, dass sich diese **ihrem Schicksal ergeben** hat. Sie „starrt aus dem Fenster" (Z. 33) und harrt der Dinge, die auf sie zukommen. Mit der Tautologie „Wir sind da, wenn wir da sind" (Z. 33) wird dies noch einmal betont. Sie hat ihr Leben nie selbstbestimmt geführt, sondern „erst […] einem Mann geopfert […], jetzt schenk[t sie ihr] Leben [ihrem] Enkelkind" (Z. 39). Auch wenn sie ihre Söhne, die sie in der Türkei zurücklässt, vermissen werde „wie den Duft der regengetränkten Erde" (Z. 41), den Geruch der Heimat, wird sie in Deutschland ihre bereits ausgewanderten Töchter wiedersehen. Dass sie aber nicht weiter darüber sprechen will, zeigen die Auslassungszeichen (vgl. Z. 42). Was wirklich in ihrem

Kopf vorgeht, erfährt der Leser nicht. Auch Leyla hat Schwierigkeiten, den Tod ihres Vaters zu thematisieren, wenn sie fragt: „Bist du froh, daß … du ihn losgeworden bist?“ (Z. 43) Ihre Mutter weigert sich, darüber zu sprechen und fordert sie auf: „kümmere dich um deinen Sohn“ (Z. 45). Beide wissen um das patriarchalische, gewaltsame Verhalten des Vaters bzw. Ehemanns, setzen sich aber nicht damit auseinander. Leyla „schließ[t] die Augen, […] ist unendlich müde.“ (Z. 46 f.) Die anstrengende Reise, die Verletzungen der Vergangenheit und auch die Angst davor, was auf sie zukommen wird, **erschöpfen** sie.

Bei der Ankunft am Münchner Hauptbahnhof wird wieder Leylas Angst vor der Zukunft thematisiert. Sie lässt ihrer „Mutter den Vortritt“ (Z. 59). Gleichzeitig wird in diesem Abschnitt deutlich, dass die Figur **zwischen den alten Traditionen**, die in der Türkei ihre Gültigkeit haben, **und einer selbstbewussten Grundhaltung** steht. Leyla beklagt die Beschwernisse und Kälte der Zugfahrt und begrüßt ihren Mann zärtlich, merkt aber gleichzeitig, dass sich beides vor den Augen ihrer Mutter nicht schickt, und sie schämt sich (vgl. Z. 68). Nach deutschem Verständnis wäre ein solches Verhalten jedoch nicht kritikwürdig. Dass sie ihren Mann bewundert und zu ihm aufschaut, zeigt sich auch darin, dass er für sie immer nur der „Schöne“ (Z. 69) ist. 2.3.2
Das Motiv des Essens tritt hier erneut auf. Leylas Mutter hat „Hunger“ (Z. 71) und ihr Mann macht sich auf, etwas zu besorgen. Währenddessen beobachtet Leyla deutsche Frauen, ist fasziniert von ihrem selbstbewussten Verhalten, „bewunder[t] ihren blassen Teint, ihre zu Turmfrisuren hochgesteckten Haare, ihre Halstücher in schreiend bunten Farben“ (Z. 81 f.). Die Aufzählung, mit der die deutschen Frauen beschrieben werden, betont die **Intensität der Sinneseindrücke**, mit denen Leyla das neue Land mit seinen anderen Sitten wahrnimmt. Besonders fällt ihr auf, dass die Frauen sich selbstständig und frei bewegen. „Sie gehen an den Männern achtlos vorbei, die Männer schauen ihnen nicht nach.“ (Z. 82 f.) Allein die Erwähnung belegt, dass dies in der Türkei eben anders ist. Leyla ist **offen für die Veränderungen** und sie nimmt sich vor, in ihrer neuen Stadt Berlin nach Kontaktmöglichkeiten zu suchen, in der Hoffnung „dort deutsche Damen [ihres] Alters“ (Z. 87) kennenzulernen.

Die **Entschlossenheit Leylas, sich auf die neue Situation einzulassen,** wird am Ende der Textstelle noch einmal betont. Sie ist bereit, die Reise nach Berlin fortzusetzen, und „umfass[t] fest den Koffergriff“ (Z. 92) als Zeichen dieser Bereitschaft. Sie will sich den Anforderungen stellen, die mit einem Neuanfang in einem anderem Kulturkreis verbunden sind, und nimmt sich vor, „dieses Land [zu] lieben“ (Z. 93). Die letzten beiden Sätze beginnen mit einem selbstbewussten „Ich“ (Z. 93 f.) und zeigen bereits **Ansätze eines veränderten weiblichen Rollenverständnisses**. Das türkische Sprichwort „Wer sich von der Herde trennt, den schnappt sich der Wolf“ (M. 1) wird abgewandelt und umgedeutet durch den Vorsatz Leylas, sich auf das Fremde, den Wolf, einzulassen, „den Wolf [zu] streicheln, und er wird vielleicht die Hand nicht beißen, die ihm über das Rückenfell fährt“ (Z. 94 f.). 2.3.3

Der Autor betont mit seiner Figur Leyla die Leistung der ersten Gastarbeiterfrauen, die sich positiv den Anforderungen des neuen Kulturkreises stellten. Er sieht sie als **Repräsentantin der „goldenen Generation“** (M 2, Z. 7). „Sie ist eine einfache Frau aus dem Volk: Sie könnte meine Mutter sein, oder die Mutter eines Freundes“ (M 2, Z. 9 f.), sagt Zaimoglu in einem Interview und fordert, man solle diese Frauen „aus dem historischen Dunkel herausstellen als die wahren Heldinnen der Einwanderung“ (M 2, Z. 18 f.), die die auftretenden Herausforderungen angenommen und diese auch gemeistert haben. 2.3.4

Ob Leyla sich in Deutschland erfolgreich einleben wird, wie die Immigrantin in Deutschland zurechtkommt, lässt der Roman bewusst **offen** – im Kontrast dazu steht jedoch das abschließende Wort „Ende“ (Z. 96). Die kurze Textstelle betont aber, dass es darum gehen müsse, Traditionen nicht einfach abzuschneiden, sondern behutsam aufzugreifen und so in das Neue zu integrieren. Der Schmerz, der aus der Trennung von der Heimat notwendig resultiert, darf dabei auch nicht einfach ignoriert werden, sondern die Situation muss stets reflektiert werden. Indem **Leyla** die Trauer der Mutter aufmerksam beobachtet, indem sie die neue Umgebung mit wachen Blicken aufnimmt und schließlich indem sie gegenüber dem neuen Land zupackend-positiv auftritt, ist sie eine Protagonistin, die **Vorbildfunktion** hat. 2.3.5

In zahlreichen anderen literarischen Werken stehen Frauen im Mittelpunkt, die mit den ihnen gestellten Herausforderungen fertig werden müssen – im positiven, aber auch im negativen Sinn. Ganz anders als Leyla reagiert **Effi Briest** im gleichnamigen Roman von **Theodor Fontane** auf Veränderungen. Der Roman beschreibt das Leben der jungen Effi, die mit dem weitaus älteren Innstetten, einem ehemaligen Verehrer ihrer Mutter, verheiratet wird, von dieser Hochzeit bis zu ihrem frühen Tod. 3

Die erste Herausforderung im Leben von Effi ist ihre **frühe Hochzeit**, die sie aus ihrer glücklichen Kindheit reißt. Zwar willigt Effi in diese Heirat ein, da auch sie den Konventionen verhaftet ist, sich einen gesellschaftlichen Aufstieg erhofft und nicht das nötige Selbstbewusstsein hat, gegen den Willen ihrer Eltern zu handeln. Sie folgt ihrem Ehemann nach **Kessin** und muss dort mit den **Strukturen einer abgeschiedenen Kleinstadt** zurechtkommen. Ihr Mann, der beruflich als Landrat viel unterwegs ist, lässt sie oft allein und kann ihr auch nicht die für sie notwendige Wärme geben. Ihr Hund Rollo und ihre Tochter Anni sind die Einzigen, bei denen sie sich geborgen fühlt. 3.1

Effis einzige Ablenkung in diesem verlassenen Ort ist ihre **Beteiligung an der Aufführung eines Theaterstücks** durch eine Laienspielgruppe. Dazu wird sie vom Apotheker Gieshübler aufgefordert. Diese neue Herausforderung meistert Effi mit Bravour und es gelingt ihr, sich von ihrer Unzufriedenheit abzulenken. Auch eine sich daraus entwickelnde **Affäre mit Major Crampas** ist im Grunde nur eine Reaktion auf diese Situation. Ihre **Ängste und Unsicherheit** werden von ihrem Mann Innstetten aber bewusst nicht aufgeklärt. Er hält 3.2

sie im Unklaren über einen möglichen Chinesenspuk und nimmt sich auch nicht die Zeit, offen mit seiner Frau zu sprechen.

Effi wird, nachdem Jahre später ihre längst beendete Affäre bekannt wird und Innstetten im Duell Crampas tötet, jeder Kontakt mit ihrer Tochter untersagt. Auch ihre Eltern verstoßen sie zunächst und Effi fügt sich ihrem Schicksal. Sie ist **gebrochen** und kann **keine Aktivität** mehr entwickeln. Als ihr Vater Effi dann doch noch die Rückkehr ins Elternhaus gestattet, **stirbt** sie dort, wo die Geschichte ihren verhängnisvollen Lauf genommen hat. 3.3
Fontane erzählt seine Geschichte als **Geschichte einer Herausforderung**, die sich daraus ergibt, dass die Protagonistin ihre Heimat sehr früh verlassen muss, um eine Ehe zu führen, die sie nicht wirklich selber wollte. Der Roman ist die **Geschichte eines Scheiterns**.

Bei **Leyla** ist die Ausgangssituation zunächst ganz ähnlich wie bei Effi. Ihr Mann wandert nach der Hochzeit nach Deutschland aus und sie bleibt mit ihrem Kind allein zurück. Dass auch sie niemanden hat, mit dem sie offen reden kann, zeigt ihr Versuch, auf der Zugfahrt mit ihrer Mutter über den Vater zu sprechen. Diese antwortet ihr nicht, sondern konfrontiert sie nur mit einer Gegenfrage (vgl. Z. 43f.). Einschränkungen und zum Teil körperliche Gewalt gehören zum Leben Leylas in der Türkei. Sie darf nicht mit jedem reden und ihr Vater schlägt sie. Leyla jedoch **reagiert** auf den Druck mit einer Hochzeit mit Metin, lässt sich nicht einschüchtern wie Effi und folgt ihrem Mann schließlich nach Deutschland, wo sie sich vornimmt, sich **aktiv** auf das Neue einzulassen. Anders als Effi geht Leyla die Probleme mit einer positiven Haltung an. 3.4
Bei Zaimoglu, das muss festgehalten werden, stellt sich die Herausforderung anders dar als bei Fontane. Leylas Geschichte endet mit der Konfrontation mit einer ganz neuen Situation. Ob sie diese Herausforderung meistert, wird nicht beantwortet. Nur aus den Aussagen des Autors im zitierten Interview lässt sich erschließen, dass sie es geschafft hat. Der Roman begründet also in erster Linie, mit welchen Verhaltensmustern man an neue Aufgaben herangehen müsse. **Offenheit, Mut und Zuversicht** gehören auf jeden Fall dazu.

Auch heute noch ist **Immigration** in Deutschland ein großes Thema. Der Anteil der Bevölkerung mit Migrationshintergrund nimmt ständig zu. Statistisch gesehen ist etwa jeder fünfte Bewohner der Bundesrepublik zugewandert oder hat immigrierte Eltern oder Großeltern. Angesichts der demographischen Entwicklung wird dieser Bevölkerungsanteil immer wichtiger für die Gesellschaft. So ist es nicht verwunderlich, dass immer mehr unternommen wird, um die **Eingliederung** zu erleichtern, sei es mit besonderen Förderkursen für die Schüler oder Sprachkursen für Frauen, die nicht im Berufsleben stehen und damit nicht per se gezwungen sind, die deutsche Sprache zu lernen. Dass die sogenannte **Migrationsliteratur** mittlerweile Einzug in die Deutschbücher gehalten hat, ist ein weiterer Beleg dafür, dass sich die Bevölkerung mit den Erfahrungen der Migranten auseinandersetzen muss, um ein **friedliches Neben- und Miteinander** zu ermöglichen. 4

Deutsch Bayern – Abiturprüfung 2013
Aufgabe 4: Vergleichendes Analysieren von Sachtexten

Analysieren Sie vergleichend die Texte A und B im Hinblick auf ihren gedanklich-argumentativen Aufbau und auffällige sprachlich-stilistische Gestaltungsmittel! Arbeiten Sie dabei heraus, welche Position die beiden Texte zu der Frage einnehmen, ob Lesen „schöne[r] Literatur“ (vgl. Text A, Z. 13) glücklich macht! Nehmen Sie abschließend unter Heranziehung eigener Leseerfahrungen zu dieser Frage Stellung!

Vorbemerkung

Der Journalist Ulrich Greiner war von 1998 bis 2009 verantwortlicher Redakteur des Ressorts Literatur bei der Wochenzeitung DIE ZEIT. Seitdem ist er Kulturreporter und Herausgeber des Magazins ZEITLiteratur. Der von ihm verfasste Text A erschien am 25. Oktober 2007 in der ZEIT.

Peter Spork studierte Biologie, Anthropologie und Psychologie und arbeitet seit 1991 als freier Wissenschaftsjournalist. Text B wurde anlässlich einer Expertentagung des Jahres 1996 zum Thema „Leseglück“ verfasst und 1999 in der populärwissenschaftlichen Monatszeitschrift *bild der wissenschaft* publiziert.

Text A

Ulrich Greiner (* 1945)
Macht Lesen glücklich? Über einen verbreiteten Irrtum (2007)

Ums Lesen gibt es ein großes Gewese[1]. Den Welttag des Buches haben wir hinter, den Vorlesetag (23. November) vor uns. Außerdem gibt es die Stiftung Lesen sowie manch andere ebenso philanthropische wie geschäftsfördernde Einrichtung. Die Branche, die vom Lesen lebt (zu ihr gehört auch dieses Blatt), ist groß, und sie muss zusehen, dass ihr der Nachwuchs nicht ausgeht. Das ist legitim, aber man sollte nicht übertreiben.

Zunächst mal ist klar, dass diejenigen, die nicht lesen können, von Wissen und Bildung und damit von beruflichem Erfolg ausgeschlossen sind. Die Nachricht, dass 22 Prozent aller Deutschen in diesem Jahr noch kein einziges Buch gelesen haben, bestätigt die Vermutung, dass der Prozess der Marginalisierung voranschreitet. Dagegen etwas zu tun ist notwendig. Aber wenn vom Lesen die Rede ist, dann meist im emphatischen Sinn.[2] Da sind nicht Lehrbücher oder Handbücher gemeint, sondern die Werke der schönen Literatur, der Dichter und Denker. *Warum Lesen glücklich macht* heißt ein Buch von Stefan Bollmann[3] (Elisabeth Sandmann Verlag), und diese Behauptung ist irreführend. Wer liest, um glücklich zu werden, sollte es lieber lassen. Lesen ist, wie die Fähigkeit, Rad zu fahren oder den Computer zu benutzen, eine Kulturtechnik, man muss sie beherrschen, um in dieser Gesellschaft überleben zu können. Mit Glück hat sie nichts zu tun, eher im Gegenteil: Das dauerhafte, wahrhafte Glück besteht wahrscheinlich in der vollendeten Dummheit.

Erinnert sich jemand an Emma Bovary[4]? Das Unglück dieser hübschen und selbstsüchtigen Frau in Flauberts Roman beginnt damit, dass sie andauernd Romane liest, die ihr Bild von der Wirklichkeit nachhaltig beschädigen. Auch der berühmte Ritter von der traurigen Gestalt,[5] der Don Quijote des Cervantes, hat so viele Romane gelesen, dass er sich zum Gespött seiner Mitmenschen macht. Nun ist es sicherlich richtig, dass Frau Bovary und Herr Quijote nicht intelligent genug waren, um aus ihrer Lektüre die richtigen Schlüsse zu ziehen. Angenommen, sie wären dazu imstande gewesen: Es hätte ihnen nicht zum Glück verholfen. Und wir hätten zwei große Romane weniger.

Die gern verbreitete These, Lesen im emphatischen Sinn führe zu größerer Weisheit und Einsicht und es wäre um die Welt besser bestellt, wenn die Staatsmänner und Wirtschaftslenker häufiger Hölderlin[6] läsen, ist unbeweisbar. Schaden würde es ihnen nicht, aber ob sie danach menschlicher und klüger entschieden, weiß man nicht. Marcel Reich-Ranicki[7] erzählte einmal, er habe seinen Augenarzt wechseln müssen. Der Mann habe ihn allzu oft mit der Kenntnis neuer Romane beeindrucken wollen, anstatt sich fachlich weiterzubilden.

Man sollte für das Lesen nicht mit falschen Versprechungen werben. Es vergrößert die geistige Reichweite. Zu Risiken und Nebenwirkungen fragen Sie Ihren Literaturkritiker.

Ulrich Greiner, Macht Lesen glücklich? Über einen verbreiteten Irrtum, in: DIE ZEIT Nr. 44 vom 25. 10. 2007, online unter http://www.zeit.de/2007/44/Glosse-Literatur, zuletzt aufgerufen am 16. 01. 2013

Worterläuterungen:
1 *Gewese:* laute, Aufmerksamkeit erregende Betriebsamkeit
2 *Lesen im emphatischen Sinn:* Lesen als Begegnung mit gehobener Literatur
3 Das Buch erschien 2007.
4 *Emma Bovary:* Titelfigur aus Gustave Flauberts berühmtem Roman *Madame Bovary* (zuerst 1856)
5 *Ritter von der traurigen Gestalt:* zur festen Redewendung gewordener Beiname Don Quijotes, der Titelfigur aus dem Roman von Miguel de Cervantes Saavedra (zuerst 1605); Don Quijote vermag nicht mehr zwischen der Welt der Ritterromane und der Realität zu unterscheiden.
6 *Friedrich Hölderlin* (1770–1843): Dichter der Goethezeit
7 *Marcel Reich-Ranicki* (* 1920): Publizist, Literaturkenner und -kritiker

Text B

Peter Spork (* 1965)
Unzufrieden? Sie sollten mehr lesen! Bücher sind gedruckte Arzneimittel. (1999)

Die Bettdecke spannt sich zwischen Nacken und Knien und bildet eine Höhle. Die rechte Hand hält eine Taschenlampe. Kein Lichtstrahl darf unter der Zimmertür nach außen dringen. Schon vor Ewigkeiten hat die Mutter dem Jungen befohlen, er solle endlich schlafen. Aber Viertelstunde um Viertelstunde vergeht, während der Daumen der linken Hand Seite für Seite umblättert. Ein Buch entführt den Leser in das ferne *Land der Skipetaren*[1], läßt ihn durch endlose Wüsten reiten, gemeinsam mit Kara Ben Nemsi und dem treuen Begleiter Hadschi Halef Omar Ben Hadschi Abul Abbas Ibn Hadschi Dawuhd Al Gossarah. An ihrer Seite reitet er im Geiste mit, fängt üble Schurken und erlebt tausend fesselnde Abenteuer.

Wer aus der heutigen Elterngeneration erinnert sich nicht gerne an die Jugendzeit, als Karl May, Michael Ende und Astrid Lindgren die Tür öffneten in ferne Welten, als Lesen gleichbedeutend war mit Abheben, Entschweben, Versinken oder mindestens Verreisen? Wer erinnert sich nicht daran, wie glücklich er damals war? Wer bedauert nicht hin und wieder die heutige Jugend, die scheinbar – Knopf im Ohr und Bildschirm vor der Nase – dieses Glück nicht mehr kennt? Wer bedauert nicht manchmal sich selbst, daß er für dieses Glück keine Zeit mehr hat? Umfragen des Allensbacher Instituts für Demoskopie zufolge nimmt nur ein Drittel der Deutschen mehrmals pro Woche ein Buch zur Hand. Ist die Mehrheit der Nicht- oder Gelegenheitsleser also unglücklich?

[…] „Nur auf Umwegen erreicht man das Glück", predigte schon Anfang der neunziger Jahre der prominente Glücksforscher Mihaly Csikszentmihalyi, Psychologe an der Universität Chicago. Er suchte nach gemeinsamen Verhaltensmustern zufriedener Menschen und entwickelte die Flow-Theorie: Wenn Menschen konzentriert auf ein Ziel hinarbeiten, ständig Rückmeldungen über ihr Fortkommen erhalten und sich selbst vergessen, empfinden sie irgendwann den sogenannten Flow, ein glücksbringendes Gefühl.

[…] Buchmarktforscher Ludwig Muth zeigte die Parallelen zwischen Flow-Theorie und Leseerfahrung – und definierte gleichzeitig die Grundvoraussetzungen für Leseglück: So wie Flow eine schwierige Aufgabe voraussetze, „der man gewachsen ist – und an der man wächst", erfordere Lesen eine „dynamische Balance zwischen Lese-Anstrengung und Lese-Fähigkeit".

Auch andere Aspekte der Flow-Theorie, etwa die volle Konzentration auf eine Aufgabe, ein verändertes Zeitgefühl oder das Gefühl, sich über das eigene Ich zu erheben, lassen sich laut Muth problemlos auf das Lesen übertragen. Kurt Tucholsky[2] jedenfalls empfand beim Lesen Flow: „Herz und Lungen arbeiten, der Körper verrichtet gleichmäßig seine innere Fabrikarbeit – Du fühlst ihn nicht. Du hörst nichts, Du siehst nichts, Du liest."

Aber Vorsicht, warnt die Literaturwissenschaftlerin Aleida Assmann, Lesen als selbstvergessene Erfahrung könne auch zu „Aussteigen und Eskapismus" führen, weshalb „Leseglück leicht umschlagen kann in Lebensunglück". Assmann definiert ein zweites, ganz praktisches Leseglück: Nur dank Bücher könnten viele Menschen die Welt kennenlernen, Erfahrungen machen, die ihnen sonst verwehrt blieben. Somit sei Leseglück oft geradezu „ein Einsteigen in soziokulturelle Zusammenhänge".

Doch Einsteigen hin, Aussteigen her: Wenn das Lesen wirklich eine so schöne Erfahrung ist, warum tun es so wenige, und – wenn man den Umfragen glauben will – immer weniger? Auch darauf wissen die Experten eine Antwort: Konzentriertes Schmökern erfordert ständiges Training. Nur wer im Flow-Kanal schwimmt, also eine fordernde, aber nicht überfordernde Lektüre liest, macht die glücksbringende Erfahrung. Als Kinder stiegen früher viele völlig unbefangen mit *Hanni und Nanni,* den *Fünf Freunden* oder den *Drei Fragezeichen* in den Kanal ein. Der schwemmte sie früher oder später zu Grass und Eco[3]. Die neue Erwachsenengeneration aber hat den Kanal irgendwo auf dem Weg zur Erwachsenenlektüre verlassen, macht jetzt lieber den Fernseher an und schaut *Kommissar Rex, Boulevard Bio* oder *Wetten, daß ...*[4]

[...] Als Erwachsener muß man sich sein Leseglück ungleich härter erkämpfen, sich mit Büchern gezielter und bewußter auseinandersetzen. Viele Menschen sind irgendwann nicht mehr bereit, die Zeit dafür bereitzustellen.

Daß Erwachsene weniger lesen als Jugendliche, ist also nichts Neues. Bedenklich ist dagegen, daß immer weniger Kinder überhaupt zum Buch finden. Graf[5] betont, wie wichtig es für künftiges Leseglück ist, „Rahmenbedingungen wie die Versorgung mit Lesestoff sicherzustellen, Erwartungen zu wecken und beginnende Aktivitäten zu unterstützen".

Gefordert sind die Eltern. Statt den Wünschen ihrer Kinder nach Videospielen und einem Fernsehgerät nachzugeben und den Nachwuchs ständig zwischen Klavierunterricht, Bastelgruppe, Fußballtraining und Nachhilfestunden hin- und herzufahren, sollten sie ihm Freizeit gönnen, altersgerechte Bücher herumliegen lassen, beispielgebend die Fernbedienung weglegen – und selbst mehr lesen. Dann bräuchte wohl auch keine Expertentagung das fragile Leseglück unter warmen Bettdecken hervorzerren in den kalten Raum der Wissenschaft. Oder ist das nur die Idealvorstellung eines lebensfernen Germanisten?

Peter Spork, Unzufrieden? Sie sollten mehr lesen! Bücher sind gedruckte Arzneimittel, in: bild der wissenschaft 3/1999, S. 73–75, online unter http://www.peter-spork.de/39-0-Unzufrieden-Sie-sollten-mehr-lesen.html, zuletzt aufgerufen am 16. 01. 2013

Worterläuterungen:

1 *[Durch das] Land der Skipetaren:* Abenteuerroman von Karl May (1842–1912), einem über lange Zeit bei Jugendlichen sehr erfolgreichen Schriftsteller; Kara Ben Nemsi und Hadschi Halef Omar (dessen vollständiger Name hier wiedergegeben ist) sind die Hauptfiguren in mehreren seiner Romane.
2 *Kurt Tucholsky* (1890–1935): deutscher Schriftsteller und Journalist
3 *Umberto Eco* (* 1932): Verfasser anspruchsvoller Bestsellerromane
4 erfolgreiche und bekannte Fernsehsendungen zur Zeit der Abfassung des Artikels
5 *Werner Graf* (* 1949): Germanist und Literaturdidaktiker an der Universität Paderborn

Hinweise und Tipps

- *Bei einer vergleichenden Sachtextanalyse werden die Positionen zweier Autoren zu einem Thema gegenübergestellt. In der Regel ist davon auszugehen, dass sie unterschiedliche, meist sogar entgegengesetzte* ***Positionen zu derselben Fragestellung*** *einnehmen. Diese wird bereits in der Aufgabenstellung explizit genannt: Macht das Lesen „schöner Literatur" glücklich?*
  Die Aufgabenstellung gibt im vorliegenden Fall die Vorgehensweise und damit auch die Gliederung der Ausarbeitung vor: Zunächst soll der ***gedanklich-argumentative Aufbau*** *der beiden Texte herausgearbeitet und verglichen werden. Hier gliedern Sie den Text in zusammengehörige Abschnitte und skizzieren die Bedeutung des jeweiligen Abschnittes für den Argumentationsgang. Wie bei jedem argumentativen Text arbeiten die Autoren bei der Entwicklung ihrer Gedanken mit behauptenden, begründenden und illustrierenden Anteilen. Um die Funktion der Textabschnitte bereits sprachlich zu signalisieren, empfiehlt sich die Verwendung von Verben, die Sprechakte markieren: Der Autor verdeutlicht, weist darauf hin, stellt fest, stellt infrage, begründet seine Auffassung, betont seine Forderung, gibt zu bedenken, führt als Folge vor, schränkt seine Aussage ein, bestreitet die Möglichkeit, rechtfertigt die Behauptung …*
- *Bei der vergleichenden Analyse der* ***sprachlich-stilistischen Gestaltungsmittel*** *sollten Sie dem Charakter des Textes gerecht werden. Die Wirkungsabsicht ist dabei oft untrennbar mit der Textsorte bzw. dem Publikationsrahmen (wissenschaftliche Zeitschrift, Fachbuch, Wochenzeitung …) und der Adressatenorientierung verbunden. Lesen Sie daraufhin auch genau die in der* ***Vorbemerkung*** *enthaltenen Informationen. Gehen Sie stets präzise auf die Wirkung auffälliger sprachlicher Mittel an der konkreten Stelle ein. Vermeiden Sie nichtssagende Zuschreibungen wie: Der Autor veranschaulicht, Der Autor will den Leser zum Nachdenken/zum Schmunzeln anregen …, die auf sehr viele Formulierungen zutreffen können.*
- *Auf diesen analysierend-erschließenden Aufgabenteil folgt die* ***eigene Stellungnahme****, in der Sie auf eigene Leseerfahrungen eingehen sollen. Wie in jeder argumentierenden Schreibform sollten Sie sich hier mit Bezug auf konkrete Lektürebeispiele mit dem Thema auseinandersetzen, allzu persönliche Formulierungen in der Ich-Form jedoch eher vermeiden.*
- ***Einleitung und Schluss*** *sollten den Rahmen der Arbeit bilden und schlüssig in Bezug zur Themafrage stehen (definieren Sie den Begriff „schöne Literatur", bringen Sie Ihr Wissen über aktuelle Tendenzen am Buchmarkt ein, formulieren Sie einen anekdotisch-erzählenden Einstieg …).*

Gliederung

1 Was bedeutet „schöne Literatur“?

2 Unterschiedliche Sicht auf das Glückspotenzial von „schöner Literatur“ in den Texten von Ulrich Greiner und Peter Spork

2.1 Ablehnung eines Zusammenhangs von Lesen und Lebensglück bei Greiner
2.1.1 Infragestellen der Relevanz von Aktionen zur Förderung des Lesens (Z. 1–6)
2.1.2 Ablehnung der These eines Zusammenhangs von Lebensglück und dem Lesen „schöner Literatur“ (Z. 7–19)
2.1.3 Illustrierung dieser ablehnenden Haltung durch zwei literarische Beispiele (Z. 20–28)
2.1.4 Veranschaulichung des Unterschieds von Bildungswissen und Fachwissen (Z. 29–35)
2.1.5 Appell zu einer relativierend-pragmatischen Einschätzung „schöner Literatur“ (Z. 36–38)

2.2 Möglichkeit einer Glückserfahrung beim Lesen von „schöner Literatur“ bei Spork
2.2.1 Szenischer Einstieg zur Illustrierung des Glückspotenzials von Literatur (Z. 1–9)
2.2.2 Aktuelle Lesewirklichkeit Erwachsener und Jugendlicher im Kontrast dazu (Z. 10–19)
2.2.3 Untermauerung seiner These durch Autoritäten aus Psychologie und Kunst (Z. 20–37)
2.2.4 Gefahren und Chancen beim Vertiefen in belletristische Literatur (Z. 38–43)
2.2.5 Gründe für den Rückgang beim Lesen von belletristischer Literatur (Z. 44–56)
2.2.6 Appell an die Verantwortung von Eltern zur Steigerung der Leselust ihrer Kinder (Z. 57–61)
2.2.7 Rückbezug zur atmosphärischen Eingangsszenerie (Z. 66–69)

2.3 Sprache und Wirkungsabsicht beider Texte im Vergleich
2.3.1 Bewusst distanziert-polemischer Ton einer pointierten Glosse bei Greiner
2.3.2 Engagiert-persönliche Auseinandersetzung in dem Essay von Spork

2.4 Nüchtern-pragmatische Ablehnung einer Glückszuschreibung an Belletristik bei Greiner versus emotionales Plädoyer für das Glückspotenzial schöner Literatur bei Spork

3 Was ist „Leseglück“? – Eine sehr subjektive Frage!

Lösungsvorschlag

Was versteht man unter „**schöner Literatur**“? „Literatur“ und „schön“ – ein 1
vertrautes Substantiv wird attribuiert durch ein gängiges Adjektiv, das in dieser Kombination auf den ersten Blick etwas holprig klingt. Man kennt „anspruchsvolle Literatur“, „gehobene Literatur“, „seichte Literatur“, „leichte Literatur“ – aber was macht Literatur „schön“? Ulrich Greiner definiert sie als Literatur der „Dichter und Denker“ (Text A, Z. 13), was nicht sehr viel weiterhilft, denn wer entscheidet, welcher Autor sich „Dichter“ nennen darf, von der Zuschreibung „Denker“ ganz zu schweigen. Einen anderen Zugang bietet der Umweg über den an das Französische angelehnten und auf dem Buchmarkt gängigen Ausdruck „Belletristik“, der die unterhaltende Literatur fern von Fach- und Sachliteratur bezeichnet. Eine weitere, noch eindeutigere Unterscheidung würde die Trennung in fiktionale und nicht-fiktionale Literatur bieten, die Bücher mit realem Sachbezug von denen unterscheidet, die eine ausgedachte Welt mit erfundenen Personen schaffen. Letztere füllen wohl auch die Sparte, in der sich die „schöne Literatur“ bewegt. Ist diese Bezeichnung also weitgehend mit den Zuschreibungen „**Belletristik**“ und „**fiktionale Literatur**“ bedeutungsgleich, bekommt sie doch durch das positiv besetzte Adjektiv eine Nuance der **Aufwertung**. Im Zusammenhang mit der Themafrage „Macht das Lesen von ‚schöner Literatur‘ glücklich?“ erscheint diese Begriffskombination sehr sinnig, impliziert doch bereits die Zuschreibung „schön“ eine gewisses Glückspotenzial.

Die Frage „**Macht Lesen schöner Literatur glücklich?**“ beantworten die 2
Journalisten Ulrich Greiner in einem 2007 erschienen Artikel der „Zeit“ und Peter Spork in der Monatszeitschrift „Bild der Wissenschaft“ (1999) auf gegensätzliche Weise.

Greiner stellt in seiner Glosse bewusst provokativ die Annahme, Lesen ma- 2.1
che glücklich, in Frage und verneint diese abschließend mit dem Verweis auf einen vom Glücksbegriff unabhängigen intellektuellen Zugewinn durch Lesen.

Der Autor steigt mit der Behauptung ein, dass dem **Lesen** zum Zeitpunkt der 2.1.1
Veröffentlichung des Artikels eine **große öffentliche Beachtung** geschenkt werde. Er belegt seine Auffassung mit der Nennung von öffentlichen Aktionstagen und der Existenz unterschiedlicher lesefördernder Projekte. Daraufhin relativiert er jedoch diese Maßnahmen mit einer Warnung vor zu vielen lesebezogenen Aktionen (vgl. Z. 1–6).

In seinen anschließenden Ausführungen nimmt er seine in dieser Warnung 2.1.2
enthaltene implizite Forderung nach einem geringeren Stellenwert der Leseförderung teilweise wieder zurück. Er räumt ihr eine wichtige Bedeutung für die Ermöglichung von Chancengleichheit im Bildungssystem ein. Damit bezieht er sich jedoch auf die Kulturtechnik „Lesen“ und nimmt davon ausdrücklich das Lesen als Begegnung mit der Hochkultur aus. Durch diese Differen-

zierung konzentriert er sich von da an auf die **Ablehnung** der aus seiner Sicht naiven Behauptung von Stefan Bollmann, der einen **positiven Zusammenhang zwischen Lesen und Lebensglück** postuliert. Auf die Spitze getrieben wird diese Zurückweisung mit der Verkehrung von Bollmanns Theorie in das Gegenteil: Das höchste Glück erreichten nur die Einfältigen (vgl. Z. 7–19).

Illustrierend zu seiner provokanten Erwiderung führt er schließlich **zwei Beispiele** eben aus dem Bereich der „schönen Literatur" an. Sowohl die weibliche Hauptfigur aus Flauberts „**Madame Bovary**" als auch Cervantes' „Ritter von der traurigen Gestalt" **Don Quijote** hätten gerade durch übertriebene Lektüre von Romanen den Bezug zur Realität verloren und sich dadurch um ihr Lebensglück gebracht. Allerderdings bezweifelt Greiner, dass beide Figuren auch bei einer realistischen Einschätzung ihrer Lesestoffe das Lebensglück hätten finden können, und wiederholt seine zentrale These, dass Lesen nicht glücklich mache (Z. 20–28). 2.1.3

Ergänzend dazu zweifelt Greiner die Auffassung an, dass belletristische Literatur einen Nutzen für das soziale Zusammenleben der Menschheit und ihre intellektuellen Fähigkeiten bringe. Mit Hilfe einer Anekdote, die den **Gegensatz von Bildungswissen und Fachwissen** pointiert illustriert, unterstreicht er seinen rationalen und zweckorientierten Argumentationsgang (Z. 29–35). 2.1.4

Greiner beendet seine Glosse mit dem **pragmatischen Appell**, keine übertriebenden Erwartungen an das Lesen zu haben, und bringt gleichzeitig die aus seiner Sicht eigentliche Leistung des Lesens für den Zugewinn an intellektueller Bildung auf den Punkt (Z. 36–38). 2.1.5

Die entgegengesetzte Auffassung vertritt **Peter Spork**, der in seinem Essay „Unzufrieden? Sie sollten mehr lesen! Bücher sind gedruckte Arzneimittel" (1999) eine Glückserfahrung beim Lesen von Büchern für möglich hält. 2.2

Sein Aufsatz beginnt im Gegensatz zu der nüchtern-pragmatischen Herangehensweise von Greiner mit einem atmosphärisch untermalten, szenischen Einstieg, der die selbstvergessene, nächtliche **Lektüre der Kindheit** vor Augen führt und die Hauptfiguren der klassischen Jugendliteratur als persönliche Helden der vergangenen Jugendzeit glorifiziert (Z. 1–9). 2.2.1

Angesichts dieser nostalgisch überhöhten Leseerlebnisse wird ein Zusammenhang zwischen Lesen und persönlicher Glückserfahrung vorausgesetzt. Ausgehend von dieser Prämisse bedauert Spork den Verlust dieses Glücksgefühls angesichts des **veränderten Leseverhaltens der Gegenwart**. Der positiven Eingangsszenerie stellt er sowohl den Zeitmangel der Erwachsenen als auch das durch moderne Medien veränderte Freizeitverhalten der Jugendlichen gegenüber (Z. 10–19). 2.2.2

Seine auf persönliche Erfahrungen basierende These stützt Spark durch Bezug auf den anerkannten Psychologen Csikszentmihalyi und dessen Flow-Theorie, die das Gefühl des Glücks in Zusammenhang mit der vertieften 2.2.3

Konzentration auf einen Gegenstand stellt. Mit der durch den Buchmarktforscher Muth gezogenen Analogie zwischen Flow und Leseglück und einem Zitat von Kurt Tucholsky führt Spark weitere **Autoritäten zur Bekräftigung seiner Argumentation** an. Damit erweitert er aber auch seine zu Beginn rückblickend-verklärte Sicht auf den Leseprozess durch den Aspekt der Anstrengung, die eine Voraussetzung für das Glücksgefühl sei (Z. 20–37).

Eine Einschränkung seiner positiven Sicht auf das Lesen von „schöner Literatur“ nimmt Spork mit der Warnung der Literaturwissenschaftlerin Assmann vor, dass **Lesen** auch zur **Flucht in imaginäre Scheinwelten** führen könne. Hier argumentiert er ganz ähnlich wie Greiner, der ja auch den verderblichen Einfluss von Romanen in seine Beispielgebung aufnimmt. Allerdings wird dieses Negativbeispiel sogleich ergänzt um die von Assmann komplementär dazu formulierte Chance der Lektüre, **neue Einblicke und Einsichten in die Welt** zu ermöglichen. Den Begriff „Glück“ weitet Spork also vom empathisch-emotionalen über das intellektuelle zum lebenspraktischen Glücksgefühl aus (Z. 38–43). 2.2.4

Als **Erklärung** für die vor allem bei Erwachsenen konstatierte **hohe Leseunlust** räumt Spork daraus folgernd die mangelnde Anstrengungsbereitschaft bzw. die aufgrund von Zeitknappheit mangelnde Anstrengungsmöglichkeit ein. Als weiteren Faktor für den Rückgang des Lesens belletristischer Literatur nennt er die Ablenkung durch das weit weniger anstrengende Medium Fernsehen (Z. 44–56). 2.2.5

Wie Greiner seine pointierte Glosse mit einem knappen Schlussappell beschließt, formuliert auch Spork eine **appellierende Schlussbotschaft** an seine Leser, diese freilich sehr viel ausführlicher und differenzierter. Aus seiner Sicht liegt die **Verantwortung** für das künftige Leseverhalten bei den **Eltern**, die ihren Kindern sowohl durch die Bereitstellung von Lesestoff als auch durch vorgelebte Lesebegeisterung ein leseaffines Umfeld bieten sollen, um auch ihnen Leseglück zu ermöglichen (Z. 57–66). 2.2.6

Abgerundet wird der Essay durch den **Rückbezug** auf die zu Beginn evozierte atmosphärische Lesesituation der Kindheit und die rhetorisch-spielerische Infragestellung seiner Wunschvorstellung (Z. 66–69). 2.2.7

Greiners Text wurde für die Wochenzeitung „Die Zeit“ verfasst und greift bereits zu Beginn tagesaktuelle Ereignisse auf, die den Buchmarkt betreffen. Durch die **kurzen Gedankenstränge** wie den knappen Verweis auf die Publikation von Stefan Bollmannn (vgl. Z. 14), dessen Thesen nicht weiter ausgeführt und diskutiert werden, wirkt der Text **bewusst skizzenhaft** und kann als idealtypisch für eine **Glosse** gelten. Als einzigen Gewährsmann für seine Position wählt Greiner keinen Geringeren als Marcel Reich-Ranicki, den wohl berühmtesten Literaturkritiker, auf den er auch in seinem Schlussgag nochmals anspielt (vgl. S. 37 f.). Das **anekdotenhafte Anzitieren** von Ranickis Verhältnis zu seinem Augenarzt kann jedoch nicht für eine Beweisführung im 2.3. 2.3.1

eigentlichen Argumentationssinn dienen. Bezeichnend für Greiners Text sind dagegen Sprünge in der Gedankenführung und **argumentationslogische Brüche**. So führt er seine These vom Unglück der beiden Romanfiguren Bovary und Don Quijote aufgrund von Naivität und Dummheit ad absurdum, wenn er schließlich lakonisch feststellt, dass ihnen auch Intelligenz „nicht zum Glück verholfen" (Z. 27) hätte.

Polemische Spitzen wie die textsortentypische **Schlusspointe**, eine Abwandlung der in der Werbung oft heruntergeleierten Wendung „Zu Risiken und Nebenwirkungen …" (Z. 37 f.), sind dabei auf eine – aus seiner Sicht – naive Glückserwartung begeisterter Literaturliebhaber gemünzt. Mit solchen Anspielungen und sprachlichen Versatzstücken aus einem völlig anderen Bereich nimmt Greiner dem Thema den Ernst und verleiht ihm eine **schnoddrige Lässigkeit**. Dabei verwendet er aber durchaus auch Fachbegriffe und formuliert im elaborierten Stil, wenn er vom „Prozess der Marginalisierung" (S. 10) und „Lesen im emphatischen Sinn" (Z. 12) spricht und somit die überwiegend akademische Leserschaft im Blick hat.

Die Position Greiners wird bereits durch die als **rhetorische Frage** formulierte Überschrift und den Nachsatz „Über einen verbreiteten Irrtum" (Überschrift) deutlich. Dass Greiners klare Ablehnung einer glücksversprechenden Wirkung von Literatur nicht als differenzierte, abwägende Auseinandersetzung gewertet werden kann, beweisen die **knappen, apodiktischen Aussagesätze**, die nur selten durch relativierende Konjunktionen oder Adverbien eingeschränkt oder modifiziert werden (vgl. Z. 15: „Wer liest, um glücklich zu werden, sollte es lieber lassen."). Seine Position bringt er mit einer Feststellung wie „[z]unächst mal ist klar" (Z. 7) und den Parataxen z. B. im letzten Absatz (vgl. Z. 36 ff.) unmissverständlich zum Ausdruck. Die Position der Gegenseite formuliert er konsequent im **Konjunktiv** (vgl. Z. 29 ff.) und betont damit eine Realitätsferne. (Ab)wertungen drückt er häufig subtil, jedoch mit unmissverständlicher Schärfe aus, wenn er beispielsweise lesefördernde Stiftungen als „philanthropisch wie geschäftsfördernd" (Z. 3 f.) bezeichnet und in der kontrastierenden Gegenüberstellung diese Kulturinstitutionen als „Branche" (Z. 4) diskreditiert und ihnen damit den Nimbus der Gemeinnützigkeit nimmt.

Die gerade für eine Glosse so typische **Ironie** dient auch bei Greiner als Mittel der Herabwürdigung und endet nicht selten in **Spott**. So räumt er sogar ein, selbst ein Teil der „Branche, die vom Lesen lebt" (Z. 4), zu sein, rät aber dann beinahe herablassend: „… aber man sollte nicht überteiben" (Z. 5 f.). Mit der ironischen Anrede „Herr Quijote" und „Frau Bovary" (Z. 25) gibt er diesen beiden Kunstfiguren den Anschein realer Personen und zieht damit deren hohe Ansprüche an die Literatur zusätzlich zu deren Scheitern süffisant ins Lächerliche.

Greiner **bezieht** von Anfang an (vgl. Z. 1 f.) **den Leser** seines Artikels in die Darstellung **mit ein** und schafft gerade beim Thema Literatur ein Vertrauensverhältnis, wenn er die Frage in den Raum stellt: „Erinnert sich jemand an Emma Bovary?" (Z. 20) und schließlich resümiert: „Und wir hätten zwei große

Romane weniger“ (Z. 27 f.). Dadurch gibt er dem Leser nicht nur das Gefühl einer überdurchschnittlichen Bildung, er suggeriert ihm damit auch sehr geschickt eine gedankliche Nähe zu seinen Thesen. Die vertrauliche Anrede gipfelt in der Schlusspointe sogar in einen gespielt fürsorglichen Ratschlag bezüglich der Gesundheit der „Zeit“-Leser.

Differenzierter und ernsthafter verhandelt **Peter Spork** die Frage, ob das Lesen 2.3.2 von schöner Literatur glücklich mache. Seine Ausführungen sind bereits auf den ersten Blick viel breiter als die von Greiner, der textsortentypisch auf den Platz der Zeitungskolumne beschränkt ist. Der persönliche Stil Sporks rührt auch unter Umständen von dem **Konzept als mündlicher Vortrag** auf einer Expertentagung (vgl. Vorbemerkung) her, die ja eine **direkte Adressatenorientierung** verlangt. Später publiziert in der populärwissenschaftlichen Zeitschrift „bild der wissenschaft“, ist dieser Artikel nicht für Zeitungskonsumenten wie bei Greiner bestimmt, sondern bewegt sich auf dem schmalen Grat zwischen wissenschaftlicher Exaktheit und leserorientierter Verständlichkeit. Die Zielgruppe der interessierten Laien wird dadurch in passender Weise erreicht. Die drei Auslassungen (vgl. Z. 20, Z. 27, Z. 54) lassen vermuten, dass der Text im Original noch mehr Raum beansprucht und noch weitere illustrierende Aspekte umfasst.

Der Artikel kann als Beispiel für einen **Essay** gelten. Typisch dafür ist der **Wechsel der Stilebenen** in der Argumentationsstruktur, die eher assoziativ als reihend aufgebaut ist. So beginnt Greiner mit einem in **szenischem Präsens** gehaltenen, sehr persönlichem Einstieg, der bewusst nahelegt, dass es sich um eigene Jugenderlebnisse handelt (vgl. Z. 1–13). Auch mit der Präsentation der Nachhaltigkeit dieser prägenden Erlebnisse (er kennt sämtliche Vornamen von Kara Ben Nemsis Gefährten noch nach Jahrzehnten!) schafft er gleich zu Beginn eine Intimität. Psychologisch geschickt stellt er ein **Einverständnis mit dem Leser** her, das durch dessen unwillkürliche Assoziationen zu den eigenen frühen Lesererfahrungen erreicht wird. Mit seiner rhetorischen Schlussfrage „Oder ist das nur die Idealvorstellung eines lebensfernen Germanisten?“, kokettiert er mit dieser vorausgesetzten stillen Übereinkunft. Mit einer **anaphorischen Reihung von rhetorischen Fragen** spricht er den Leser auch direkt an („Wer erinnert sich nicht …?“, „Wer bedauert nicht …?“ Z. 1–19), er unterstreicht die Relevanz seines Anliegens und hebt den – aus seiner Sicht beklagenswerten – Verlust der Lesekultur hervor. Ähnliche **Akkumulationen** finden sich bei der Beschreibung der kindlichen Lesewelten als ein „Abheben, Entschweben, Versinken oder mindestens Verreisen“ (Z. 12). Beinahe poetisch adaptiert er damit sprachlich das Gefühl der Entgrenzung beim Lesen und spricht den vorher genannten Klassikern der Kinder- und Jugendliteratur eine einzigartige Qualität zu.

Im Gegensatz zu Greiner führt er **wissenschaftliche Autoritäten** zur Untermauerung seiner These vom Glückspotential schöner Literatur präzise und für den interessierten Leser durch **illustrierende Bildlichkeit** verständlich vor. So geht Spork im Mittelteil seines Essays auf wissenschaftliche Aussagen an-

erkannter Autoritäten aus Psychologie, Wissenschaft und Literatur ein und erreicht durch die **Vermittlung dieser Sachkompetenz** einen hohen Überzeugungsgrad. Diese werden an geeigneten Stellen zitiert, was die Vorstellung von Leseglück nicht nur präzisiert und durch eine Einschränkung differenziert (vgl. Z. 40 f.), sondern auch z. B. durch das Tucholsky-Zitat bildhaft vor Augen führt (vgl. Z. 35 ff.).
Die Bildebene prägt auch den fünften Absatz (Z. 44–53), in der er mit der **Metaphorik aus dem Vorstellungsbereich „Schwimmen"** das Ringen um das individuelle Leseglück einprägsam vorführt. Das von dem Psychologen Csikszentmihalyi übernommene Bild vom „Flow-Kanal" (Z. 47) wird so gleichsam zum Ausgangspunkt einer plastischen Vorstellungsebene. Die Gefühle beim Lesen werden den körperlichen Mühen, aber auch dem erhebenden Gefühl nach einer bewältigten Schwimmstrecke gleichgesetzt. Die Bildlichkeit des Textbeginns wird **antithetisch** auch im Schluss aufgegriffen, wenn die anfangs beschworene Intimität zwischen belletristischer Lektüre und jugendlichem Leser durch die Kälte der Wissenschaft „unter warmen Bettdecken" (Z. 67) hervorgezerrt wird. Den Kontrast zwischen seiner idealisierten Jugendzeit und der „heutigen Jugend" (Z. 14) formuliert er ebenso pointiert mit der formelhaften Parenthese „Knopf im Ohr und Bildschirm vor der Nase" (Z. 14) und übt damit auch deutliche **Kritik an der modernen Medienwelt**.

Spork behandelt das Lesen als ureigene Herzenssache und versucht nicht einmal den Anschein einer neutralen Abwägung zu erwecken. Seine Kritik an den Ursachen, die dem Zustandekommen eines von ihm verteidigten Leseglücks entgegenstehen, ist durch die vielen persönlichen Bezüge und die oben vorgeführte bildhafte Beispielgebung immer **authentisch** und erhält dadurch eine große Überzeugungskraft. Greiners „Waffe" im Argumentationskampf dagegen ist die des **bissig-ironischen Spiels** mit dem Thema. Gerade weil er sprachlich und auf der Beispielebene mit Versatzstücken der literarischen Bildung arbeitet, erhält seine Glosse **Esprit und Witz**. Interessanterweise argumentieren beide Autoren – trotz des großen zeitlichen Abstands von acht Jahren zwischen dem Erscheinen der Artikel – mit der Vorstellung, dass das **Lesen eine therapeutische Wirkung** haben könnte. Wenn Spork jedoch in der Überschrift seiner Publikation aus dem Jahre 1999 Bücher als „gedruckte Arzneimittel" tituliert, geschieht dies mit dem Brustton tiefster Überzeugung. Im Gegensatz dazu dient Greiners Anlehnung an den Sprachduktus der Pharmaindustrie am Schluss allein der spöttischen Verneinung dieses Zusammenhangs. Greiner stellt sich in seiner Glosse **bewusst provokativ** gegen die These, dass das Lesen schöner Literatur glücklich machen könne. Bereits zu Beginn seines Artikels präsentiert er sich als nüchterner Beobachter des literarischen Marktes, wenn er die Bildungsdiskussion über das hohe Kulturgut „Lesen" zu einer bloßen Kulturtechnik herabstuft und mit einem pejorativen Begriff wie „Gewese" (Z. 1) bewertet. Damit wendet er sich ausdrücklich gegen den bildungsbürgerlichen **Anspruch eines Mehrwerts von Belletristik** fern von jeder Zweckorientierung. Dies ist angesichts des bildungsaffinen 2.4.

Mediums, in dem seine Glosse erscheint, durchaus mutig. Er eröffnet aber gerade in einem intellektuellen Umfeld wie der „Zeit“ dem Leser dadurch ein **Forum zur Kontroverse** und lädt den liberal denkenden Rezipienten dazu ein, den „Gegenstand Literatur“ fern von jeder Überhöhung, rein rational zu beleuchten. Der appellative Charakter seines Textes ist dadurch eher implizit erkennbar, ganz im Gegensatz zu Spork, der sich offensiv für die Ermöglichung von Leseglück von Jung und Alt einsetzt und mit den Eltern die dafür Zuständigen direkt anspricht. Sein **Appell an deren Verantwortung für die zukünftige Lesebiografie der nachwachsenden Generation** entbehrt nicht eines moralischen Zeigefingers. Diese mahnenden Schlussworte würde Greiner wohl als „Gewese“ (Z. 1) abtun.

Wie aber steht es nun um das Glückspotenzial „schöner Literatur“? **Sowohl** 3
Sporks Plädoyer für den Zugewinn an Lebensqualität durch das Lesen von Belletristik, als auch Greiners relativierende Gegenposition sprechen für sich. Um einer Antwort näher zu kommen, sollte zuerst geklärt werden, was hierbei eigentlich unter „Glück“ verstanden wird. Greiners Glosse lässt diese Antwort gänzlich offen, Spork setzt Glück im Wesentlichen mit dem von Csikszentmihalyi entworfenen Begriff des „Flow-Erlebnisses“ gleich. Die Vorstellung vom Glück ist eine der schillerndsten und subjektivsten, die man sich vorstellen kann, und wird von jedem Einzelnen wohl auf andere Weise geklärt werden. So würden viele Menschen verständnislos den Kopf schütteln, wenn man als Voraussetzung von Glück Anstrengung und Aufgabenbewältigung voraussetzt. Diese Vertreter einer hedonistischen Glücksauffassung würden wohl im befreiten Genießen des perfekten Augenblicks, im tatenlosen Faulenzen oder im anregenden Austausch mit Freunden ihr Glück empfinden. Demgegenüber klingt Sporks Theorie vom Erarbeiten eines „Lese-Flows“ sehr mühsam. Gerade in unserer schnelllebigen Zeit gibt es Glücksmomente, die auf viel weniger zeitaufwändige Weise erreicht werden können.
Die meisten Zeitgenossen würden wohl auch das höchste Glück im Austausch mit anderen und dem Erleben von echter Freundschaft beschreiben. Da wirkt die isolierende Lektüre auch noch so abenteuerlicher und anregender Romane doch eher als Flucht vor den Problemen des realen Lebens, worauf ja auch Spork einräumend hinweist (vgl. Text B, Z. 39). Auf der anderen Seite besteht durch die außerordentliche Erfahrung einer fesselnden Lektüre wie von Dan Browns „Illuminati“ ja gerade ein Anlass, um anregende Gespräche, wenn nicht sogar heiße Diskussionen mit Gleichgesinnten führen zu können und sich – im Idealfall im Austausch mit anderen Begeisterten – in eine fremde Welt zu vertiefen, die man zuvor überhaupt nicht kannte. Ist dieses fast kriminologische Interesse einmal geweckt, erlebt man das beglückende Gefühl, aus eigenem Antrieb Anteil zu haben an einem Kosmos von Zusammenhängen und kulturellen Einsichten, fernab von verordnetem Schulwissen.
Für viele Jugendlichen ist das „Verschlingen“ von Romanen und Geschichten ein durchaus nachvollziehbares Phänomen, aber eben beschränkt auf die – wie Spork es nennt – „unbefangen[e]“ (Text B, Z. 49) Kindheit, in der es für

die Eltern am wichtigsten war, dass ihre Kinder überhaupt irgendetwas lesen. So durften Bücher wie „Gregs Tagebuch“ oder „Harry Potter“ völlig wertfrei genossen werden und es konnte durchaus vorkommen, dass man Bedauern empfand, wenn die noch verbleibende Seitenzahl eines heißgeliebten „Schmökers“ immer geringer wurde und einem der Gedanke kam: „Schade, schon bald aus …“. Bereits die Vorfreude auf das genussvolle Vertiefen in die Welt von Harry und Hermine rief bei einer großen Lesegemeinde schon vor dem Erscheinen des neuen „Potter-Bandes“ Glücksgefühle hervor.

Der Spaß am Lesen von schöner Literatur endet für viele aber spätestens dann, wenn diese zur Pflichtlektüre in der Schule werden. Dies ist eigentlich bedauerlich, denn auch dem „Faust“ kann man in der Oberstufe durchaus eine bereichernde Erfahrung abgewinnen. Das „Aha“-Erlebnis nach den ersten Verständnisschwierigkeiten gibt doch auch die Empfindung von Stolz und der Ahnung, Teil eines kleinen Kreises von Eingeweihten zu sein. Eingeweiht in die außerordentliche Sprachgewalt und Stofffülle eines Mammutwerks. Ob man das „Leseglück“ nennen kann, bleibt wohl jedem selbst überlassen. Auf jeden Fall hat man das Gefühl, nun vielleicht auch andere vermeintlich „schwere“ Klassiker bewältigen zu können. Deswegen ist das Bild vom Flow-Kanal, der einen in das große Meer der Literatur schwemmt, sogar recht treffend. Angeregt von der Lektüre der „Schachnovelle“, wurde eine Mitschülerin beispielsweise regelrecht zum Stefan-Zweig-Fan und legte sich nach und nach alle seine Erzählungen zu. Ein Abiturient des letzte Abschlussjahres erzählte vor Kurzem, dass er beim Umzug an den neuen Studienort auch die für den Unterricht angeschaffte Reclam-Ausgabe von Eichendorffs „Aus dem Leben eines Taugenichts“ eingepackt habe, irgendwie war ihm das Buch wohl wichtig geworden. Er studiert übrigens nicht Germanistik.

Vielleicht ist die Frage nach dem „Leseglück“ wirklich nur von jedem selbst zu beantworten. Der eine schätzt sich glücklich, die Tolkien-Gesamtausgabe zu besitzen (und diese noch nicht komplett gelesen zu haben), ein anderer nennt die Erfahrung beglückend, in den Heldinnen der Jane-Austen-Romane verwandte Seelen entdeckt zu haben, wieder ein anderer ist bereits glücklich, mit Wolfgang Herrndorfs „Tschick“ endlich ein Schullektüre behandelt zu haben, die er mit Genuss gelesen hat – und damit ist doch auch schon viel gewonnen.

Die Phrase

In Lexika wird der Begriff „Phrase" u. a. wie folgt definiert: „Abwertende Bezeichnung für wortreiches leeres Gerede" (Lexikon der Sprachwissenschaft); „abgegriffene, nichtssagende Aussage" (Duden online).

a) Erarbeiten Sie die Argumentationsstruktur des Essays *Sagen Sie jetzt nichts* von Rainer Marx und klären Sie die Position des Verfassers!

b) Setzen Sie sich mit dem Text *Sagen Sie jetzt nichts* auseinander, indem Sie eine der beiden folgenden Varianten bearbeiten! Die beigefügten Materialien 1–3 bieten Ihnen jeweils Anregungen für Ihre Ausführungen.

Variante 1:

Erörtern Sie ausgehend von Ihren Ergebnissen, inwieweit sich die Verwendung von Phrasen positiv bzw. negativ auf Kommunikation auswirken kann!

oder

Variante 2:

Verfassen Sie einen Kommentar für eine überregionale Zeitschrift für junge Erwachsene zum Thema „Phrasen", in dem Sie sich auf den Essay *Sagen Sie jetzt nichts* beziehen! Formulieren Sie eine passende Überschrift! Ihr Kommentar sollte etwa 750 Wörter umfassen.

Rainer Marx
Sagen Sie jetzt nichts (2012)

Die Phrase hat viele Gesichter, und keines davon ist besonders hübsch anzusehen. Mal ist es panische Hilflosigkeit, mal interesseloses Nichtgefallen […]. So ist sie, die Phrase: Wie der Igel im Märchen ist sie immer schon vor dem Gedanken da, liegt passgenau zwischen Gaumen und Zunge, rollt über die Lippen, Wort um Wort, spielt sich auf und in den Vordergrund. Bühne frei für das geschniegelte Nichts, die klappernden Signifikantenketten[1]! Ja, die Phrase ist das Förmchen im Sandkasten der Sprache. Liegt einfach da, griffbereit. Man muss nur hinlangen.

Die Phrase ist immer da, wenn nichts gesagt werden soll, das aber ganz entschieden. Sie ist die Emanation[2] des Selbstverständlichen. Sie stört nicht, regt nicht auf, stellt nicht infrage, bringt keinen Widerstand und keine neuen Erkenntnisse. Sie sickert einfach warm in die Großhirnrinde ein, irgendwo Richtung Wernicke-Zentrum und Broca-Areal[3]. Dort macht sie es sich bequem, ihr Bett ist längst gemacht. Die Phrase ist das Rauschen innerhalb der Sprache.

Es ist nicht zu leugnen, sie hat einen schlechten Ruf, die Phrase – und das ist mehr als ungerecht. Niemand setzt sich für sie ein, bekennt sich zu ihr oder zeigt sich gern neben ihr in der Öffentlichkeit. Dabei hat die Phrase auch noch ein anderes Gesicht: Gerade in Gestalt der Floskel, unserem treuen Begleiter, macht sie gute Miene zum blöden Spiel. Wie oft schon hat sie uns gerettet, wenn nichts mehr zu retten war, etwa an der neuen Frisur der Kollegin oder dem Wohnzimmerteppich des Nachbarn, an der Pasta della casa im Restaurant an der Ecke oder dieser völlig verbogenen Diskussion über den Weltfrieden. Wie haben wir sie geliebt, als plötzlich der alte Schulkamerad vor uns stand, die Ex an derselben Kasse im Supermarkt oder der Vermieter im Hausflur.

Was hat sie uns nicht alles erspart, wie hat sie uns nicht geholfen, das Gesicht zu wahren, die Fassung, oft genug sogar den Anstand. Als nichts mehr ging, war sie zur Stelle, gerade noch rechtzeitig, bevor wir uns um Kopf und Kragen bringen konnten. Phrasen haben eine unschätzbare Funktion. Sie bauen eine Brücke, wenn kein Weg mehr sichtbar ist, öffnen eine Tür, wenn alles verschlossen scheint. Und das Beste ist: Sie sind selbst dann noch abrufbar, wenn bereits der Fluchtreflex ausgelöst und der zerebrale Apparat[4] nahezu außer Kraft gesetzt ist. Selbst dann sind wir noch in der Lage, etwas Verständliches und Nachvollziehbares zu artikulieren. Dafür sollten wir dankbar sein.

Irgendwie schafft die Phrase ja auch ein Gefühl der Zugehörigkeit, der Gemeinsamkeit, des Miteinanders. Man könnte es auch mit den Worten eines Ex-Bundespräsidenten sagen: „Die Menschheit sitzt in einem Boot.“[5] Phrasen haben schließlich auch mit ritualisiertem Handeln zu tun, dessen wichtige Funktion für das menschliche Zusammenleben unbestritten ist. Unser gesamter Höflichkeitsapparat beispielsweise fußt auf Phrasen.

Unbestritten: Ohne die Phrase wäre wohl vieles nichts. Veranstaltungen wie etwa eine Fußballeuropameisterschaft oder Olympische Sommerspiele wären ohne sie medial nicht zu vermitteln, geschweige denn eine handfeste Krise wie die des Euro zu meistern. Ja, Politik wäre nachgerade in Zeiten des Wahlkampfs überhaupt nicht zu praktizieren, zumal wenn es eine der ausgestreckten Hand ist oder sie nah am Bürger gemacht wird. Es gilt das gedroschene Wort. So sehr wir uns auch sträuben: Wir brauchen die Phrase, denn wir bauen auf sie. Sie bildet das Fundament unserer Kommunikation. Und solange sich in der Phrase die Kommunikation nur für einen kurzen Moment ihrer selbst versichert, um dann voranzuschreiten, ist der Untergang des Abendlands noch mal verschoben.

In der Phrase lässt sich etwas ablesen, das die Sprachwissenschaft Sprechplanung nennt. Man sieht förmlich jemanden seine Gedanken ordnen. Heinrich von Kleist hat das die „allmähliche Verfertigung der Gedanken beim Reden“ genannt und gleich eine ganze Abhandlung darüber geschrieben. Auch wenn es heutzutage oft eher der allgemeinen Verfettung der ursprünglichen Gedanken zu gleichen scheint oder, schlimmer noch, der allgemeinen Verflüchtigung der Gedanken beim Reden. […] Es ist dieses kurze Luftholen, jener Moment des Innehaltens, der dem Sprecher die nötige Zeit verschafft, in sich zu gehen, um dann vielleicht im Anschluss etwas Sinnvolles zu sagen. Die Phrase ist die kleine Denkpause für zwischendurch, geschenkte Zeit mittels geliehener Wörter. Man muss nur etwas daraus machen.

Denn natürlich ist es so, dass in immer kürzerer Zeit immer mehr gesagt werden will, weil sich alles immer schneller bewegt in alle möglichen Richtungen, die Dinge sich zunehmend rasant verändern und auch das Umweltschutzprojekt in Patagonien nicht unkommentiert bleiben soll. Dadurch wächst der Sprechdruck. Bald meint man, die Zeit sei irgendein großes Gefäß, das ausschließlich dafür gemacht worden ist, um es mit Wörtern zu füllen.

Die Phrase ist schon deshalb unverzichtbar, weil ständig Dinge passieren, die so undenkbar sind, dass uns erst einmal die Worte fehlen. In diese Sprachlosigkeit hinein spricht sie. Hinein in eine Stille, die nicht auszuhalten ist, weil wir dahinter die Leere vermuten, ein Nichts, in dem wir zu verschwinden drohen.

Wohl niemand hat diese Stille so schön inszeniert wie der geniale Komponist John Cage[6]. In seinem *Vortrag über nichts* von 1959 hat er sie sogar mit Worten rhythmisch strukturiert. Die ersten Sätze lauten: „Ich bin hier, und es gibt nichts zu sagen. Wenn unter Ihnen die sind, die irgendwo hingelangen möchten, sollen sie gehen, jederzeit. Was wir brauchen, ist Stille; aber was die Stille will, ist, dass ich weiterrede."

Rainer Marx, Sagen Sie jetzt nichts, in: Die Welt vom 25. 08. 2012, online unter http://www.welt.de/print/die welt/debatte/article108791247/Sagen-Sie-jetzt-nichts.html, zuletzt aufgerufen am 30. 11. 2012

Worterläuterungen:
1 *Signifikantenketten:* hier im Sinne von Aneinanderreihung von Wörtern / Bezeichnungen
2 *Emanation:* hier im Sinne von Heraustreten, Hervorgehen
3 *Wernicke-Zentrum, Broca-Areal:* wesentliche Bestandteile des Sprachzentrums im Gehirn
4 *der zerebrale Apparat:* das Gehirn
5 In seiner „Berliner Rede" vom 23. März 2009 zur Finanz- und Wirtschaftskrise plädierte der ehemalige Bundespräsident Horst Köhler mit den Worten „Die Menschheit sitzt in einem Boot. Und die in einem Boot sitzen, sollen sich helfen" für ein neues, solidarischeres Miteinander.
6 *John Cage* (1912–1992): US-amerikanischer Komponist, berühmt für ausgefallene Kompositionen und Klangexperimente

Material 1

Brigitte Online-Forum, *Schatzkästlein beliebter & nützlicher Phrasen*[1]

Beitrag von Madiba (Beitrag 2):
Das hat nichts mit Dir zu tun! Ist nicht persönlich gemeint!

Beitrag von sterfing (Beitrag 9):
Ich werde ALS MENSCH immer für Dich da sein.

Beitrag von Amphib (Beitrag 24):
Ich bin jetzt mal ganz ehrlich.

Beitrag von PetitPots (Beitrag 32):
Das Leben ist kein Ponyhof!

Beitrag von Andilina (Beitrag 54):
In zehn Jahren denkt kein Mensch mehr dran!

Brigitte Online-Forum, Schatzkästlein beliebter & nützlicher Phrasen, online unter http://bfriends.brigitte.de/foren/pavillon/119810-schatzkaestlein-beliebter-and-nuetzlicher-phrasen-6.html, zuletzt aufgerufen am 16. 01. 2013

Worterläuterung:
1 In diesem Online-Forum der Frauenzeitschrift *Brigitte* finden sich unter dem obigen Titel Hunderte von Beiträgen mit Beispielen für Phrasen.

Material 2

Anne Otto, *Nie wieder sprachlos* (2012)

SMALLTALK

Die erste Stunde der Geburtstagsparty. Die erste Minute beim Vorstellungsgespräch. Immer, wenn wir uns munter unterhalten sollen, ohne allzu viel von uns preiszugeben, wird es irgendwie stressig. Dementsprechend holperig und löcherig läuft die Unterhaltung. Denn klar, es ist ein schmaler Grat: Wer wie eine fleischgewordene Phrasen-Dresch-Maschine von „Haben Sie gut hergefunden?" zu „Was für ein herrliches Wetter" springt, wirkt schnell unpersönlich, gestelzt, langweilig. Wer dagegen spannende Geschichten von den roten Zahlen in der Abteilung oder dem Krach mit dem Liebsten erzählt, erntet betretene Gesichter.

Genau aus dem Grund hassen viele Menschen Smalltalk. Sie denken, sie treffen den Ton nicht, müssten es besser machen. Und schweigen lieber. Tasten nach passenden Worten. Mühen sich. Das ist Quatsch. Denn besonders bei ersten Begegnungen gilt: Hauptsache, irgendetwas reden.

Der amerikanische Wirtschaftswissenschaftler Kay-Yut Chen hat in einer Studie herausgefunden: Wenn zwei Personen, die sich nicht kennen, Smalltalk machen, sind sie später, wenn sie zusammen Aufgaben lösen sollen, sehr kooperativ und arbeiten harmonisch zusammen. Haben sie vor der Aufgabe aber nicht miteinander gesprochen, sind sie eher auf Konkurrenz gepolt und streiten schneller. Dabei ist es komplett egal, ob die Mini-Unterhaltung im Vorfeld floskelhaft oder souverän gelaufen ist. Das pure Reden bricht das Eis zwischen den Personen für immer. Also: Entdecken Sie die innere Plaudertasche. […]

Anne Otto, Nie wieder sprachlos, in: MAXI (November 2012), S. 124 f., online unter http://maxi.wunderweib.de/leben/bildergalerie-2760958-leben/Smalltalk-Guide-Nie-wieder-sprachlos.html, zuletzt aufgerufen am 30. 11. 2012

Material 3

Phrasendreschen ist tabu (2011)

Bewerber dürfen im Vorstellungsgespräch keine hohlen Phrasen dreschen. Von Aussagen wie „Ich bin flexibel und teamfähig", wenn jemand nach seinen Stärken gefragt wird, rät Peter Krötenheerdt vom Berufsverband für Trainer, Berater und Coaches (BDVT) ab.

„Das sind leere Worthülsen – so etwas muss man konkret belegen", sagt der Coach. Wollen Bewerber zeigen, dass sie verantwortungsbewusst und zuverlässig sind, müssten sie dafür ein Beispiel geben. Dafür bietet es sich etwa an, wenn sie für das morgendliche Aufschließen im Betrieb oder für die Wartung der Produktionsmaschinen verantwortlich waren.

„Durch das Beispiel fängt es an zu leben – dann hat der Personaler ein Bild vor Augen", sagt Krötenheerdt. Auch komme man durch solche lebendigen Erzählungen besser mit dem Personaler ins Gespräch. Denn auf ein konkretes Beispiel könne er leichter eingehen. „Das schafft aber nur eine Story, niemals die Worthülse."

n-tv.de/dpa, Phrasendreschen ist tabu (25. 02. 2011), online unter
http://www.n-tv.de/ratgeber/Phrasendreschen-ist-tabu-article2705556.html,
zuletzt aufgerufen am 30. 11. 2012

Hinweise und Tipps

- *Die Aufgabe erfordert zunächst eine* ***Auseinandersetzung mit einem essayistischen Text****, der eine klare Argumentationsstruktur aufweist, obwohl er über weite Strecken auch eine Sprachübung darstellt. Rainer Marx kleidet seine Aussagen und Intention nämlich sehr intensiv in sprachlich-rhetorische Bilder. Gerade deshalb ist es ganz wichtig zu wissen, dass die Aufgabe* ***keine Sprachanalyse*** *verlangt. Es geht in Teilaufgabe a) lediglich darum, herauszuarbeiten, welche Einstellung Marx zu seinem Thema entwickelt. Leicht erkennt man, dass er die Phrase gegen ihre Verächter verteidigen will. (Deshalb steckt sein eigener Text auch voller Phrasen und Floskeln. Das macht ihn nicht unbedingt einfacher zu lesen!)*
- *Der* ***Schwerpunkt*** *der Aufgabe liegt allerdings nicht bei Teilaufgabe a), bei der es um die reine Textanalyse geht, sondern bei der* ***Erstellung eines argumentierenden Textes****, der den eigenen Standpunkt schlüssig vertreten soll. Die geschieht in* ***Variante 1*** *in Form einer* ***eigenständigen Erörterung****, in* ***Variante 2*** *in Form eines* ***Kommentars*** *für eine überregionale Zeitung.*
- *Während bei* ***Variante 1*** *der* ***überzeugende Aufbau einer Argumentation*** *sichtbar gemacht werden muss, sollte bei* ***Variante 2*** *unbedingt die Orientierung an den* ***Adressaten*** *(hier: junge Erwachsene, also Leser im Alter von Abiturienten) und der* ***Ort der Veröffentlichung*** *(hier: überregionale Zeitung) berücksichtigt werden. Nicht vergessen werden darf die Überschrift und die Begrenzung der Wörterzahl, die mit 750 relativ gering angesetzt ist (handgeschrieben je nach Schrifttyp ca. drei Seiten).*

- *Für die Gliederung muss je nach Variante eine andere Form gewählt werden: Während* ***Variante 1*** *ein* ***alphanumerische Gliederung*** *nahelegt, geht bei* ***Variante 2*** *nur die rein* ***numerische Gliederung****, weil hier ein abschließender C-Teil wenig Sinn macht.*
- *Es ist in beiden Varianten wichtig, dass die eigene Argumentation von einer* ***klaren Position*** *ausgeht, bei der Begründung kann natürlich auch die Gegenseite berücksichtigt werden. Schließlich müssen die richtigen* ***Schlussfolgerungen*** *gezogen und ein eindeutiges* ***Ergebnis*** *erzielt werden. Die Stellungnahme sollte widerspruchsfrei verfasst werden.*
- *Schwierig ist die Entscheidung, ob die Konjunktion „****beziehungsweise****", die in Variante 1 verwendet wird, tatsächlich die Freiheit eröffnet, entweder* ***nur*** *die negativen oder* ***nur*** *die positiven Seite der Phrasenverwendung darzustellen. Um hier ganz sicher zu gehen, sollte man auf jeden Fall beide Seiten in seine Argumentation einbauen.*
- *In beiden Varianten muss neben dem Ausgangstext (dem Essay von Marx) auch das beigefügte* ***Material*** *verwendet werden. Allerdings gibt es hier Unterschiede:* ***Variante 1*** *verlangt grundsätzlich, dass die Zusatzmaterialien in Form von Textbelegen oder direkten Zitaten eingebunden werden. Dies ist in* ***Variante 2*** *nicht unbedingt der Fall; eine Vielzahl von Zitaten, die mit Zeilenangaben nachgewiesen werden, würde sogar die Intention eines Artikels für eine Zeitschrift mit der genannten Ausrichtung konterkarieren. Der Rückgriff auf die Materialien erfolgt hier deshalb in der Regel indirekt. Weil die Aussagekraft der Materialien insgesamt begrenzt ist, wird man in den Ausführungen nicht besonders intensiv daraus zitieren.*

Gliederung – Variante 1

A Miteinander sprechen: Grundlagen menschlicher Kommunikation

B Die Phrase: Fluch oder Segen?

I. Rettung der Phrase: Der Essay „Sagen Sie jetzt nichts" von Rainer Marx
1. Die Phrase als nichtssagender Baustein der Sprache
2. Die Phrase als Mittel zur Aufrechterhaltung von Kommunikation
3. Die Phrase als soziale Funktion und sprachliches Hilfsmittel
4. Schlussgedanke: Reden und Schweigen
5. Position des Autors: Aufwertung der Phrase

II. Erörterung: Phrasen in Beruf und Alltag
1. Begriffsklärungen: Kommunikation, Phrase, Floskel
2. Negativer Gebrauch: Phrasendrescherei
3. Positive Funktion: Soziale und kommunikative Leistung der Phrase

C Miteinander schweigen als Alternative

Lösungsvorschlag – Variante 1

Ein Gespräch zwischen zwei Personen kann mit dem **Sender-Empfänger-Modell** beschrieben werden. Person A sendet eine Botschaft, die Person B empfängt und entschlüsselt. Träger der Information sind verbale wie nonverbale Signale. Dieses einfache Modell allerdings erfasst nicht unbedingt die ganze Bandbreite menschlicher Kommunikation, weil hier nur der Aspekt des Informationsaustausches erklärt wird. Der **Kommunikationsforscher Schulz von Thun** hat aber dargelegt, dass neben der bloßen **Information** drei weitere Aspekte in einem Gespräch zum Tragen kommen: die **Beziehungsebene**, die Ebene der **Selbstoffenbarung** und schließlich der **Appellcharakter**, der in jeder Äußerung auch eine Rolle spielt. Das alles zusammen macht ein Gespräch zu einem ziemlich komplizierten Akt des Austausches. Dies ist sicher mit ein Grund dafür, warum man sich manchmal sehr schwer tut mit der Kommunikation. Weil wir nicht immer genau genug wissen, auf welcher Ebene welche konkreten Botschaften gesendet werden, ist eine gewisse **Verunsicherung** in einem Gespräch gar nicht selten. Schulz von Thun selbst hat anschauliche Beispiele zur Darstellung seiner Theorie vorgestellt. Ein einfacher Satz wie „Du, die Ampel ist grün!“, gesprochen von einem Mann auf dem Beifahrersitz zu der neben ihm sitzenden Frau, kann dann zu einem heftigen Streit führen, weil die Frau vor allem die Beziehungsaussage („Ich traue dir nicht zu, richtig zu fahren!“) oder den Appell („Gib endlich Gas!“) heraushört, während der Sprecher doch nur eine sachliche Information (grüne Ampel in 50 Metern Entfernung) weitergeben will. A
Wenn es nun schon so schwierig ist, einen eigentlich klaren Satz wie den oben genannten – die grüne Ampel – zu entschlüsseln, der ein Gespräch zwischen zwei Bekannten einleitet, wie viel komplizierter ist es dann, einen Dialog zwischen zwei Unbekannten zu verstehen, die zufällig beieinander stehen und sich über das Wetter unterhalten? Menschen verwenden nämlich sehr häufig wenig eindeutige Aussagen in ihren Unterhaltungen und man denkt sich: das habe ich jetzt aber schon oft gehört. Die meisten Gespräche werden in der Tat von sogenannten **Phrasen und Floskeln** begleitet oder gar geprägt.
Welche **Bedeutung** diese Sprachbausteine **für die Kommunikation** haben, damit setzt sich Rainer Marx in einem Essay mit dem bezeichnenden Titel „Sagen Sie jetzt nichts“, der am 25. 8. 2012 in der „Welt“ erschienen ist, auseinander. Ihm geht es darum, den schlechten Ruf der Phrase zu rehabilitieren und die kommunikativ-soziale Bedeutung der Phrase nachzuweisen.

Rainer Marx leitet seinen Essay mit einer zusammenfassenden Charakterisierung der **Phrase** als einem Baustein der Sprache, der allgegenwärtig ist und vor allem **negativ bewertet** wird, ein. Die Funktion dieses Sprachelements ist es, genau das zu tun, was nach der einleitend beschriebenen Kommunikationstheorie eigentlich gar nicht geht, nämlich keine Aussage zu machen (Z. 1–13). Diese negative Einschätzung **kritisiert** der Autor entschieden und möchte eine Neubewertung der Phrase durchsetzen (Z. 14–48). B I.1

Er sieht nämlich im phrasenhaften bzw. floskelhaften Sprechen eine entschei- I.2
dende **Hilfsfunktion in schwierigen Kommunikationssituationen**. Nach der Meinung des Journalisten ist eine Phrase immer dann angebracht, wenn die Wahrheit nicht gesagt werden kann. Seine Beispiele verweisen auf Alltagssituationen, die mit Bewertungsfragen verbunden sind, etwa wenn über Neuerwerbungen oder über das Essen ein Urteil erwartet wird, man aber sein Gegenüber nicht enttäuschen will. Ähnliches gilt für das Zusammentreffen mit Menschen, die man zwar kennt, aber mit denen man lange keinen Kontakt mehr hatte.

Die zentrale Leistung des inhaltsleeren Sprechens ist dann laut Marx die Auf- I.3
rechterhaltung der Kommunikation. Deshalb übernimmt die Phrase neben der kommunikativen Funktion eine **soziale Funktion**, weil sie, wie andere Rituale auch, dafür sorgt, dass sich die Menschen innerhalb einer Gemeinschaft immer miteinander verständigen können, selbst dann, wenn es nicht um den Austausch von konkreten Informationen geht (Z. 33–48). Marx nennt die Bereiche Sport und Politik, in denen die Sprecher nicht selten darauf angewiesen sind, Verbindungen zum Publikum herzustellen, ohne konkrete Inhalte zu vermitteln. Deshalb sieht der Autor die Phrase sogar als Basis von Kommunikation überhaupt an. Nach seiner Meinung wäre ohne sie die Gefahr ständig präsent, dass Gespräche abgebrochen werden müssten.
Dass dies so ist, kann Marx durch den Verweis auf die Sprachwissenschaft belegen (Z. 49–58). Im mündlichen Sprechakt, der ja immer schnell und direkt auf eine Äußerung reagieren muss, kann es sehr nützlich sein, wenn der eigentlich intendierten Aussage erst einmal eine Äußerung vorausgeschickt werden kann, die nur den Zweck hat, Zeit zu gewinnen. Für die sogenannte „Sprechplanung" (Z. 49) sind Phrasen dann nichts anderes als gesprochene Pausen, die das Gespräch aufrechterhalten, ohne Inhaltliches preiszugeben. Schon Heinrich von Kleist hat um 1800 diesen Zusammenhang in einem Aufsatz aufgedeckt.
Marx macht darauf aufmerksam, dass es gerade in unserer schnelllebigen und globalisierten Zeit immer häufiger darum geht, ein Statement zu allen möglichen Themen abzugeben. Weil es aber unmöglich ist, dann stets gleich etwas Sinnvolles zu sagen, bietet die Phrase immerhin die Chance, am Gespräch wenigstens teilzunehmen (Z. 59–68). Offensichtlich ist es unmöglich, seine eigene Unkenntnis durch Schweigen zu bekennen.

Am Ende seiner Ausführungen bringt der Autor noch ein Beispiel dafür, wie I.4
dieses **paradoxe Verhältnis von Reden und Stille** durch den Komponisten John Cage ausgedrückt wurde. 1959 hat Cage ein Stück aufgeführt, das er „Vortrag über nichts" genannt hat und das die Stille feiern sollte, und zwar mit gesprochenen Worten. Also ist auch das tatsächliche Nichtssagen an Sprache gebunden – so lautet die Schlusspointe des Essays.

Rainer Marx vertritt eine klare Position zur Bewertung der **Phrase**. Sie stellt I.5
für ihn einen **entscheidenden Beitrag zur menschlichen Kommunikation**

dar. Phrase und Floskel ersetzen dabei nicht den Kern eines Gesprächs, aber sie sorgen unter bestimmten Umständen dafür, dass echte Kommunikation überhaupt erst stattfinden kann. Zunächst geht es nämlich nach der Meinung des Journalisten darum, den Austausch zwischen zwei oder mehreren Menschen in Gang zu bringen. Erst danach ist es möglich und sinnvoll, Informationen, eventuell auch Appelle und Selbstaussagen auszutauschen. Marx kann sich bei seinen Ausführungen nicht nur auf zahlreiche Beispiele aus der Alltagswelt stützen, sondern auch auf wissenschaftliche Ansätze, die sich mit der Mündlichkeit auseinandersetzen.

Schaut man in aktuelle Lexika, dann wird mit dem **Begriff Phrase** tatsächlich II.1
zunächst vor allem Negatives verbunden. So ist für das Lexikon der Sprachwissenschaft die Phrase eine „(a)bwertende Bezeichnung für wortreiches leeres Gerede" und der Duden definiert sie als „abgegriffene, nichtssagende Aussage". Diese Charakterisierung der Phrase deckt sich mit der Definition für den **Begriff Floskel**, der laut Duden eine „nichtssagende Redensart; formelhafte, leere Redewendung" ist. Vor allem in der sogenannten „Höflichkeitsfloskel" wird die Bedeutung greifbar. Man sagt etwas, nur um seinem Gegenüber nicht die Wahrheit mitteilen zu müssen. „Das wäre doch nicht nötig gewesen", ist z. B. ein Standardsatz bei der Entgegennahme eines Geschenks. Vielleicht steckt hinter dieser Aussage das Bekenntnis: „Ich weiß jetzt auch nicht, was ich darauf sagen soll."
Phrasen und Floskeln sind allerdings nur dann inhaltsleer, wenn man sie vor allem auf die Sachebene der Kommunikation bezieht. Mit Schulz von Thun müssen aber auch die anderen **Ebenen der Kommunikation** im Auge behalten werden. Wer dies tut, kann durchaus die positiven Aspekte eines phrasenhaften Gesprächs herausfiltern. Im Folgenden sollen deshalb kurz die Probleme der Phrasendrescherei angesprochen, dann aber vor allem die Leistungen der Phrase, ausgehend von den Überlegungen, die Rainer Marx angestellt hat, herausgearbeitet werden.

Marx weist in seinem Essay den **Bereich des Sports** als besonders anfällig für II.2
Phrasen aus. Jeder, der regelmäßig die Sportberichterstattung im Fernsehen verfolgt, kann dem nur zustimmen. An erster Stelle steht hier die journalistische Arbeit bei Fußballübertragungen. Es gibt wohl kaum eine Kommunikationssituation, die so von **nichtssagenden Beiträgen** getragen wird, wie die Minuten nach dem Spiel, wenn Reporter einzelne Spieler in die Interviewzone zerren, um deren Einschätzung des Spiels einzufordern. Nun mag man zu diesem Sport stehen wie man will, nach neunzig Minuten intensiver Laufarbeit und manchmal frustrierender oder beglückender Momente ist die Antwort auf die Frage: „Wie schätzen Sie Ihre Leistung heute ein?" wirklich nicht leistbar. Der Sportler, verschwitzt, durstig und wohl körperlich auch ausgelaugt, greift zur Phrase. „Ja, gut, ich meine, dass wir das Spiel gewonnen/verloren haben. Wichtig war nur, dass ich der Mannschaft helfen/nicht helfen konnte …". Es fällt schon auf, dass in dem beschriebenen Fall in der Regel nur sprachliche Bausteine ausgetauscht werden, ohne konkrete Inhalte

zu vermitteln. Marx würde vielleicht auch diese Form des Interviewgesprächs verteidigen, denn seiner Meinung nach ist es ja immer noch besser, in gestanzten Formulierungen keine Aussage zu machen, als eben ganz zu schweigen. Im vorliegenden Beispiel muss das aber kritisch hinterfragt werden. Die Gespräche, die hier geführt werden, sind nämlich in der Tat **überflüssig**. Sie leiten auch nicht eine weiterführende Analyse des Spiels ein, denn die Expertenrunde, die sich im Anschluss meist im trockenen Studio trifft, um weiter über das sportliche Ereignis zu sprechen, findet kaum über die **Phrasendrescherei** hinaus. Auch hier werden die immer gleichen Aussagen mit den immer gleichen Formulierungen aufgetischt, die man aus unzähligen Liveübertragungen kennt. „Die Räume waren eng“, „dem Gegner wurde zu viel Platz gelassen“, „das Umschaltspiel hat funktioniert“ und „gegen individuelle Fehler ist kein Kraut gewachsen“ – „und dann verlierst du halt das Spiel“. Dem Zuschauer beschleicht dabei ein Verdacht, nämlich der, dass es nur um die Ausdehnung von Sendezeiten geht, **nicht** um ein **wirkliches Gespräch über eine Sache**.

Wenn es im sportlichen Bereich noch akzeptiert werden kann, dass die Beteiligten mit dieser Art von **Aussageverweigerung** die Kommunikation beschädigen – Sport ist und bleibt eine beliebte Nebensache –, dann wird dieses Verhalten **in der politischen Arena schon problematischer**. Wie Marx andeutet, greifen Politiker zur Phrase, wenn sie nichts zu erklären haben. Oft tun sie es auch, wenn sie etwas zu erklären hätten, aber dies nicht wollen. Ein Beispiel hierfür ist die **Kommentierung von Wahlergebnissen**, die unabhängig vom Ausgang immer gleich besprochen werden. Egal, wie viele Wähler sich für die eigene Partei entschieden haben, immer wird zunächst den „Wählerinnen und Wählern“ gedankt für ihre Stimme, dann meistens den „Helferinnen und Helfern“ der eigenen Partei, die „unermüdlich dafür gekämpft haben, das gute Wahlprogramm nach außen zu vertreten“. Auf die Frage, welche Koalition denn nach der Wahl möglich sei, kommt dann die Antwort: „Jetzt lassen Sie uns erstmal das Ergebnis in aller Ruhe analysieren!“ Natürlich ist es richtig, dass mit diesen Aussagen vor allem Zeit gewonnen werden soll. Richtig ist aber auch, dass der interessierte Zuschauer doch wissen möchte, was der Befragte in diesem Augenblick wirklich denkt und vor allem, was er konkret plant. Die **Politikverdrossenheit**, die immer wieder diskutiert wird, hat m. E. genau hier ihre Ursache. Wer die Menschen von der Ernsthaftigkeit seines Tuns überzeugen will, darf sich nicht allzu lange mit **inhaltsleerem Gerede** aufhalten. Darunter leidet die Glaubwürdigkeit im wahrsten Sinn des Wortes. Es würde mit Sicherheit niemand wirklich abschrecken, wenn ein Politiker am Abend der Wahl einfach zugeben würde, dass er enttäuscht ist vom Wahlausgang, dass er darüber hinaus beim besten Willen nicht weiß, wie es weitergehen soll und dass er erst einmal eine Nacht darüber schlafen müsse. Konkrete Aussagen unter dem Deckmantel der Phrase zu verbergen, ist keine Lösung, Ehrlichkeit in diesem Fall aber schon.

Würde man in der **Berufswelt** so umstandslos zur Phrase greifen, könnten sich Probleme ergeben. Dies trifft vor allem auf **Bewerbungsgespräche** zu, bei denen es um konkrete Aussagen geht. In einem Ratgeber wird deshalb sehr deutlich darauf verwiesen, dass Personalchefs **keine Worthülsen** vertragen, sondern immer genau wissen wollen, mit wem sie es zu tun haben. In der Situation des Vorstellungsgesprächs muss man also seine jeweiligen Vorzüge, seine konkreten Tätigkeiten und Ideen auf den Tisch legen. Ausweichmanöver sind dabei kontraproduktiv (vgl. M 3).

Das heißt nun nicht, dass Phrasen, Floskeln und andere sprachliche Nullaussagen wie die Redewendung oder der Smalltalk generell keine Berechtigung hätten. Ganz im Gegenteil. Marx' These, dass Phrasen eine **kommunikative und soziale Funktion** hätten, kann durchaus auch zugestimmt werden. II.3
Dies gilt in erster Linie für viele Situationen des **Alltags**. Wer in allen Gesprächen immer gleich mit der Wahrheit – oder dem, was er dafür hält – herausrückt, zerstört unter Umständen nicht nur die Kommunikation, sondern belastet auch die Beziehung zu seinem Gegenüber. Marx berichtet von der Frisur der Kollegin, die mit einer Floskel sozusagen schöngeredet wird. Ein weiteres Beispiel lässt sich aus dem Schulalltag anführen. Der beste Freund hat gerade eine Fünf in Mathematik geschrieben, verzweifelt sucht er Rat, vor allem aber sichtbar Trost. Nun könnte man ganz einfach ehrlich sein und darauf hinweisen, dass ganz offensichtlich weder die Begabung noch der nötige Fleiß vorhanden sind, um das Anspruchsniveau der Jahrgangsstufe zu erreichen. Zahlreiche gemeinsame Hausaufgabenstunden haben das sehr deutlich gemacht. Ganz unmittelbar nach der Herausgabe der Schulaufgabe ist diese Form der Ehrlichkeit aber nicht angesagt. Zunächst kann es nämlich wesentlich hilfreicher sein, wenn man einfach zur Phrase greift und darauf hinweist, dass „in zehn Jahren kein Mensch mehr daran" denke, welche Ziffer auf der dritten Matheschulaufgabe stand. Eine schlechte Note ist eben auch eine persönliche Kränkung und mit einer nichtssagenden Phrase kann man da unter Umständen etwas gegensteuern. Eine weitere Phrase kann in der gleichen Situation weiterhelfen, wenn man selbst ratlos ist und einfach nicht weiß, wie man helfen kann. „Das Leben ist eben kein Ponyhof" – damit ist zumindest klar gemacht, dass immer wieder Konstellationen auftreten werden, die einem an die Nieren gehen können, die aber zum Leben dazugehören.
Neben der privaten Kommunikation gibt es auch im **beruflichen Umfeld** Situationen, die es nahelegen, auf die Kunst der Phrase zu setzen. Das oben bereits erwähnte Vorstellungsgespräch gehört selbstverständlich nicht dazu, auch nicht das Mitarbeitergespräch mit dem Vorgesetzten oder die Diskussionsrunde in der Projektgruppe. Oft hat man es aber im Beruf mit neuen, unbekannten Gesprächspartnern zu tun. Bevor nun gemeinsame Aufgaben angegangen werden können, gilt es, überhaupt einen Kontakt aufzubauen. Forscher haben herausgefunden, dass der Smalltalk zwischen zwei Unbekannten die Erfolgsaussichten für das gemeinsame Lösen von Aufgaben erheblich steigert. Wenn dagegen zwischen den beiden vor der Erledigung der Aufgabe Funkstille herrscht, dann komme es viel eher zu einem Konkurrenzdenken (vgl. M 2, Z. 14 ff.). Der gleiche Effekt wird zwar nach dieser Studie auch

durch ein normales, phrasenfreies Gespräch erzielt, aber grundsätzlich gilt, dass auch das inhaltsleere Gerede eine intensive und erfolgreiche Kooperation einleiten kann.
In beiden Bereichen, also Alltag und Beruf, sind Phrasen und Floskeln immer dann hilfreich, wenn es um die bloße **Aufrechterhaltung des Gesprächs** geht. Egal ob beim Stehempfang in der Firma oder bei der privaten Party, nicht selten kommt eine Zeit, in der keiner mehr so recht weiß, was er jetzt sagen soll. Das ungute Gefühl, das dabei aufkommen kann, hat jeder schon mal erlebt. Witze zu erzählen, ist dann nicht immer die beste Lösung, weil diese schon auch peinlich sein können. Viel besser erscheint es, wenn der stotternde Motor der Unterhaltung mit ein paar Phrasen wieder in Gang gebracht werden kann. Ein Spruch über das aktuelle Wetter führt dann vielleicht schnell zu einem interessanten Urlaubserlebnis, das wiederum zu Beobachtungen über die wirtschaftliche Entwicklung – und schon hat das Gespräch wieder das gewünschte Format gefunden. Die **kommunikative Funktion der Phrase** ist hier nicht so sehr auf der **Sachebene** zu finden, sondern eher auf der **Ebene der Selbstoffenbarung** („Ich will das Gespräch weiterführen!") oder der **Beziehungsebene** („Wir sollten uns noch unterhalten!").
Man sieht also sehr deutlich, dass positive wie negative **Auswirkungen des Phrasengebrauchs** stark von der jeweiligen **Kommunikationssituation** abhängen. Wichtig scheint mir in jedem Fall zu sein, dass über die Bedeutung des Phrasengebrauchs auch nachgedacht wird. Der Sprecher sollte stets wissen, ob er in seinem Sprachgebrauch leere Aussagen macht, um damit seinem Gegenüber die Chance auf ein sinnvolles Weiterreden zu eröffnen, oder ob er damit nur etwas verschleiern will. Bei Letzterem gilt die dringende Bitte, diese Form des Gesprächs nicht zu übertreiben.

Kommunikation ist natürlich stark vom verbalen Zeichensystem, der Sprache also, abhängig. Dazu gehören dann auch Ausdrücke und Sätze, die nichts anderes aussagen, als dass sie nichts sagen wollen. Bei den eingangs erwähnten vier Ebenen der Nachricht spielen aber auch die **nonverbalen Signale** eine große Rolle. Deshalb muss man auch nicht immer etwas sagen, man könnte auch mal **schweigen**. Wenn man dabei nicht alleine ist, sendet man dabei ebenso Signale aus, die der Empfänger „lesen" kann. Marx scheint den Eindruck zu vermitteln, dass alles andere als reden den Menschen sehr schwer falle. Da kann man auch ganz anderer Meinung sein. Unter bestimmten Umständen ist es nämlich hilfreich, wenn zwischen zwei Menschen Ruhe herrscht. Kein Austausch von Informationen, keine Aufrechterhaltung des müden Gesprächs mit sinnleeren Worten, keine missverständlichen Interpretationen der unterschiedlichen Botschaftsebenen. Einfach schweigen und sich dabei gegenseitig respektieren. Auch das ist eine Möglichkeit. C

Gliederung – Variante 2

1 Miteinander sprechen: Grundlagen menschlicher Kommunikation
(siehe Variante 1)

2 Rettung der Phrase: Der Essay „Sagen Sie jetzt nichts" von Rainer Marx
2.1 Die Phrase als nichtssagender Baustein der Sprache
2.2 Die Phrase als Mittel zur Aufrechterhaltung von Kommunikation
2.3 Die Phrase als soziale Funktion und sprachliches Hilfsmittel
2.4 Schlussgedanke: Reden und Schweigen
2.5 Position des Autors: Aufwertung der Phrase
(siehe Variante 1)

3 Kommentar: Schweigen ist Silber, Reden ist Gold
3.1 Kritik an Phrase, Floskel, Redensart
3.2 Lob der Phrase

Lösungsvorschlag – Variante 2

Schweigen ist Silber, reden ist Gold!

Herr Müller hat mich nun schon zum zweiten Mal einen Phrasendrescher genannt – Herr Müller ist unser Deutschlehrer, und die Bezeichnung war nicht als Lob gedacht. Herr Müller meint das nicht böse, wenn er an den Rand meiner Aufsätze immer wieder das Wort Floskel schreibt, z. B. wenn da steht: Eichendorff verwendet die Metapher, weil er damit die Erfahrungen des lyrischen Ichs „anschaulicher darstellen" will. Ich habe jetzt extra nachgeschaut, was mein Kritiker damit meint: Eine **Floskel** ist nach einer Definition des Duden eine „formelhafte, leere Redewendung". Das trifft ebenso auf die **Phrase** zu, die in einem Lexikon der Sprachwissenschaft als „(a)bwertende Bezeichnung für wortreiches leeres Gerede" bezeichnet wird. Und zu guter Letzt darf hier auch noch die **Redensart** erwähnt werden, die – wieder laut Duden – aus „leeren, nichtssagenden Worten" besteht. Klar, dass ich mit meiner Eichendorff-Interpretation den Deutschlehrer enttäuscht habe: Zu seinem Lieblingsdichter fällt mir also nichts ein. Diesen Vorwurf muss ich mir gefallen lassen.
Bloß – und ich hoffe, dass die Leser mir in dieser Sache zustimmen werden – ist für mich die Frage, was ich hätte tun sollen, wenn ich mit einem Text der Romantik einfach nicht so viel anfangen kann. Gleich gar nichts hinschreiben? Ich bin mir sicher, dass Herr Müller das noch schlechter gefunden hätte. Gehen wir noch einen Schritt weiter: Ist es wirklich so schlimm, wenn in unseren Aufsätzen, in unseren Gesprächen auch einmal zur Floskel gegriffen wird? Das gilt es genauer zu untersuchen. **Drei Beispiele** dazu können weiterhelfen.
Bei einem überregionalen Workshop mit Schülervertretern aus ganz Deutschland stehen vor der ersten Veranstaltung Gruppen von Menschen zusammen, die sich noch nie gesehen haben. Worüber reden? Welches Thema eignet sich zur ersten Kontaktaufnahme? Wenn gar nichts geht, ein paar Sätze über das Wetter gehen immer. Dass

dabei eine Floskel an die andere gereiht werden kann, ist eine oft gemachte Beobachtung. Aber niemand wird sich daran stören, solange überhaupt etwas gesprochen wird. Erste Einschätzungen des Gegenübers sind auf diesem Weg ganz entspannt möglich, man lernt sich kennen – das ist das Entscheidende. Es gibt Hinweise darauf, dass Menschen immer dann besonders gut zusammenarbeiten, wenn sie sich im Vorfeld durch Gespräche bereits abgetastet haben und so erste Barrieren abgebaut werden konnten.

Zweites Beispiel: Bei der Q12-Party taucht plötzlich ein bekanntes Gesicht auf. Das ist doch der Klassenkamerad aus der achten, der dann von der Schule musste, weil er nicht nur in einem Fach ein Mangelhaft im Zeugnis hatte. Gott, wie heißt der gleich nochmal? Wie ein Gespräch beginnen? „Ja, so ein Zufall. Lange nicht gesehen und gleich wieder erkannt. Wie laufen die Geschäfte?“ Lauter Phrasen und lauter kleine Helfer, um peinliche Situationen zu vermeiden. Erstmal. Je nachdem, wie der Gesprächspartner reagiert – ob er es bei dem inhaltsleeren Austausch belässt, weil er selbst nicht weiß, was er sagen soll, oder ob er dann erzählt, wie seine Geschichte weiterging –, wird sich der Abend so oder so entwickeln. Und in jedem Fall genau so, wie es in der Situation richtig war.

Und als Letztes komme ich noch einmal zur Schule zurück: Herr Müller möchte das Wissen seiner Schüler abfragen. Wir sind nicht mehr in der Romantik, sondern in der Moderne angelangt. Stefan George steht auf dem Plan, wir haben in der letzten Stunde ein Gedicht von ihm gelesen. Irgendetwas mit einem „totgesagten Park“. Ich soll die Ergebnisse zusammenfassen. Also los! „Das Gedicht ist ja zunächst ein Buch mit sieben Siegeln“ – so recht kann ich mich nicht an die Interpretation erinnern –, „also, wenn ich ganz ehrlich bin, habe ich da letzte Stunde nur Bahnhof verstanden“. Die Augenbrauen des Lehrers gehen steil nach oben, aber ich habe Zeit gewonnen, zumal er jetzt den Ball aufgreift: „Da hast du, meine ich, durchaus etwas Wichtiges gesagt. Warum ist denn George rein inhaltlich nur schwer zu fassen?“ Aha, jetzt fällt mir was ein: „‚Den Wert der Dichtung entscheidet nicht der Sinn‘ – das hat George, glaube ich, gesagt“. „Sehr gut“, lobt Herr Müller und fährt fort: „Sondern die Form“. Voila, das also ist auch der Sinn der Phrase, dass man nachdenken kann und hoffentlich dann die richtige Antwort auf die Frage findet.

Man kann also mit Fug und Recht behaupten, dass Phrasen, Floskeln und Redensarten **nicht zufällig** zu unserem Sprachschatz gehören, sie haben durchaus einen **Sinn**. Im Privaten helfen sie uns, peinliche Situationen zu vermeiden. Im Beruflichen können sie neue, unbekannte Gesprächskontexte entschärfen. Natürlich muss man gerade in diesem Bereich genau wissen, wann man zur Phrase greifen kann und wann man sich damit nur blamiert. Es ist nicht anzuraten, dass ein Vorstellungsgespräch mit lauter Phrasen und Floskeln wie „Ich bin für den Job hochmotiviert und werde mich mit meiner ganzen Kraft engagieren, um die Firma weiterzubringen“ bestritten wird.

Aber auch in diesen und vielen weiteren Situationen hilft die Phrase einen kurzen Moment des Stillstands zu überbrücken. Ich weiß nicht weiter, also greife ich zur Phrase. Denn in (fast) allen Fällen gilt: Schweigen ist Silber, aber Reden ist Gold.

Ihre Meinung ist uns wichtig!

Ihre Anregungen sind uns immer willkommen. Bitte informieren Sie uns mit diesem Schein über Ihre Verbesserungsvorschläge!

Titel-Nr.	Seite	Vorschlag

Bitte hier abtrennen

Lernen • Wissen • Zukunft
STARK

Bitte hier abtrennen

Zutreffendes bitte ankreuzen!

Die Absenderin/der Absender ist:

- ☐ Lehrer/in in den Klassenstufen: ____________
- ☐ Fachbetreuer/in
  Fächer: ____________
- ☐ Seminarlehrer/in
  Fächer: ____________
- ☐ Regierungsfachberater/in
  Fächer: ____________
- ☐ Oberstufenbetreuer/in
- ☐ Schulleiter/in
- ☐ Referendar/in, Termin 2. Staatsexamen: ____________
- ☐ Leiter/in Lehrerbibliothek
- ☐ Leiter/in Schülerbibliothek
- ☐ Sekretariat
- ☐ Eltern
- ☐ Schüler/in, Klasse: ____________
- ☐ Sonstiges: ____________

Unterrichtsfächer: (Bei Lehrkräften!)

____

STARK Verlag
Postfach 1852
85318 Freising

23_VD9

Bitte ausfüllen und im frankierten Umschlag an uns einsenden. Für Fensterkuverts geeignet.

Kennen Sie Ihre Kundennummer?
Bitte hier eintragen.

Absender (Bitte in Druckbuchstaben!)

Name/Vorname

Straße/Nr.

PLZ/Ort/Ortsteil

Telefon privat

Geburtsjahr

E-Mail

Schule/Schulstempel (Bitte immer angeben!)

(Bitte blättern Sie um)